포항 방면

호미곶

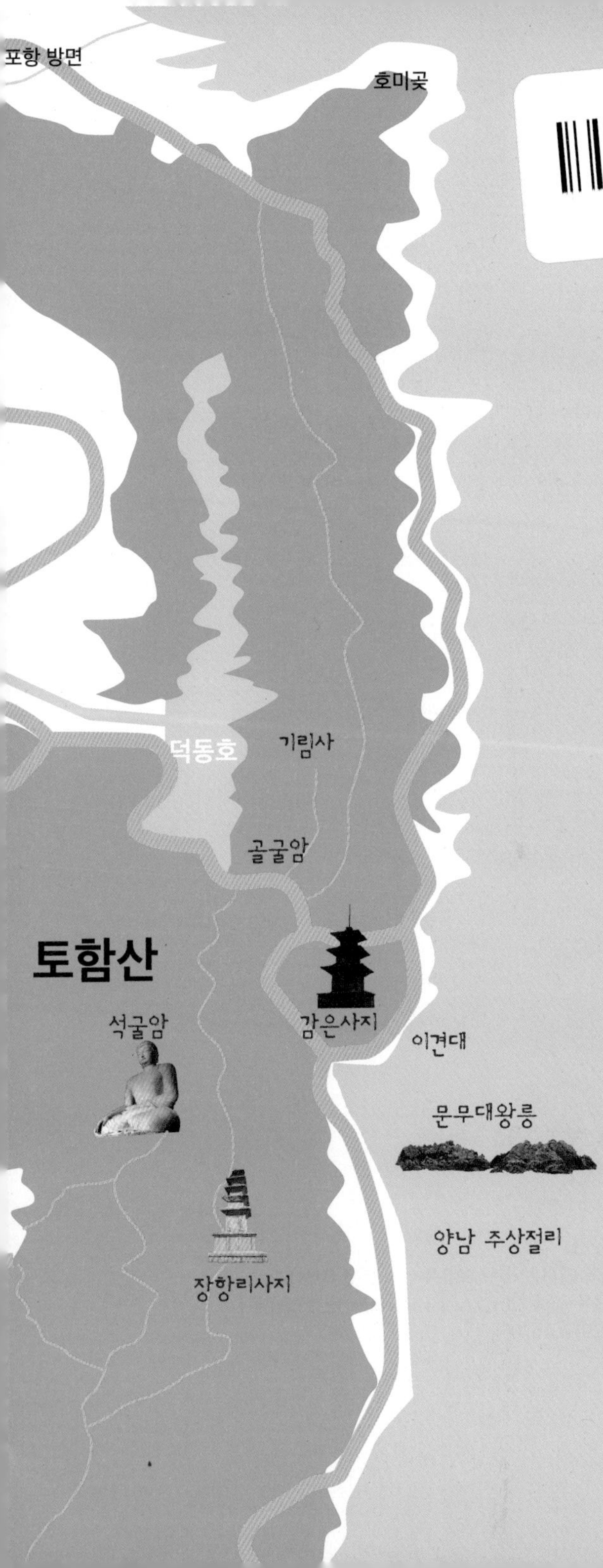

KB098630

경주로 떠나는 천년여행

기림사

덕동호

골굴암

토함산

석굴암

감은사지

이견대

문무대왕릉

장항리사지

양남 주상절리

경주로 떠나는 천년여행

글   윤영희
사진   윤영희, 허경희

초판 1쇄 발행   2017년 7월 25일
초판 2쇄 발행   2018년 3월 10일

펴낸곳   인문산책
펴낸이   허경희

주   소   경기도 파주시 회동길 445-4, 401호(문발동)
전화번호   031-955-9907
팩스번호   031-955-9908
전자우편   inmunwalk@naver.com
출판등록   2009년 9월 1일

ISBN 978-89-98259-23-5   03910

한국출판문화산업진흥원의 출판콘텐츠 창작자금을 지원받아 제작되었습니다.

값은 뒤표지에 있습니다.

이 도서의 국립중앙도서관 출판예정도서목록(CIP)은 서지정보유통지원시스템 홈페이지
(http://seoji.nl.go.kr)와 국가자료공동목록시스템(http://www.nl.go.kr/kolisnet)에서
이용하실 수 있습니다.(CIP제어번호: CIP2017016705)

인문여행시리즈 13

경주로 떠나는 천년여행

글 · 사진 윤영희

인문산책

천년 국가 신라를 품어낸 경주로의 시간여행

경주는 우리나라 사람들이 가장 살고 싶어 하는 아름다운 도시입니다. 실제로 경주는 아늑하고 물 많고 풍요로운 천혜의 땅입니다. 게다가 천년 국가 신라를 품어낸 천년 수도의 명성에 걸맞게 유적들이 발길 닿는 곳마다 널려 있습니다.

천년 국가 신라가 문을 닫고 다시 천 년이 지나갔습니다. 고려 500년, 조선 500년, 일제 강점기의 뼈아픈 역사가 붉은 빛으로 흘렀고, 지금은 '대한민국'입니다. 2002년, 월드컵이 열렸을 때 온 국민이 다함께 불렀던 우리나라입니다. 백 년도 채 못 사는 사람들은 천 년을 영원처럼 느낍니다. 까마득한 시간의 저편에서 사람들은 현재를 일구어냈습니다.

'천년 국가 신라, 천년 수도 경주'라고 쉽게 말하지만 저절로 되었을까요? 경주는 신라의 수도였습니다. 신라는 고려와 조선시대를 거쳐 근대까지 사람들이 치열하게 살아온 역사였습니다. 불교가 어쩌다 들어왔을까요? 불국사와 석굴암을 건축하면서 숨진 수많은 인생들은 그냥 중노동에 시달리다가 유명을 달리한 불쌍한 사람들이었을까요? 돌아가신 아버지를, 어머니를 생각하며 만든 능들은 대충 만들었을까요? 그럴 리가 없습니다. 이 땅에 살던 수많은 사람들이 피와 땀으로 남긴 것들입니다. 살아남기 위해서, 보존하기 위해서, 나아가기 위하여 치열하게 살았던 흔적들입니다. 이 역사의 흔적들을 제대로 읽어내는 것이 현재를 사는 우리들의 몫이 아닐까요. 그리고 다음 세대를 위한 포석을 두어야 합니다.

경주는 어려서는 부모와 함께, 학창시절엔 친구와 선생님과 함께 현장학습으로, 더 나이가 들면 연인과 가족, 친구들과 더불어 추억을 만들기 위해 찾아오는 곳입니다. 아니면 홀로 배낭 매고 자기를 찾아 떠나는 곳이기도 합니다. 하지만 어디를, 어떻게 가야 하는지를 몰라서 묻는 분들이 많았습니다. 게다가 설명을 듣고 싶지만 시간이 맞지 않아 애석해하시는 분들도 있었습니다. 그래서 유적지 현장에서 해설하는 내용을 중심으로 책을 엮었습니다. 책 한 권 들고 버스 타고 걸으면서 경주를 둘러보는 이들에게 작은 도움이 되기를 바라는 마음입니다. 책의 구성은 중요한 주제를 우선시하면서 인근의 중요 유적도 같이 묶어서 순서를 정했습니다.

첫째, 남산은 천년 신라의 시작과 끝을 상징하기 때문에 가장 중요합니다. 신라의 건국 시조인 박혁거세의 탄생을 의미하는 나정과 그 주변, 그리고 신라 멸망의 직접적인 계기가 된 경애왕의 마지막을 느껴볼 수 있는 곳 등을 다루었습니다.

둘째, 월성은 국가 경영의 핵심으로 왕과 귀족들의 행적과 삶의 고뇌가 담겨 있는 곳입니다.

셋째, 국립경주박물관에는 신라 이전부터 멸망할 때까지 대표적인 유물이 보관, 전시되어 있기 때문에 놓쳐서는 안 되는 곳입니다. 더구나 호국 사찰의 대명사인 황룡사와 분황사를 통해 불교가 국가의 경영에 어떠한 영향을 끼쳤는지 살펴보겠습니다.

넷째, 신라를 대표하는 불국사와 석굴암을 살펴본 후, 신라 최대 사건인 삼국통일을 이룬 문무왕을 조명하고, 동해 바닷가를 거닐며 산책하는 여유를 관합니다.

다섯째, 남산은 불국토를 꿈꾸던 당시 신라인들의 염원이 곳곳에 묻어 있는 곳이며, 우리 민족의 자연친화적인 심성을 느낄 수 있는 곳입니다.

여섯째, 초기의 성산인 낭산에는 선덕여왕릉과 통일 전후 급박했던 상황들을 대표하는 유적들이 있습니다. 국가적 위기에 대처했던 지도층의 행적을 살펴볼 수 있습니다.

일곱째, 경주 전역에 흩어져 있는 왕릉을 통해 신라 문화가 어떻게 전개되었는지를 살펴보겠습니다.

여덟째, 경주는 조선시대에도 중요한 지방 도시로 경상도 관찰사가 있었습니다. 조선시대에 어떻게 유교 문화가 꽃을 피웠고 지금까지도 어떤 영향을 끼치고 있는지 알아보겠습니다.

이 글을 쓰면서 많은 분들의 도움을 받았습니다. 허술하기 짝이 없는 글의 흐름을 정확하게 짚어주신 박홍국 교수님, '경주에서 해설하는 사람의 글이라 기대하겠다'며 큰 힘이 되어주신 성낙주 선생님께 감사드립니다. 양동마을 서백당 종손은 제례 사진을 사용하게끔 해주셨고, 독락당 주손이신 이해철 선생님의 도움도 컸습니다. 삼국유사를 공부하며 만난 일수 선생님은 글의 연결고리를 잘 지적해주셨습니다. 그리고 옥산서원에 여러 번 오셔서 많은 얘기를 나누었던 경성대학교 지질학과 옥 교수님께도 감사드립니다. 중간 중간 그만 두고 싶었던 적도 많았지만, 항상 옆에서 말없이 지켜보아준 가족 덕에 마지막을 통과한 것 같습니다.

무엇보다도 경주에 오는 많은 분들에게 도움이 되었으면 좋겠다는 마음 하나로 이 책을 엮었습니다. 경주에 오는 수많은 사람들, 그들 중에는 경주를 답사하고 배움의 장으로 여기는 사람들이 많습니다. 현재를 살피고 다가올 미래를 위해 역사를 배우고 알아야 한다면 이 책을 통해 천년의 시간을 간직한 경주로의 여행을 권합니다.

2017년 7월 경주에서 윤영희

차례

경주(慶州)를 여행하려면 제일 먼저 필요한 것이 지도입니다. 경주문화관광 홈페이지의 나눔터에서는 경주 여행에 필요한 관광지도를 신청하면 우편으로 배송해주고 있습니다. 또한 경주에 도착하면 경주역, KTX역, 경주버스터미널, 불국사 앞 경주관광안내소와 유적지의 부스에서도 지도를 받을 수 있습니다. 일단 지도를 하나 구해서 펼쳐 보겠습니다.

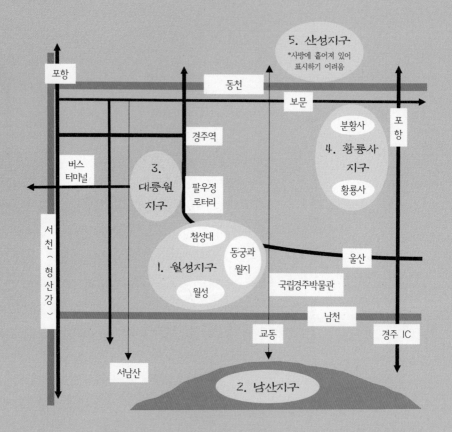

경주역사유적지구

　2000년 경주시 전체가 세계문화유산인 '경주역사유적지구'로 등재되었습니다. 지정 이유를 "한반도를 천 년 간 지배한 국가의 수도로 남산을 포함한 경주 주변에 한국의 건축물과 불교 발달에 있어서 중요한 많은 유적과 기념물들을 보유하고 있다"고 설명하고 있습니다. 아울러 "일정한 기간 동안 세계의 한 문화권 내에서 건축, 기념물, 조각, 정원과 조경 디자인, 관련 예술이나 인간의 정주(定住: 일정한 곳에 자리 잡고 사는 것) 등의 결과로서 일어난 발전 사항들에 상당한 영향력을 행사"하였으며, "독특하거나 극히 희귀하거나 아주 오래된 유산"이기 때문에 유네스코 세계유산 등재 기준에 해당된다고 밝히고 있습니다.

세계유산 경주역사유적지구 표지석

유적의 성격에 따라 경주 역사 유적 지구를 월성지구, 남산지구, 대릉원지구, 황룡사지구, 산성지구로 나누었습니다. 이렇게 5개 지역으로 나누어 살펴보면 신라가 천년 사직을 이어올 수 있었던 이유를 짐작할 수 있습니다.

1. 월성지구(月城地區): 신라의 궁궐터

월성은 박혁거세에 의해 신라가 건국된 후 남산 서쪽 자락에 궁궐터(금성)를 잡고 160년 만에 월성으로 이전하여 멸망할 때까지 왕과 왕비가 살았던 궁궐입니다. 성은 반달 모양을 하고 있어서 반월성(半月城) 또는 신월성(新月城)으로도 불렀으며, 왕이 계신 곳이라 하여 재성(在城)이라고도 하였습니다.

❖《삼국사기三國史記》에 의하면 신라 문무왕 16년(676)에 양궁(壤宮)을 지었고, 19년(679)에는 동궁(東宮)을 지었다는 기록이 있습니다. 효소왕 6년(697)에는 월지(月池: 안압지)의 임해전(臨海殿: 안압지 서쪽의 전각)에서 신하들과 잔치를 즐겼다는 기록이 있어 통일 이후에 궁궐이 확장되었음을 알 수 있습니다.

대궁인 월성을 비롯하여 월지 서편은 동궁, 국립경주박물관을 신축할 때 '남궁지인(南宮之印)'이 찍힌 기와가 나온 것으로 추정해 보건대 국립경

❖《삼국사기》: 12세기 고려 인종 23년(1145)에 김부식(金富軾) 등이 임금의 명으로 편찬한 삼국시대의 정사(正史). 우리나라에서 가장 오래된 역사서이다. 기전체의 역사서로서 본기 28권(고구려 10권, 백제 6권, 신라·통일신라 12권), 지(志) 9권, 표 3권, 열전 10권으로 이루어져 있다.

주박물관 부근은 남궁, 그리고 월성 북쪽 동천가에 있는 전랑지(殿廊址)는 북궁이나 만월성으로 보고 있습니다. 궁궐은 사라졌지만 그 흔적들이 남아 천년 국가의 수도임을 웅변하고 있습니다. 월성지구는 바로 신라의 궁궐터로 왕을 비롯한 왕실 가족이 거처하고 관료들이 업무를 보던 신라의 심장부였습니다.

2. 남산지구(南山地區): 불교 문화의 보고

남산은 신라의 궁궐인 '월성' 남쪽에 있는 산입니다. 불교가 공인되기 전에는 나라를 지켜주는 신들이, 이후에는 부처님이 계신 성지(聖地)로 여겼습니다. ❖남산은 동서로 4킬로미터, 남북은 10킬로미터인 조그마한 산으로 그리 크지 않지만 계곡은 60개가 넘고 절터도 150개 정도 됩니다. 남산 구석구석에 탑과 불상, 축대, 성곽 등이 남아 옛 모습을 짐작할 수 있습니다.

불교는 인도에서 발생하여 서역과 아시아로 퍼져 나갔습니다. 아시아의 동쪽 끝자락인 신라에까지 들어온 불교는 경주 어느 곳보다도 남산에서 절정을 이루었습니다. 그래서 '남산을 보지 않고 경주를 보았다고 하지 말라'는 말이 전해지는 곳입니다. 인도의 아잔타 석굴이나 중국의 둔황 석굴처럼 남산 하나만으로도 세계유산이 되기에 모자람이 없습니다. 개인적으로 남산 자체가 세계문화유산이 되기를 간절히 바라고 있습니다.

❖ **남산** : 고위산과 금오산으로 이루어졌고, 그 안에 60개 정도의 계곡이 있다. 물 많은 산으로 수많은 절터와 유적이 산재한 신라인들의 영산(靈山)이다.

3. 대릉원지구(大陵苑地區): 신라가 국가로 도약하던 시기의 왕릉

대릉원은 신라의 왕과 가족들이 잠들어 있는 고분군으로, 신라인들이 죽음을 대하던 시선을 유물과 유적으로 알 수 있는 곳입니다. 궁궐 근처에 자그만 동산이 모여 있는 것 같습니다. 무엇보다도 내부가 특이한 무덤 구조(적석목곽분)이기 때문에 도굴되지 않았습니다. 이로 인해 당시 부장품과 생활용품도 살펴볼 수 있습니다. 능들이 경주 시내 중심부에 위치해 있어 고대와 현재가 공존함을 느낄 수 있습니다. 경주만의 색깔을 보여주는 아주 매력적인 곳입니다.

4. 황룡사지구(皇龍寺地區): 황룡사와 분황사 지역

불교의 공인은 사회 모든 분야에 영향을 주었습니다. 특히 '호국불교'라는 개념은 절들이 어떻게 건축되고 운용되었는지를 잘 보여줍니다. 황룡사 부근에는 미탄사, 낭산의 황복사 등 헤아릴 수 없이 많은 사찰들이 흔적만 남아 있습니다. ✤《삼국유사三國遺事》에 '사사성장 탑탑안행(寺寺星張塔塔雁行: 절은 하늘의 별만큼 많고, 탑은 기러기 떼 날아가듯 줄지어 있다)'이란 말이 빈말이 아닌 듯합니다.

✤《**삼국유사**》: 고려 충렬왕 때 보각국사(普覺國師) 일연(一然)이 신라·고구려·백제뿐 아니라 고조선에서 고려까지 민간에서 전해 내려오는 이야기를 모아서 지은 역사서이다. 김부식이 편찬한 《삼국사기》와 더불어 현존하는 한국 고대 사적의 쌍벽으로서 한민족의 역사를 기록한 일대 서사시로 인정되고 있다.

5. 산성지구(山城地區): 국가 방위의 교두보

경주시 동쪽의 보문 남쪽에 위치한 명활산(明活山)에 있는 석축 산성인 명활성(明活城)으로 ✤금성(金城), 월성(金城)과 함께 신라시대 왕들이 거처했던 궁성(宮城)으로 알려져 있습니다. 궁궐인 월성에서 3킬로미터 정도 떨어져 있는 나성(羅城: 궁궐 바깥에 겹으로 쌓은 산성)입니다. 유사시에는 왕이 명활성으로 옮겨가 거처하기도 했습니다.

그러나 좀 더 넓게 보면 사방에 있는 산성도 포함됩니다. 옛 서라벌에는 ✤5악, 즉 동서남북과 중악이 있었습니다. 그래서 인근에는 수도방위를 위한 산성들이 일부 남아 있습니다. 특히 왜구의 침입이 잦았던 5세기 내내 동쪽 울산 방면에는 관문성이 있어서 왜구의 침입을 막아냈습니다. 서쪽에는 부산성과 선도산성이 있어 백제를 경계했습니다. 남쪽인 남산의 해목령 인근에서는 궁궐이 한눈에 보입니다. 북쪽으로는 산이 제대로 없어 '금강산'이라 이름 지었는데, 이는 풍수에서 말하는 비보(裨補: 모자라는 것을 보충하는 것)로 허약한 곳을 명칭으로 보완한 것입니다. 그 결과 멀리 포항 입구의 형산과 제산에 산성을 쌓아 북쪽 고구려의 침입을 염두에 두었던 것으로 보입니다. 어느 시대든 영토와 백성은 국가의 가장 기본 요소로 이를 안전하게 지키는 일은 나라와 임금의 가장 중요한 임무입니다.

✤ **금성과 월성** : 도성 안에 태양을 의미하는 금성(金城)과 달을 의미하는 월성(月城)을 둔 것은 음(陰)과 양(陽)이 둘이되 결국은 하나라는 우주의 원리를 적용한 것으로 볼 수 있다.

✤ **5악** : 삼국 통일 이전에 중악은 낭산, 동악은 토함산, 서악은 선도산, 남악은 남산, 북악은 금강산(경주에서 포항으로 가는 산업도로변에 백률사가 있는 산)이다.

나정, 답사 여행의 출발점

누군들 영원을 꿈꾸지 않으랴

여기는 천년 고도 경주입니다. 경주 IC를 들어오면 눈앞에 펼쳐지는 산이 바로 남산입니다. 궁궐인 월성의 남쪽에 있어 남산이라 불렀습니다. 또한 신라 초기 5악 중에서 남악이기도 합니다. 신라의 시조인 박혁거세가 태어났고 신라 멸망의 직접적인 계기가 된 55대 경애왕이 죽음을 맞이한 비극의 현장입니다. 그래서 남산을 가리켜 천년 역사의 시작과 끝을 말없이 품고 있는 산이라 말합니다. 바로 엄마 같은 산입니다. 그래서 답사의 첫걸음을 박혁거세의 전설이 서려 있는 나정에서 시작하고자 합니다.

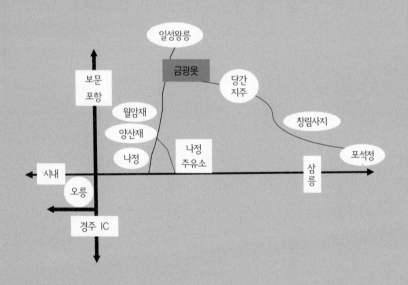

 시내버스터미널, 경주역 : 500번, 502번, 505번, 506번, 507번, 508번

나정(羅井)은 신라를 건국한 박혁거세가 탄생한 곳입니다. 신라가 건국되기 이전 경상도에는 ✿진한(辰韓)의 부족국가가 12개 정도 있었습니다. 그중 하나가 사로국인데 바로 신라의 전신(前身)으로 경주에서 포항으로 이어지는 형산강 상류에 위치했습니다. 사로국에는 6부, 즉 최씨·이씨·정씨·손씨·배씨·설씨가 이웃하여 살았습니다. 이들이 박혁거세를 왕으로 추대하여 신라를 건국했습니다.

농사가 시작되는 3월 초하루, 6부 촌장들은 자제들을 데리고 알천의 큰 바위에 모여 "위로 임금이 없어 저마다 방자하고 질서가 없다"고 세태를

나정 전경

선도산에서 바라본 남산

한탄하며 덕 있는 사람을 왕으로 모시고자 의논했습니다. 이렇게 촌장들이 국가의 필요성을 인식했다는 것은 인구 증가로 강한 지도자가 필요했음을 의미합니다. 《삼국유사》에는 박혁거세의 등장을 이렇게 적고 있습니다.

　　그때 어디선가 말 울음소리가 들렸다. 촌장들 모두가 전망 좋은 곳에 올라가 살펴보니 이곳 우물가에 붉은 빛이 서려 있었다. 모두들 내려가 보니 백마가 알을 향해 무릎을 꿇고 절을 하는 듯했다. 그리곤 사람들이 웅성거리는 소

❖ **진한**: 한반도 이남의 삼한(三韓: 마한, 변한, 진한) 중 하나다. 기원전 1세기부터 기원후 3세기까지 경상도 지역에 분포하던 12개의 정치 집단을 말한다.

리에 하늘로 사라졌다. 이윽고 알이 깨어지면서 사내아이가 태어났다. 소중하게 데려다 남산 자락에서 키웠는데 아주 총명하게 자랐다. 13세가 되던 기원전 57년, 나라를 세워 '서라벌'이라 이름하고 왕으로 추대했다. '밝다'라는 뜻으로 성을 '박', 이름을 '혁거세(赫居世)', 즉 '세상을 두루 밝게 한다'는 뜻이다.

한 마디로 박혁거세를 앞세운 집단이 자리 잡으면서 신라가 첫 발걸음을 뗀 것입니다.

그런데 말이 품고 온 알에서 나온 아기가 왕이 된다고요? 그러면 6부 촌장들은 두 손 두 발 놓고 멀뚱히 쳐다보고 있었을까요? 부족의 촌장이라면 탄탄한 기반을 가지고 있었을 테고 국가의 필요성도 인식하고 있었을 겁니다. 그럼에도 어린 아이에게 왕좌를 내어준 이유는 뭘까요?

박혁거세를 앞세워서 당시로서는 첨단기술인 철기문화와 말문화를 가진 집단이 ✤서라벌(徐那伐 : 신라의 초기 국호)에 등장하여 부족을 지배했습니다. 이는 기존 청동기문화를 가진 6부족을 제압했다는 의미입니다. 게다가 《삼국사기》와 《삼국유사》에는 혁거세가 덕망 있고 발전된 농업기술과 축성기술을 가진 것으로 묘사하고 있습니다. 그런 이유로 인근 변한이나 왜국, 낙랑에서도 섣불리 침입하지 못했다고 합니다. 당시 말문화는 자동

✤ **서라벌** : 《삼국사기》에는 "시조 혁거세대(赫居世代)에 서나벌(徐那伐)로 국호를 정하였다가, 탈해이사금(脫解尼師今) 9년(65)에 계림(鷄林)으로 고쳤으며, 기림이사금(基臨尼師今) 10년(307)에 다시 신라(新羅)로 복구하였고, 지증마립간(智證麻立干) 4년(503)에 신라(新羅)로 확정하였다. 다른 이칭으로 서야벌(徐耶伐), 사라(斯羅), 사로(斯盧) 등이 있다"고 하였다.

차의 탄생과 맞먹는 문화 충격이었을 것입니다. 말이 가지는 속도와 품위
는 많은 사람들을 무릎 꿇게 하기에 충분합니다. 12~14세기에 칭기스칸
일족이 유럽과 아시아를 휩쓴 것도 말문화 때문이었습니다.

박씨 부족도 말과 함께 이 땅에 등장했습니다. 손에 강력한 무기를 들
었기에 6부족은 고스란히 지배권을 내어줄 수밖에 없었을 것입니다. 국가
는 저절로 탄생하지 않습니다. 그 필요성과 능력을 가진 이들이 처절한
과정을 통해서만 이루어낼 뿐입니다. 광야를 떠돌던 이들이 경주의 아름
답고 풍요로운 땅에 뿌리내리고자 하던 마음이 신라의 탄생을 이끌어내
지는 않았을까요.

며칠 전 강력한 태풍이 한반도를 찾아와 거센 비바람에 전국이 몸살을
앓았습니다. 질풍노도(疾風怒濤)의 시절을 연상케 했습니다. 비바람이 지나
가고 구름 한 점 없이 깨끗한 하늘입니다. 오늘은⋯ '밤이 깊을수록 새벽
이 가깝다'는 말처럼 혁거세의 등장은 하늘이요 아침의 의미가 아니었을
까요! 지금 시절이 어지럽고 힘들지만 국민이 주인인 나라, 통일을 향한
마지막 산고(産苦)가 되었으면 좋겠습니다.

혁거세는 재위 61년 만에 돌아가시고 남해왕 3년에 시조묘(始祖廟)를 지
었습니다. 이후로도 나정은 신라의 역대 왕들이 매년 제사를 지내고 수시
로 참배하던 성역의 하나입니다. 조선시대 순조 3년(1803)에 사적으로 지
정되어 현재까지 이어지고 있습니다. 2002~2005년 동안 발굴을 진행하
고 보니 중심에 큰 우물터와 도랑 유적, 8각(팔각 기둥은 성역에만 쓰임) 건물
터와 석조 유구만 남아 있어 옛 모습을 짐작할 뿐입니다.

나정에서 바라보면 신라 최초의 궁궐터인 창림사지 석탑이 보입니다.

양산재

나정에서 동쪽으로 200미터 가량 가다 보면 왼편에 있는 건물이 '양산재(陽山齋)'입니다. 이곳은 사로국 6개 성씨, 6부 시조 위패를 모신 사당으로 제례(음력 8월 23일)가 있는 날에만 문을 열고 있습니다.

우리나라 사람들은 가족 관계를 중시하는 농경민족입니다. 오랜 세월이 흐른 지금도 별반 달라진 것은 없습니다. 현재도 남자들은 처음 만나면 통성명을 하고 관향을 묻습니다. 행여나 성(姓)이 같고 본(本)까지 같으면 친척이라고 좋아라 하며 서로 동질성을 확인합니다. 동년배가 할아버지가 되고 손자가 되어도 좋아 죽는, 외국인들은 이해할 수 없는 우리만의 문화입니다.

◉ 사로국 6부촌

이름	성씨	위치	시조	3대 유리왕*	고려 태조**
알천 양산촌	이씨	남천과 북천 사이	알평	급량부	중흥부
돌산 고허촌	최씨	남산 부근	소벌도리	사량부	남산부
무산 대수촌	손씨	서악 부근	구례마	점량부	장덕부
취산 진지촌	정씨	불국사 부근	지백호	본피부	통선부
금산 가리촌	배씨	진평왕릉 근처	지타	한지부	가덕부
명활산 고야촌	설씨	보문단지 북쪽	호진	습비부	임천부

*3대 유리왕(32)이 6부의 이름을 변경하고 성(姓)을 내림
**고려 태조 23년(940)에 명칭을 변경함

양산재 대덕문

신라가 천년 세월을 거치는 동안 새로운 성씨도 생겼습니다. 고려와 조선을 거치는 동안 많이 분화되었지만 신라의 왕족인 박씨, 석씨, 김씨와 귀족의 6개 성씨는 기본 중 기본입니다. 까마득한 조상의 사당이지만 오는 길에 참배하면서 자신의 뿌리를 찾아보는 것도 의미 있는 일이 될 것입니다.

양산재를 둘러보고 오른쪽으로 발걸음을 옮기면 양지 바른 마을의 집들이 보입니다. 벚꽃이 흐드러지게 핀 봄날입니다. 이제 남간 마을로 들어가 볼까요.

월암재

남간 마을은 나지막하고 양지 바른 곳에 있어서 평화롭기만 합니다. 입구에는 월암재(月庵齋)가 있어 달 밝은 밤을 즐기기엔 그저 그만입니다. 벚꽃이 피기 시작하는 계절엔 꽃비를 흩뿌려주며 우리를 반기는 듯합니다. 그래서 편안하게 친구들과 느릿느릿 걷기에 아주 좋습니다. 하늘과 바람과 새소리만 들려도 옛 사람들과 같이 있는 듯해서 너무 좋습니다. 요즘은 모든 것이 너무 빠르기 때문에 스트레스를 많이 받습니다. 사람들은 조급하고 휴대폰을 들지 않으면 불안해합니다. 하지만 이곳에서는 아무것도 없어도 됩니다. 그저 마음 하나만 잘 챙겨 와도 외롭지 않습니다.

월암재

벚꽃이 눈송이처럼 피어나는 봄날의 월암재 전경입니다.

일성왕릉

마을길을 따라 편안하게 걷다 보면 소나무 숲길이 보입니다. 이 길로 들어서면 마주 보이는 능이 바로 7대 일성왕릉입니다. 1960년도에 정비를 하는 과정에서 석실분으로 밝혀졌는데, 이는 6세기부터 축조되었기 때문에 일성왕릉으로 보기는 어렵습니다. ('찬란한 고분의 도시' 편 참고)

《삼국사기》에는 "재위 5년에는 북방인 태백산에서 하늘과 산신에 제사를 올렸다. 11년에는 '농사는 정치의 근본이요 먹는 것은 백성에게는 하늘이니 모든 주는 제방을 쌓고 수리하라'는 명을 내렸다"라는 기록이 보입니다. 이처럼 초기 왕들은 백성들의 의식주(衣食住)가 보장되도록 정책

일성왕릉 (사적 제173호)

금광못

방향을 잡았습니다.

　일성왕릉은 소나무 그늘이 좋습니다. 그 가운데 편안하게 앉아보세요. 해가 서쪽으로 지며 '금광못'이 반짝입니다. 바로 ✤명랑법사가 창건한 금광사터입니다. 준설할 때 주춧돌과 석조아미타여래상을 위시한 탑의 부재들과 석경(石經 : 돌에 새긴 경전)이 발견되어 국립경주박물관에 옮겨 보관되고 있습니다. 다른 초석과 장대석등은 논둑에서도 보입니다.

> ✤ **명랑법사**: 자장스님의 조카로 당나라에 가서 불도를 배웠다. 돌아오는 길에 용왕의 초청으로 용궁에 들어가 비법을 전했다고 한다. 그 비법이 문두루비법(신인종)이다.《삼국유사》에는 황금을 시주 받아 잠행하여 본가의 우물로 솟아 나왔다고 전한다. 30대 문무왕이 법사의 도움으로 당나라의 공격을 물리쳤고, 그 후 집을 절로 만들어 황금으로 탑과 불상을 조성했는데, 멀리서 봐도 광채가 났다고 해서 '금광사'라 했다.

남간사지 당간지주

길을 되돌아 나와서 남쪽으로 향하면 당간지주가 논 한가운데 주인인양 의젓하게 서 있습니다. 이는 옛 남간사(南澗寺)에서 중생을 맞이하던 것입니다. 남간사는 자장스님의 누이이자 명랑스님의 어머니인 남간부인이 세운 절입니다. 남간 마을 안에는 우물과 초석등이 남아 있어 아주 큰 절로 짐작하고 있을 뿐 자세한 것은 전해지지 않습니다. 단지 40대 애장왕 때 남간사의 일념스님이 지은 ❖'촉향분예불결사문(髑香墳禮佛結社文)'에는 이차돈(염촉)의 순교 과정이 자세히 묘사되어 있고, 이를 새긴 비가 '이차돈 순교비'로 국립경주박물관 역사관에 전시되어 있습니다.

남간사지 당간지주 (보물 제909호)

❖ **촉향분예불결사문** : 이차돈 순교 250년 후, 그 묘에 예불할 향도를 모아 법회를 개최할 때 쓴 것으로 본다. 이차돈의 순교 과정이 잘 기록되어 있기 때문에 신라문화사에서 아주 중요한 자료다.

창림사지

길을 따라 남쪽으로 가면 왼쪽 기슭에 커다란 탑이 있는 곳이 바로 창림사 절터입니다. 창림사지(昌林寺址)는 신라 최초의 궁궐터입니다. 《삼국유사》에는 "혁거세와 알영, 두 아기를 남산 서쪽 자락에 집을 짓고 키웠는데, 그곳이 지금의 창림사다"라는 기록이 남아 있습니다. 그 후 "혁거세가 즉위 21년에 금성(金城)을 쌓고 26년에 금성 안에 궁궐을 지었다"고 《삼국사기》에 전합니다. 그 궁궐을 창림사터로 보고 있습니다.

5대 파사왕 22년(101) 월성(月城)에 새로 궁궐을 지어 옮겨 갔습니다. 그 후에는 기록이 없다가 창림사로만 나오고 있습니다. 아마도 궁터를 이곳

창림사지

석탑의 아수라 상 : 인도 신화에 나오는 악신의 하나로 8개의
팔을 가지고 있으며 싸움을 아주 잘한다. 불교에서는 교화되어
부처의 세계를 지키는 팔부중상이다.

창림사 3층 석탑 (보물 제1867호)

으로 잡은 이유는 6부 중 고허촌의 소벌도리공이 남산 인근을 거점으로
삼았기 때문일 것입니다. 월성으로 옮겨 간 이후부터는 시조묘에 제사 지
낼 때 머무르던 별궁으로 추측하고 있습니다. 그러다가 김씨 왕조가 자리
잡고 통일 이후 사찰로 용도 변경한 것으로 보입니다.

창림사터는 남산에 있는 가장 큰 절터로 언제 지었는지는 알려져 있지
않습니다. 단지 ❖김생(711~791)이 비문을 썼다고 하니 늦어도 8세기 후

❖ 김생 : 신라시대 최고의 명필로 그의 글씨는 《해동명적》 등 여러 서책에 수록되
어 지금도 전해지고 있다. 왕희지체와 유사하면서도 틀에 얽매이지 않는 자유로움
이 보인다.

석탑 1층의 문비 : 사면에 쌍바라지문을 조각하고, 중앙에 문고리 장식을 새겨 놓은 것이 인상적인데, 이는 고선사 탑을 모방한 것으로 본다.

반에는 창건된 것으로 보입니다. 특히 탑은 통일신라 후기에 만든 것으로는 규모가 크고 팔부중상(八部衆像 : 불법을 지키는 여덟 신) 조각도 아주 우수합니다. 오랫동안 문화재로 지정되지 못하다가 2015년 초에 보물로 지정되어 늦은 감이 있지만 제 가치를 인정받아 흐뭇합니다.

2012년에 불교문화재연구소는 사찰문화재 일제 조사를 진행했습니다. 당시 ✤용주사(龍珠寺)에서 창림사지 3층 석탑 무구정탑원기(無垢淨塔願記)의 원본이 발견되었습니다. 이는 추사가 쓴 모사본(模寫本)만 전해지던 터라 큰 관심을 모았습니다. 그 내용 중에는 "46대 문성왕이 855년에 탑을 세웠다"라는 기록이 있습니다. 지금은 탑 1기만 남아 있지만, 발굴 과정에서 탑 자리가 하나 더 확인되었습니다. 이로 말미암아 창림사는 쌍탑이 있는 통일신라시대의 전형적인 사찰로 볼 수 있습니다. 아래쪽에는 석등의 연꽃 받침과 머리가 둘인 비석 받침도 발견되었습니다. 하지만 지금은 모든 석조 유물들을 덮어 놓아 볼 수 없는 것이 아쉬울 뿐입니다.

✤ **용주사** : 경기도 화성시 송산동 화산에 있는 사찰로 신라 말기에 창건되었다. 조선시대에 이르러 정조가 아버지인 사도세자의 묘를 이장하면서 새로 지었다. 대웅보전 낙성식 전날 밤, 정조는 '용이 여의주를 물고 승천하는 꿈'을 꾸고 사찰 이름을 지었다. 이로써 용주사는 효행을 상징하는 사찰이 되었다.

포석정

창림사를 내려와 남쪽으로 오다가 마을 안으로 들어오면 포석정(鮑石亭)에 이릅니다. 55대 경애왕이 후백제 견훤의 침략으로 자살을 강요받아 숨진 곳으로, 천년 국가가 문을 닫는 직접적 계기가 된 역사의 현장입니다. 지금은 전복 모양의 유구만 남고 정자도 간 곳 없지만, 그 옛날 유상곡수연(流上曲水宴: 굴곡진 수로에 물을 흐르게 하여 술잔을 띄워 그 술잔이 자기 앞에 올 때 시를 한 수 읊는 놀이)의 풍류를 짐작케 합니다.

더군다나 백제가 신라를 공격하던 와중에도 경애왕은 음주가무(飮酒歌舞)를 즐긴 왕으로 알려져 지탄을 받고 있습니다. 국가의 멸망은 왕권의 약화와 부패에서 비롯됩니다. 그로 인해 백성들의 살림살이가 어려워지고 민심이 돌아서면서 지방에서 반란이 일어나 고려가 개국하게 됩니다.

그러나 이곳은 생각보다 다양한 공간이었습니다. 현재는 담장 안쪽만을 포석정이라 생각하지만 담 너머까지 아우르는 훨씬 넓고 다양한 기능을 가진 곳이었습니다. 이제 포석정이 무엇을 하던 곳인지 알아보겠습니다.

첫째, 이곳에는 제단과 신궁이 있었습니다. 남산은 신라 사람들이 성산(聖山)으로 여기던 곳입니다. 불교가 공인되기 전에는 나라를 지켜주는 신들이 남산에 계신다고 여겨 제단을 마련하여 제사를 지냈습니다. 신궁은 조선시대 종묘와 같은 사당입니다. 기일이 되면 제례를 올리고 나라에 큰

포석정 (사적 제1호)

일이 생기면 조상께 고하고 도움을 청하곤 했겠지요. 남산의 신들과 선대의 왕들께 술과 노래와 춤을 바치며 나라를 보호해 주십사는 간절한 마음으로 제사를 지냈습니다. 즉 '음주가무'를 행했습니다. 당연히 음식을 준비하고 음복(飮福: 제사를 마치고 후손들이 제수나 제주를 먹는 일)하는 공간도 있기 마련입니다. 지금은 음주가무를 저급한 놀이문화로 알고 있지만, 고대에는 신에게 바치는 제사의 구체적인 구성이며 내용이었습니다. 요즘도 종묘제례(조선시대 왕의 위패를 모신 종묘에서는 매년 5월 첫째 일요일에 제례를 지낸다)를 보면 춤과 음악은 물론 술이 빠지지 않습니다.

49대 헌강왕(875~886) 때는 신라의 태평성대로 18만 호가 살았다고 《삼국유사》에 전하고 있습니다.

　　하루는 젊은 왕이 성벽에 올라 시내를 바라보니 초가집이 하나도 없고 굴뚝에 연기가 오르지 않았다. 그러자 대신들이 모두들 숯으로 밥을 지어 먹는다고 왕에게 아뢰었다. 어느 날, 왕은 포석정에 행차하여 남산신에게 재를 지내고 음복하는데 남산신이 왕 앞에 나타나 춤을 추었으나 왕의 눈에만 보였다. 그래서 왕이 직접 춤을 추어 신하들에게 보여 주었는데 그 춤을 '어무상심(御舞祥審: 어무산신御舞山神이라고도 한다.)'이라고 했다.

　백성들의 살림살이가 편안한 것으로 생각한 왕에게 향락에 빠질 것을 경계한 신들의 경고였습니다. 그러나 이를 알아차리지 못한 왕의 놀이는 계속되며 신라는 멸망으로 치닫게 되었습니다.

　경애왕은 백제의 견훤이 수도를 공격한다는 보고를 받았지만 임금으로서 할 수 있는 게 아무것도 없었습니다. 나라가 백척간두(百尺竿頭)의 지경에 이르렀는데도 아무것도 할 수 없는 왕은 어떤 마음이었을까요. 무거운 마음으로 여기에 와서 간절한 마음으로 신에게 재를 올렸을 것입니다. 지푸라기라도 잡는 심정으로 윗대 왕들께 도움을 청했을 것입니다. 그리곤 한 잔 술을 기울이다 변을 당하지 않았을까요. 그때가 음력 11월 한겨울인지라 물이 얼어서 '유상곡수연'은 당치 않은 얘기입니다. 고려시대에 와서 신라 멸망의 원인을 왕의 무분별한 향락 때문이라 규정했는데, 이는 고려의 건국 이유를 정당화하기 위해 폄하한 것으로 볼 수 있습니다.

　둘째, 가까이 별궁이 있었습니다. 《삼국사기》에는 성남이궁(城南離宮)이

경애왕릉 (사적 제222호)

라 하여 성의 남쪽에도 궁이 있다고 했습니다. 제사나 행사를 치르려면 왕과 신하가 먼저 와서 몸과 마음을 정갈하게 하는 등 여러 가지 준비할 것도 많습니다. 포석정 근처는 남산에서도 맑은 물이 흐르고 경관이 좋은 곳으로 꼽힙니다. 그래서 산으로 조금 올라가면 '배상지'라는 못이 있는 데 바로 행사에 필요한 물들을 모아서 공급하던 시설로 보입니다.

셋째, 나라에 공이 많고 존경 받았던 풍월주(화랑들의 우두머리)들의 위패를 모신 포석사(鮑石祠)라는 사당도 있었습니다. 서울의 '종묘'는 왕들의 위패를 모신 사당입니다. 그 앞에는 공신전(功臣殿)을 두어 왕들을 잘 보필한 신하들의 위패도 따로 모시고 있습니다. 이를 보면 신라의 사당이 전수된 것이 아닐까요. 또한 김대문이 지은 《화랑세기》에는 29대 태종무열왕 김춘추가 김유신의 여동생 문희와 포석사에서 혼례를 올렸다는 기록도 있습니다. 이런 여러 기록들을 모아 보면 이곳에서는 남산 신들과 선왕들에게 재를 올리고 왕실의 대소사들을 사당에 고하고 잔치도 한 것 같습니다. 뒤풀이도 빠지면 섭섭하지요.

마지막으로 인근에는 현재 서울의 '수도경비사령부'와 같은 군사본부가 있었던 것으로 보입니다. 어느 나라든 마찬가지지만 수도의 경비는 국가의 흥망과 직결되는 아주 중요한 업무입니다. 포석정 담장 옆으로 난 길을 따라 40분 남짓 올라가면 계눈바위(해목령蟹目嶺)가 있습니다. 여기서는 궁궐뿐 아니라 도성을 한눈에 볼 수 있어 전망이 아주 좋습니다. 근처에는 수도를 방비하는 산성도 4개나 있습니다. 도당산(남산 북쪽) 토성을 비롯하여 26대 진평왕은 돌로 성을 쌓았고, 30대 문무왕은 남산성을 증축했다는 기록이 《삼국사기》에 전하고 있습니다. 이들 산성의 중심이 계눈바위입니다.

남산신성

성의 안쪽에는 아주 큰 식량 창고와 무기고도 있었는데, 모두 불타버리고 지금은 초석만 남아 있습니다. 특히 좌창지에는 주초석이 수십 개가 남아 있는데 가로 47미터, 세로 18미터나 되는 아주 큰 창고였습니다. 얼마나 많은 식량을 보관했는지 짐작케 합니다. 이처럼 국가방위는 한시도 소홀히 할 수 없는 중차대한 일입니다. 왕과 대신들이 수시로 행차하여 장졸들의 노고를 치하하고 음식도 나누며 등도 토닥여주었을 것입니다. 이런 많은 일들이 행해졌음에도 불구하고 경애왕은 말이 없습니다. 할 말을 잃었나요. 나라를 멸망케 했다는 역사의 멍에를 지고…. 경애왕릉은 삼릉 서쪽에 홀로 있지만 《삼국사기》에는 해목령에 장사지냈다고 합니다.

포석정을 얘기하면서 유상곡수연의 유래를 짚고 가지 않을 수 없습니다. 이는 4세기 위진남북조 시대 상해 인근 절강성에 살던 서예의 성인으로 숭상 받는 서성(書聖) 왕희지에서 비롯되었습니다.

353년 3월 삼짓날, 42명의 문인들이 난정(蘭亭)에 모여 산천에 재를 지냈습니다. 그리고 굽이치는 물가에 둘러앉아 떠내려 오는 술잔을 받아들고 시를 짓고 읊는 놀이(시회詩會)를 했습니다. 시를 못 지으면 벌주 3잔을 마시는 등 아주 흥에 겨운 자리였습니다. 모두 26명에게서 37편의 시가 나왔는데, 모임을 주관한 왕희지가 그 시들을 모두 모았습니다. 그리고 당시 상황을 묘사한 글을 서문(序文)으로 붙였습니다.

이튿날 아침, 지끈거리는 머리를 부여잡고 글을 본 선생은 "이 글을 내가 썼단 말인가!"라며 입을 다물지 못했습니다. 자신이 쓰고도 믿지 못한 최고의 글씨! 글에는 어제의 풍류가 고스란히 담겨 있었습니다. 이렇게 탄생한 《난정서蘭亭序》는 서예를 예술의 경지로 끌어올린 최초의 문집입니다. 그렇게 전해오던 문집을 당나라 태종이 얼마나 연모했는지 무덤에 품고 가 버렸습니다. 당연히 진품은 없고 필사본만 전하고 있지만, 활달한 기상으로 이름 높은 문집입니다.

포석정의 유상곡수연

그 후 동양의 궁궐에는 유상곡수연을 즐기기 위한 시설들이 많이 지어졌습니다. 우리나라에도 물론 있지요. 조선의 대궁 창덕궁 후원에는 옥류천(玉流川)이 흐르고 있습니다. 바위에는 숙종의 시가 새겨져 있고, 주위에는 정자도 있어 별천지 같은 곳입니다. 당시 이곳에서는 연회와 더불어 시회도 열렸을 것입니다. 현실 정치에 대한 토론과 낭만을 즐겼을 것입니다. 이처럼 유상곡수연은 조선시대까지도 명맥을 이어왔습니다. 척박한 현실이지만 그 가운데서도 풍류를 즐긴 것입니다.

창덕궁 옥류천의 유상곡수연

오릉(五陵)은 경주 IC를 들어와 처음으로 만나는 유적지입니다. 건국 시조인 박혁거세와 가족들의 능으로 편안하게 잠드신 모습이 마치 낙원처럼 느껴집니다. 박혁거세와 부인 알영왕비, 2대 남해왕과 3대 유리왕, 5대 파사왕의 능으로 알려져 있습니다. 신라의 시조묘로 현재까지 향불이 끊이지 않는 곳입니다. 운이 좋으면 사슴 가족들이 뛰노는 모습을 볼 수도 있습니다. 그 평화로운 모습을 보고 있으면 일상의 찌든 때가 다 벗겨지는 듯합니다. 그늘 좋은 잔디에 자리를 잡으면 바람소리와 새소리에 몸과 마음이 둥실 떠오릅니다.

오릉 전경 (사적 제172호)

뒤쪽에서 바라본 오릉 전경

　《삼국유사》에는 혁거세 왕이 재위 61년 만에 돌아가시고 ✤승천(昇天)
하였다고 전하고 있습니다. 그런데 7일이 지나자 시신이 다섯 토막으로
흩어져 떨어져 내렸습니다. 몸이라도 돌아와 다행이라 생각하고 모으니
큰 뱀이 나타나 방해하여 결국 5개의 능을 만들었습니다. 그래서 ✤사릉
(蛇陵)으로도 부릅니다.

✤ **승천**: 육체가 죽어 승천하고 다시 몸이 떨어졌다는 것은 혼백(魂: 영혼, 魄: 몸)
의 분리를 뜻한다. 요즘도 화장장에서 불을 지피기 전에 큰 소리로 고인의 이름을
부르는 것은 몸에서 혼을 분리하는 행위다. 환생을 기원하는 마음이기도 하다.
✤ **사릉**: 뱀이 나타나 합체를 못 하게 한 것은 학자들마다 해석이 다르다. 뱀과 용
은 농경사회에 필수적인 물을 뜻하고, 시신의 합체를 방해한 것은 다산과 풍요를
기원하는 뜻이다. 박영규의 《신라왕족실록》에서는 혁거세가 피살되었다고 말한다.
이도흠의 《신라인의 마음으로 삼국유사를 읽는다》에서는 왕권의 확대로 설명했다.

입구를 들어가 갈래 길에서 왼쪽으로 발길을 돌리면 능이 있고, 오른쪽으로는 사당이 있습니다. 먼저 왼쪽으로 길을 잡으면 봉분이 보이는데, 자세히 보면 6개의 봉분이 있습니다. 맨 앞에 있는 큰 묘는 혁거세의 능이겠지요. 자그마한 묘는 배장묘(配葬墓: 주인의 묘 옆에 딸린 무덤으로 주로 시종의 무덤으로 본다)가 아닌가 합니다. 아마도 신라의 건국 시조이자 박씨 가문의 시조묘이니 그 자손들은 자부심이 대단할 것입니다. 미처 준비를 못 했으면 들꽃 한 송이에 마음을 담아 드리면 흐뭇해하실 미소가 느껴집니다. 왕께서는 가족과 함께 누워 어린 시절 뛰놀던 남산을 바라보며 지난 시절을 도란도란 얘기하고 계실지도 모릅니다.

능을 돌아 대나무 사이로 난 길을 따라오면 박혁거세의 왕비 알영부인이 태어났다는 전설 속 우물인 알영정(閼英井)이 있습니다. 다듬은 석재와

알영정

알영 우물

알영정 비석

8각 기둥이 남아 있어 성역이었음을 알 수 있습니다. 여기에서 '알영', '아리영'은 전통적이며 지혜로운 여자를 말하는 아름다운 이름입니다. 얼마나 부르기 좋은가요. 아리영은 영어로도 부르기 좋아 외국인에게 소개하기 좋은 닉네임이 될 것입니다.

알영정을 돌아 나오면 숭덕전(崇德殿)을 만납니다. 이곳은 신라를 건국한 박혁거세의 제사를 모시는 사당입니다. 매년 대제가 있는 춘분과 추분에는 전국의 박씨 문중에서 참석하여 장사진을 이룹니다.

먼저 춘분에는 숭덕전에서 재를 올리므로 전향대제(展享大祭)라고 합니다. 제물로는 생(牲: 익히지 않은 돼지), 양, 토끼 등 육물(肉物)을 올립니다. 추분에는 열 분의 박씨 왕릉에서 재를 지내므로 능향대제(陵享大祭)라 부르며, 이때는 갖가지 곡식으로 빚은 떡이 올라갑니다.

능향대제

숭덕전 전향대제 때 상차림

월성과 그 주변 둘러보기

달빛 어린 그곳에는

월성 주변은 궁궐과 그 부속 시설을 비롯하여 인근 귀족들의 주택까지도 포함하는 신라의 심장부입니다. 왕과 왕비가 살던 대궁인 월성을 비롯한 궁궐이 중심에 있습니다. 궁궐에서 남산으로 가는 다리인 월정교가 남천 위에 그 위용을 뽐내며 의젓하게 자리하고 있습니다. 김유신 장군의 집터인 재매정과 조선시대 만석꾼이 살았던 최 부잣집을 비롯하여 향교, 사마소 등 신라와 조선을 넘나드는 시간여행이 가능한 곳입니다. 그 오래된 이야기들을 지금처럼 말하고 느낄 수 있습니다. 교동마을에는 주말이면 많은 공연과 행사가 열려 사람들의 발길이 잦은 곳입니다. 벚꽃이 만개하는 봄이 특히 좋습니다. 아름다운 봄밤을 즐기기엔 그저 그만이지요.

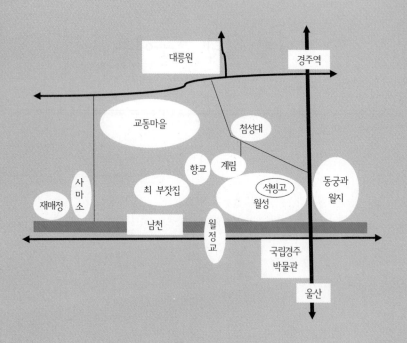

시내버스터미널, 경주역 : 11번, 600번대 버스 (대릉원 주변에서 가까워 걸어도 된다.)
☞ 동궁과 월지 입장 시간
9시~21시 30분까지 입장, 퇴장은 22시 (단, 6~8월에는 밤 12시까지 퇴장 가능)

월성(月城)은 신라의 궁궐입니다. 왕과 왕비가 거처하고 많은 관리들이 국정을 돌보며 천년의 역사를 경영하던 곳입니다. 월성은 왕이 계신 곳이라 재성(在城)으로도 부릅니다. 게다가 달은 차고 기울어 항상 역동적입니다. 강렬해서 부담스러운 해와는 달리 온화하게 우리를 지키고 있습니다. 한 곳에 머물지 않는, 다른 듯 같은 모습으로 우리 곁에 있습니다. 그래서 천년 신라가 존재할 수 있었는지도 모릅니다.

처음에는 혁거세 왕이 나라를 세우고 남산 자락(창림사지)에 궁궐을 지어 살았습니다. 그 후 나라가 안정되기 시작하자 5대 파사왕(103) 때 월성에 궁궐을 지어 옮긴 후 마지막 왕인 경순왕까지 수많은 왕들이 생활한 곳으로, 국사를 위한 고뇌가 고스란히 담긴 곳입니다. 그러나 막상 월성에 올라 보면 건물이라곤 찾아볼 수 없어 '에게! 이게 궁궐?'이란 생각에 맥이 빠지기도 합니다. 조선시대 궁궐인 경복궁과 창덕궁을 연상하면 이해가 되지 않는 건 아닙니다. 그래서 세월은 무상하다고 하는 것이겠지요.

2007년, 월성의 지하를 탐사하니 석조 유구가 빽빽하게 남아 있어 수많은 건물터가 있었음을 확인할 수 있었습니다. 2014년 말에는 발굴 여부를 판단하는 시굴(試掘 : 발굴할 가치가 있는지를 가늠하기 위한 첫 단계 작업)이 있었습니다. 신라의 대궁을 복원하기 위한 첫걸음을 내디딘 것입니다. 2015년 3월에 발표된 결과를 보면 건물 6동, 담장 12개를 비롯해서 작은 연못도 확인되었습니다. 뿐만 아니라 생활용품과 기와, 토기, 벼루 등이 쏟아져 나왔습

월성 (사적 제16호)

니다. 이를 근거로 발굴 계획을 세워서 본격적으로 진행할 예정입니다.

경주를 아끼고 사랑하는 사람으로서 서두르지 않았으면 좋겠습니다. 내 시대에 끝낸다는 생각은 꿈도 꾸지 않았으면 좋겠습니다. 옛 여인네들이 남편과 아이들을 위해 한땀 한땀 바느질하던 그 정성으로 했으면 좋겠습니다. 그래야 온전히 제 모습을 드러내지 않을까요. 천년의 속살이 다치지 않기를 바랍니다. 수많은 사람들의 열정과 땀과 고뇌들이 켜켜이 쌓였을 텐데…. 내 몸의 작은 생채기 하나도 아픈데….

월성 해자 (문화재청 소장)

남산에서 월성으로 궁궐을 이전하면서 신라는 고대 국가의 면모를 갖추기 시작했습니다. 남으로는 신라를 지켜주는 신들이 사는 남산과 문천(蚊川: 남천)이 흐르고 있어 방어력이 탁월합니다. 북쪽과 서쪽에는 ❖해자(垓字)를 만들어 방어했습니다. 지금도 성벽 전체를 한 바퀴 돌다 첨성대를 보면 시가지 전체가 한눈에 들어오는 아주 전망 좋은 곳입니다.

발아래 성벽은 본디 돌과 흙을 다지고 그 위에 점토를 이겨서 덮었습니다. 신라가 멸망한 후에는 방치되어 흙이 씻겨 나가 돌과 나무뿌리가 드러나 있습니다. 그러니 걸을 때는 항상 발조심! 그렇지만 여름에는 햇살 한 줄기 받지 않고 걸을 수 있을 정도로 녹음이 우거져 시원함을 느낄 수 있습니다.

천년 왕도의 궁궐터 월성은 대단한 명당으로 반월성(半月城)이라고도 하는데, 4대 석탈해왕과 얽힌 이야기가 《삼국유사》에 실려 있습니다.

탈해왕은 용성국 출신이다. 석탈해의 어머니인 왕비가 임신한 지 7년 만에 낳은 것이 '알'이었다. 아들을 기다리던 왕은 낙담하여 고심 끝에 큰 궤짝에 알을 비단으로 싸고 보물과 하인들을 배에 실어서 바다로 띄워 보냈다. 그 배

❖ 해자 : 적의 침입을 막기 위해서 성 둘레를 파서 물을 흘러 보낸다. 폭은 달리는 말이 뛰어넘을 수 없게 하는데, 보통은 15미터 정도다.

가 닿은 곳이 바로 ✤'아진포'다. 인근에 살던 ✤아진의선이 아침에 바닷가에 나와 보니 어제만 해도 보이지 않던 자그마한 섬에 까치(鵲)가 모여서 울고 있길래 가까이 가보니 섬이 아니라 배였다. 배 안에는 잘 생긴 아기가 있어 데려와서 키웠더니 아주 늠름하고 총명하게 자랐다.

탈해는 견문을 넓힐 겸 하인 둘을 데리고 토함산을 넘어서 서라벌로 들어왔다. 토함산 정상에서 시내를 살펴보니 넓은 들과 강이 흐르고 있었다. 그중에서 초승달 모양의 아주 좋은 땅이 눈에 띄어 시내로 들어와 찾아가 보니 ✤호공 (瓠公)의 집이었다. 그래서 꾀를 내어 ✤숫돌과 숯을 집 옆에 묻어 두고 다음 날 이른 아침에 찾아갔다. "이 집은 우리 조상들이 대대로 살아온 집"이라며 나가달라고 하였다. 뜬금없이 주인이라고 나타나니 다툼이 일어날 수밖에⋯. 결국은 관가에 고발하여 시비를 가리게 되었다. "우리는 본래 대장장이로 잠시 이웃 지방에 나간 사이 다른 사람이 살고 있소. 그러니 땅을 파서 조사해 주시오." 그 결과 숫돌과 숯이 나와서 그 집을 차지하고 살았다.

이를 지켜보던 남해왕이 탈해가 아주 총명하고 지혜롭다고 여겨 사위로 삼았습니다. 그 탈해가 후일 신라의 4대왕이 되어 석(昔)씨 가문의 시조가 되었습니다. 그런데 성이 왜 석씨일까요? 탈해가 탄 배가 항구에 들

✤ 아진포 : 현재 동해안 하서리. 인근에 주상절리가 있어서 사람들이 많이 찾는다.
✤ 아진의선 : 《삼국사기》에는 고기잡이하던 노파로 나오고, 《삼국유사》에는 궁궐에 고기를 잡아서 대는 집안이라고 나온다.
✤ 호공 : '호(瓠)'는 '표주박'을 뜻한다. 이들은 호씨 성을 가진 신라 초기의 관리 집안으로 볼 수 있다.
✤ 숫돌과 숯 : 당시는 철기시대로 석탈해는 선진문물을 가진 외래인으로 본다. 철로 만드는 것에는 주로 무기와 농기구가 있다. 이를 만들려면 숯과 숫돌이 필수품이다.

월성 동편

어올 때 까치(작鵲: 昔+鳥)가 나옵니다. 그래서 '새(鳥)' 자를 빼고 '석(昔)' 자를 성으로 삼아 석탈해(昔脫解)로 이름 지었습니다.

여기서 꼭 짚고 가야 할 게 하나 있습니다. 궁궐을 남산 자락에서 월성으로 이전한 것은 사실이지만, 그 시기는 2세기가 아니라 5세기라고 많은 학자들은 말합니다. 게다가 5대 파사왕은 2대 유리왕의 아들입니다. 월성에는 탈해왕의 가신이나 그의 일족들이 살고 있었을 것입니다. 그런데 탈해왕의 자손들이 집을 궁궐로 내놓았을까요? 혹 탈해의 아들이 왕이 되었다면 몰라도…. "파사왕은 월성에 성을 쌓고 옮겨갔다"는 기록이 있기에 옮긴 것으로 보지만, 그 후에도 왜군 등의 침범으로 금성(金城 : 월성으로 이전하기 전 궁터)이 여러 번 포위되었다는 기록도 남아 있습니다. 그래서 방어에 취약한 금성과 가까운 월성에 별궁을 짓고 거처하지 않았을까요? 여러 상황으로 재구성해보면 내물왕부터 김씨 왕조가 세습하면서 월성으로 이전한 것으로 보고 있습니다. 6세기 전반에 세워진 '울진 봉평비'에는 '법흥왕이 군사를 이끌고 행차하여 사태를 진압하고 동행한 6부의 신료들과 의논하여 조치했다'는 내용이 보입니다. 이를 보면 법흥왕 때 와서도 왕의 단독 결정이 어려울 정도였으니 초기의 왕들이 절대권력을 행사했다고 보기는 어렵습니다. 어쨌든 월성은 오랜 세월 동안 신라의 대궁이었으니 명당임에는 틀림없습니다. 그래서 '황성옛터'의 밤은 일장춘몽(一場春夢)을 떠올립니다.

석빙고

석빙고(石氷庫)는 월성 내에 있는 얼음 저장고입니다. 겨울에 남천의 얼음을 보관해 두었다가 날씨가 따뜻해지면 요긴하게 쓴 것으로 보입니다. 우리나라는 사계절이 뚜렷하여 여름에는 얼음이 필수적입니다. 얼음은 먹는다기보다 주로 환자의 열을 내리거나 장례를 치를 때 시신의 부패를 방지하기 위해 사용한 것으로 보입니다. 더러는 한여름에 귀족들과 노인들에게 하사하여 왕의 은혜로 여길 수도 있었겠지요.

《삼국사기》에는 3대 유리왕 시절에 이미 얼음을 저장하였다는 기록이 있고, 지증왕 시절에도 얼음에 대한 내용이 나옵니다. 그 후 오랫동안 기록이 없었지만, 얼음 저장 시설이 계속 있었다는 기록으로 볼 수 있는 비석이 이곳에 있습니다. 석빙고 왼쪽 비문에는 "조선시대 영조 14년(1738)에 경주부윤이 나무로 된 빙고(氷庫)를 석조로 다시 축조했다"라고 적혀 있습니다. 그 당시에 축조된 석빙고가 더러 남아 있는데, 그중에서 이곳 석빙고는 가장 완전하게 보존되어 있습니다.

전기가 없었던 시절에 어떻게 얼음을 보관하여 여름에 사용했는지 그 구조와 원리를 알아볼까요. 먼저 두꺼운 돌을 사용하여 외부의 더운 공기가 들어올 수 없도록 차단합니다. 그리고는 바닥을 경사지게 하여 물기는 아래로 흐르게 하였습니다. 천장은 아치 모양으로 해서 중간 중간 움푹 들어가게 하고, 위에는 환기구를 만들었습니다. 이는 더운 공기가 위로 올라가 바깥으로 나가게 하는 대류(對流)현상(더운 공기와 찬 공기가 섞이지 않는

석빙고 (보물 제66호)

현상)을 이용한 것입니다. 한편 얼음과 벽 사이는 단열재(톱밥과 짚을 사용)를 사용하여 최대한 얼음이 녹지 않도록 만들었습니다. 석빙고를 멀리서 볼 때 지붕 위에 있는 것이 바로 환기구입니다. 그리고 석빙고를 각이 지게 만든 것은 겨울 찬바람이 벽에 부딪쳐 소용돌이치면서 안으로 들어가게 하면 내부의 온도를 낮출 수 있기 때문입니다.

계림

계림(鷄林)은 김씨 왕조의 시조인 알지가 태어난 곳으로 시림(始林)이라고도 합니다. 신라는 김씨 왕이 38분으로 가장 많습니다. 게다가 내물왕이후에는 신라를 '계림국'으로도 불렀습니다. 더욱이 이곳의 나무 한 그루도 못 베게 했다고 하니 얼마나 성역시 했는지 짐작이 갑니다.《삼국사기》에는 '알지'가 어떻게 신라 땅에 등장했는지 보여주고 있습니다.

> 탈해왕 9년, 어느 날 밤에 호공이 월성 서편을 가고 있었다. 그때 밝은 빛이 계림을 비추고 있는 것이 보였다. 가까이 가보니 흰 닭이 나무 아래에서 울고 있고 가지에는 금궤가 걸려 있었다. 급히 왕에게 고하고 궤를 열어보니 용모 수려한 사내아이가 눈을 반짝이며 방글방글 웃고 있었다. 그래서 거두어 귀하게 길렀다.

그래서 알지에서 '지'는 '알'을 높여 부르는 접미사입니다. 알지의 6대 손이 13대 미추왕이고, 17대 내물왕부터는 김씨가 계속 신라를 통치하였습니다. 또한 성을 '김'으로 했는데, '금(金)'이란 한자는 성씨 외에는 항상 '금'으로 읽습니다. 즉, 시내의 고분군에서 나온 많은 금 문화가 여기에서 비롯되었습니다. 이때부터 신라는 강력한 군사력을 바탕으로 부계의 장자 계승으로 정착하였습니다.

이처럼 신라의 박씨, 석씨, 김씨 왕족은 모두 외래인으로 선진문물을 가

계림 (사적 제19호)

진 일족들이 들어와 지배계급이 된 것으로 보입니다. 그중에서도 가장 늦게 들어온 김씨가 신라의 전성기를 열고 천년 국가를 일구었습니다.

계림으로 들어오면 오래된 나무가 풍기는 신비함과 그윽한 정취에 이끌립니다. 걷다 보면 비석이 있는 능이 보이는데, 바로 내물왕릉입니다. 내물왕릉 주변은 더운 여름날에 햇살 한 줄기 들지 않아 몸을 식히기에 더할 나위 없이 좋습니다.

경주 향교

   계림을 따라 들어오면 교촌(校村) 마을(또는 교동마을)을 만납니다. 마을 입구에는 향교(鄕校)가 자리하고 있습니다. 향교는 조선시대 지방에 있던 중등교육기관으로 나라에서 운영하는 관학입니다. 현재의 중학교와 고등학교로 보면 됩니다. 서원과는 달리 도심지에 위치해 있습니다. 향교가 있는 곳이면 인근에는 반드시 관아가 있습니다. 그래서 교동이 있는 도시라면 지방행정의 중심지이기도 합니다. 즉 교동은 품위 있고 학식 있는 양반들이 살던 동네입니다.

   유교는 삼국시대에 들어와 나라를 다스리는 이념으로 자리 잡았습니다. 통일 이후 제31대 신문왕이 처음으로 유학을 가르치는 국학을 설치했습니다. 고려시대에는 향학, 조선시대에는 향교를 두어 유학의 전통이 이

경주 향교 대문

대성전

어지던 유서 깊은 곳입니다. 당연히 여기도 공자를 비롯해 중국의 성현
일곱 분과 신라부터 조선시대까지의 유학자 ✤18현을 모신 대성전을 앞
에 두고 성현들의 가르침을 익히던 학교입니다. 즉 전묘후학(前廟後學)의 전
형적 형태입니다.

이곳은 월성과 인접하여 신라시대에는 무열왕의 따님이신 요석공주가
시집가서 살았던 요석궁이기도 합니다. 어떻게 요석공주와 원효스님이
만났는지 《삼국유사》에는 이렇게 기록하고 있습니다.

✤ 18현: 한국의 유학자로 문묘에 배향되는 동국 18현(東國十八賢) 또는 동방 18
현(東方 十八賢)을 말한다. 신라시대 설총과 최치원, 고려시대 안향과 정몽주, 조선
시대 김굉필, 정여창, 조광조, 이언적, 이황, 김인후, 이이, 성혼, 김장생, 조헌, 김
집, 송시열, 송준길, 박세채가 해당한다.

어느 날, 원효스님이 '누가 내게 자루 없는 도끼를 주려는가? 내가 하늘을 받칠 기둥을 찍으리라'란 노래를 하며 돌아다녔다. 모두들 공부를 많이 하더니 실성했나보다며 수군댔다. 무열왕은 그 얘기를 전해 듣자 단번에 '고명하신 스님이 귀부인을 얻어 귀한 아들을 보고자 하시는구나!'라고 생각하며 혼자된 요석공주를 떠올렸다. 그리하여 남산으로 사람을 보냈는데 스님은 이미 시내로 내려와 다리를 건너다 시자를 보고는 깜짝 놀란 듯 물에 빠졌다. 시자는 서둘러 요석궁으로 모시고 가서 머물게 하였다.

원효스님이 떠나고 요석공주에게 태어난 아기가 바로 설총(薛聰)입니다. 이두(吏讀, 吏頭 : 한자의 소리와 뜻을 빌려 당시의 말을 적던 방법)를 만들어 신라의 학문을 한 단계 발전시킨 학자로 지금도 이름 높습니다. 이두를 만들기 위해 많은 학자들과 밤을 새우다 보니 이곳은 자연스럽게 학교가 될 수밖에 없었는지도 모릅니다. 아니면 공주의 아들로 살던 설총은 나이가 들자 국학이 설치되도록 자기 집을 헌납한 것은 아닐까요. 그런 결단을 내린 설총이었기에 자신이 자란 곳에서 영원히 살고 있습니다. 세월을 뛰어넘은 학문의 동지들과 함께⋯.

남쪽으로 지금은 월정교가 복원되어 화려한 서라벌을 상상하기 쉽습니다. 그러나 원효스님과 요석공주와 설총이 살던 그 당시는 통일전쟁으로 온 나라가 '죽느냐 사느냐' 하던 절대 절명의 순간이었습니다. 왕실과 귀족, 백성들이 함께 같은 목표를 가지고 자신의 자리에서 열심히 살았기에 통일을 이룰 수 있었습니다. 세상에 '저절로'는 없습니다. 보이지 않는다고 없는 건 아닙니다. 마음을 열고 손을 내밀면 아득한 옛사람이 모습을 드러내며 이야기를 나눌 수 있습니다.

월정교

　향교 정문에서 길을 따라 나가면 복원을 앞둔 월정교(月精橋)가 보입니다. 또한 경주박물관에서 문천(남천)을 따라 내려오면서도 월정교를 볼 수 있는데, 이 길은 한적하지만 평화로운 산책길입니다.

　월정교는 궁궐에서 남산으로 행차하던 길로 35대 경덕왕이 석굴암과 불국사를 짓던 8세기 후반에 지어졌습니다. 남천 가운데에 석조 기초가 거의 완벽하게 남아 있어 그 위에 복원하였습니다. 2018년 4월부터는 통행이 가능하다고 하는데, 징검다리를 건너며 올려다보면 다리 아래는 오랜 연륜을 보여줍니다. 밤이면 불을 켜 화려하기 그지없는 모습으로 변신하여

복원을 마친 월정교

남천과 월정교

전성기다운 모습을 연출합니다.

　세월이 흘러 12세기, 고려시대 시에는 "남천에 무지개다리가 비친다"
는 구절이 있습니다. 월정교의 유구를 조사해 보면 무지개다리라고 할 수
가 없어 기록이 잘못 전해졌는지는 알 수 없지만, 13세기 후반에는 중수
한 기록도 남아 있습니다. 그렇다면 고려시대에도 월정교가 사용되었다
고 볼 수 있습니다. 그 후 조선시대 기록을 보면 "현종 10년(1669)에는 유
구만 남았다"고 전하고 있습니다. 이미 경주는 임진왜란의　화마(火魔)가
쓸고 간 뒤였습니다. 그래도 석조 문화재는 유구라도 남았지만, 서책이나
건물들은 깡그리 사라졌습니다. 남천에 월정교와 일정교도 있었지만 느
릅나무로 만든 나무다리(유교楡橋)도 여러 개 있어 서민들도 편하게 사용한
것으로 보입니다.

경주 최 부잣집

조선시대에 향교가 있는 마을을 '교동'이라 합니다. 지금도 지방의 유서 깊은 도시의 시내 중심가에는 교동이 있고, 그곳에는 뼈대 있는 양반들이 살던 오래된 고택들이 많습니다. 이곳 경주에는 경주의 대표적 가문 중 하나인 최씨 일족들이 많이 살았던 곳입니다. 최씨 집안은 보통 12대 만석꾼 집안이라고 알려져 있습니다. 아름다운 돌담길로 이어진 가옥들은 고풍스런 양반마을의 분위기를 한껏 보여주고 있습니다. 그중에서도 최 부잣집은 부자로서의 명성 때문에 유명한 것은 아닙니다. 일제강점기, 그 많던 가산을 독립군 군자금으로 내놓았던 일화는 전설처럼 지금도 전

최 부잣집 솟을대문

하고 있습니다.

경주 최씨 집안은 최치원의 17대 손인 최진립과 그의 아들 최동량이 터전을 이루고 그의 손자인 19대 최국선으로부터 28대 손인 최준(崔浚, 1884~1970)에 이르기까지 10대에 걸쳐 300여 년 동안 부를 누린 집안입니다. 마지막 부자인 최준은 일제강점기에 인생의 전성기를 보낸 인물입니다. 그는 조선이 일제에 합병되는 것도 두 눈으로 똑똑히 지켜보며 나라 없는 식민지의 비애도 뼈저리게 느꼈을 것입니다. 중국에선 임시정부가 수립되어 항일운동을 조직적으로 전개하고 있었습니다. 안중근 의사, 윤봉길 의사 등 많은 젊은이들이 국내외에서 독립을 외치며 산화하고 있었을 때입니다. 마음이야 어떻든 자신은 총 들고 나갈 상황은 아니었나 봅니다.

때마침 의령 부자인 백산 안희제가 부산에 '백산상회(白山商會)'를 열면서 같이 동참하게 되었습니다. 그런데 백산상회는 그냥 가게가 아니었습니다. 독립운동의 연락책이면서 백범 김구 선생의 임시정부에 군자금을 대는 게 목적이었습니다. 그렇다고 소문낼 수는 없는 일! 부잣집이니 온갖 부류의 사람들이 드나들었을 것입니다. 은밀히 찾아오는 독립군들과 접촉하여 거액을 내주었습니다. 그리고는 경주를 떠날 수 있게 시간을 벌어준 다음 당국에 신고했습니다. "우리집에 강도가 들어서 돈을 뺏겼다"고…. 이런 일들이 계속되자 최준은 의심을 받고 잡혀가 고문을 당하기도 했습니다. 그러나 돈 앞에 무릎 꿇지 않는 사람은 별로 없었던 모양입니다. 그 시절에 80세가 넘도록 장수한 것을 보면…. 해방 후에는 인재 양성을 위해 전 재산을 털어 청구대학(현 영남대학교)과 계림학숙을 설립하여 교육사업에 기부하기도 했습니다.

쌀 800석을 저장할 수 있는 곳간

　대문을 들어가면 작은 화단을 둔 사랑채가 보이고, 오른쪽엔 800석의
식량을 저장했던 곡식 창고가 있습니다. 말로만 듣던 천석꾼 집입니다.
그 사이로 안채로 들어가는 중문도 보입니다. 호기심에 발을 들여놓아도
안채는 쉬이 볼 수 없는 구조입니다. 여자들을 가두었다고 생각할 수도
있지만, 보호하려던 마음이었음을 알기에 그 조신함이 너무 좋습니다. 요
즘은 성격 급한 사람들이 얼마나 많은지, 남의 집 안채를 들어가면서 개
선장군처럼 요란하게 들어가는 장면을 목격하기도 하는데, 조심해서 들
어가기를 당부합니다.

　흔히 부자가 3대를 넘기기도 힘들다고 하는데. 어떻게 10대에 걸쳐 이어
올 수 있었을까요? 최씨 가문이 12대 만석꾼을 이룬 배경에는 남다른 가훈
이 내려오고 있습니다. 세월은 흘렀지만 지금도 금과옥조(金科玉條)입니다.

안채 전경

첫째, 벼슬길에 나아가되 진사 이상은 하지 말라.

둘째, 재산은 만 석 이상은 지니지 말라.

셋째, 과객은 후하게 대접하라.

넷째, 흉년에 남의 논밭을 사지 말라.

다섯째, 시집 온 며느리들은 3년 동안 무명옷을 입어라.

여섯째, 사방 백리 안에 굶어죽는 사람이 없게 하라.

특히 둘째, 넷째, 여섯째 조목은 시장경제를 넘어서 '함께 사는 사회'를 지향하였음을 알 수 있습니다. 나와 남을 구별하지 않는 자리이타(自利利他)와 맥락을 같이합니다. 이처럼 최 부잣집은 조선시대 '노블레스 오블리주(noblesse oblige : 높은 사회적 신분에 상응하는 도덕적 의무를 다한다는 뜻)'를 실천한 가문으로 지금도 이름 높습니다.

재매정

  향교와 최 부잣집을 나와 남천을 따라 서쪽 길을 건너면 사마소(司馬所)가 있습니다. 이곳에서는 조선시대 경주에 살던 대과와 소과 급제자들이 모여서 친목을 나누던 곳입니다.

  계속 남천을 따라 걸어오면 재매정택(財買井宅)이 나옵니다. 바로 김유신 장군의 집터로 기록에 남아 있는 39개 ✤금입택(金入宅) 중 하나입니다. 대문 안으로 조심스레 들어서면 비각과 돌로 덮인 우물이 보입니다. 바로 장군이 마시던 그 유명한 재매정(財買井) 우물입니다.

  김유신 장군이 활동할 당시는 통일전쟁으로 온 나라가 긴장하던 시절이었습니다. 선덕여왕이 왕좌에 계실 때는 이웃 나라들의 침략으로 아주 어수선하였습니다. 장군은 백제의 7개 성을 공격하여 큰 승리를 거두었습니다. 옛말에 '공격은 최상의 방어'라 하지 않습니까!

  장군은 이듬해 1월에 도성으로 돌아왔습니다. 궁궐로 들어가기도 전에 백제가 매리포(경남 거창) 성을 공격한다는 소식에 되돌아 나가 무찔렀습니다. 전장에서 다시 두 달을 보내고 3월이 되어서야 도성으로 돌아오게 되었습니다. 이제 왕도 뵙고 가족들이 있는 집으로 돌아가 쉬어야 했습니다. 가족들도 모두 나가서 아버지를, 아들을, 남편을 기다렸습니다. 그때

✤ **금입택** : 신라시대 귀족들의 큰 저택이다. 신라 후기에 생긴 말로 진골 귀족들의 사치를 말해주는 듯하다. 이 시대는 헌강왕 때를 지칭한다고 한다.

재매정 (사적 제246호)

또 급보가 날아왔습니다. 장군은 두말없이 말머리를 돌렸지만 군사들은
불평이 이만저만이 아니었습니다. 집 앞을 지나면서 집으로는 눈길도 주지
않았습니다. 어머니와 아내, 아이들까지 아버지를 마중하려고 서 있는데,
장군은 한 그릇의 물을 청하여 마시고는 '시원~하구나…' 한 마디를 남기
고 총총 사라져갔습니다. 이를 보던 군사들도 말없이 장군의 뒤를 따랐습
니다. 동분서주하던 장군이 오랜만에 돌아왔지만 집에도 들르지 못하고
다시 전장으로 떠나면서 마시던 한 그릇의 물! 집안의 무사함을 물맛으로
안심하고 떠나던 나라 향한 발걸음… 또한 젊은 춘추가 유신과 함께 이
앞마당 어디에선가 공을 차던 모습도 보이지 않습니까! 아름다운 문희와
사랑을 싹틔우던 모습도… 따뜻한 봄날이면 앉아서 상념에 젖기 좋은 곳
입니다.

동궁과 월지

2013년에 '안압지'로 불리던 곳이 '동궁(東宮)과 월지(月池)'로 이름이 바뀌어 낯설지만, 이는 《삼국사기》에 나오는 이름입니다. '동궁'은 세자를 이르는 말이고, '월지'는 안압지의 본 이름입니다.

월지는 신라가 백제와 고구려를 정복한 후 삼국통일을 기념하여 만들었습니다. 문무왕 14년(674), 백제의 빼어난 ✤원지(園池)기술과 고구려의 ✤축성(築城)기술을 이용하여 궁궐인 월성에 지었습니다. 그래서 '월지'는 대궁인 월성에 있는 연못이라는 뜻입니다.

월지의 서쪽에는 동궁을 지어 세자 내외가 거처하게 하였고, 월지에는 임해전(臨海殿)을 지었습니다. 연못 건너편에는 아름다운 꽃과 나무를 심고 동물들을 키웠다고 《삼국사기》에 전하고 있습니다. 그래서 '동궁과 월지'는 과하지도 모자라지도 않게 자연과 인공이 잘 어우러져 있습니다.

월지는 신라를 대표하는 정원입니다. 신라가 멸망한 이후에는 폐허가 되었지만, 우리나라 정원의 원형이 잘 보존되어 있는 아주 중요한 유적입니다. 월지는 한 바퀴를 돌아도 전체를 보여주지 않습니다. 바다는 어디를 가더라도 전체를 볼 수 없듯이.

> ✤ **원지기술** : 백제는 정원을 잘 만들었다. 지금도 일본에 남아 있는 많은 정원들이 백제장인들이 가서 전파한 것으로 본다. 정원에는 물(연못)이 빠지지 않는다.
> ✤ **축성기술** : 고구려는 성을 만드는 솜씨가 아주 빼어났다. 옛 고구려 땅에 남아 있는 오녀산성은 아직도 제 모습을 간직하고 있다.

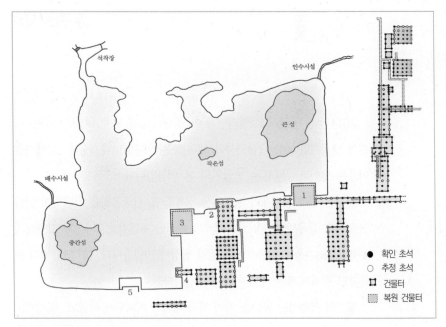

월지 조감도 (국립경주박물관 소장)

　　연회를 베풀던 임해전은 '바다를 보며' 재충전하던 곳입니다. 경복궁에
있는 경회루처럼 말이지요. 아니, 왕은 이제 전쟁을 끝내고 쉬고 싶은 마
음을 담았을지 모릅니다. 아니, 워낙 바다를 좋아해서 그렇게 만든 것일
수도 있습니다. 어쩌면 '바다도 내 땅'이라는 생각에서 문무대왕암이 탄
생했는지도 모릅니다. 평생을 통일전쟁에 매진했던 왕의 피로감과 쉬고
싶은 마음이 그대로 월지에 표현된 것으로 봅니다.

　　연못을 파면서 나온 흙더미들을 이용해 연못 안에 3개의 섬을 만들고
건너편에는 이상향을 아름답게 꾸몄습니다. 세 개의 섬을 만들면서 통일
된 신라가 영원하기를 문무왕은 소망했을 것입니다. 3개의 섬은 우리나라

동궁과 월지 야경 (사적 제18호)

에 있다는 ✤삼신산(三神山)으로 불로장생(不老長生)의 묘약이 있다는 전설이 깃든 산입니다. 중국을 최초로 통일한 진시황은 영생(永生)을 꿈꾸었습니다. 그래서 불사약(不死藥)을 구하러 서불과 동남동녀(童男童女: 남자와 여자아이) 500명을 보냈다는 기록이 남아 있습니다. 제주도 정방폭포에는 그들이 지나갔다는 전설과 함께 글도 남아 있습니다. 지금까지도 월지 건너에 있는 자그만 봉우리는 도교에 나오는 초나라 양왕이 꿈에 선녀를 만나 사랑을 나누었다는 '무산 12봉'으로 해석하기도 합니다. 어쨌든 진시황은 수많은 백성의 고혈(膏血 : 땀과 피)을 짜내어 화려하게 묻혔습니다. 하지만

✤ **삼신산** : 방장산(지리산), 봉래산(금강산). 영주산(한라산)을 말한다.

문무왕은 땅 한 뼘 탐내지 않았어도 영원히 살고 있습니다.

이처럼 통일 후의 신라는 나라가 커지면서 그에 걸맞게 궁궐도 확장했습니다. "경순왕 5년(931), 왕건을 초청하여 잔치를 베풀었다"는 기록을 마지막으로 임해전은 더 이상 나오지 않습니다.

긴 세월이 흘러 조선시대가 되었습니다. 많은 선비들이 경주를 다녀가며 천년 왕도를 노래한 시가가 지금도 많이 남아 있습니다. 그중에는 월지에서 읊은 노래도 더러 있습니다. 늦가을 어느 날, '갈대 무성한 못에 기러기와 오리가 한가로이 어울려 노는 모습'을 보며 많은 선비들이 세월의 무상함을 노래했습니다. 그 시가에 '안압지'로 나오면서 '월지'라는 이름마저 잊혀졌습니다. 최근에야 제 이름인 '월지'를 되찾으면서 '동궁과 월지'로 부르게 된 것입니다. 18세기에는 향교를 수리하며 이곳의 초석을 많이 옮겨 갔다는 기록도 남아 있습니다.

이제 월지가 어떻게 지금처럼 거듭날 수 있었는지 알아볼까요.

1974년 경주종합개발계획의 일환으로 이 일대도 큰 길을 내고 정비를 하게 되었습니다. 월지를 준설할 때 쏟아지는 흙더미 속에서 유물이 발견되었습니다. 그로 인해 정비를 중단하고 발굴을 하게 되었습니다. 3년간 발굴한 결과 3만 4천 점의 유물이 출토되고 석축이 드러나 월지의 모습이 확인되었습니다. 이 발굴에 세간의 이목이 집중된 이유는 화려한 궁중생활을 생생하게 보여주는 생활 유적이었기 때문입니다.

신라가 멸망하면서 급하게 던져 넣은 듯한 유물도 많이 발견되었습니다. 천 년의 긴 시간 동안 뻘(바닷가나 늪 바닥에 있는 검고 미끈미끈한 고운 흙) 속에서 잠자던 유물이 기지개를 켠 듯 많은 장신구와 불상이 천년의 침묵

월지 입수부

을 깨고 화려하게 부활했습니다. 또한 동물의 뼈, 기와 등이 발견되어 "진 귀한 화초와 동물을 길렀다"는《삼국사기》의 기록을 눈으로 확인하게 되 었습니다. 아울러 ✿나무배와 ✿주령구(酒令具)도 나왔습니다. 여기서 출토 된 유물들은 경주박물관 '월지관'에 전시되어 있습니다. 그중에서도 주령 구는 꼭 술자리가 아니라도 친구들과 모임을 즐기며 흥을 돋우는 아주 재

✿ **나무배** : 6미터 정도 되는 나무배다. 통나무를 반으로 잘라 안을 파내어 만들었다. 목선의 진화 과정을 보여주는 중요한 유물이다. 국립경주박물관 월지관에 있다.

✿ **주령구** : 1975년 경주 동궁과 월지(안압지)에서 출토된 정사각형 면 6개와 육각형 면 8개로 이루어진 14면체 주사위이다. 이름처럼 술자리의 흥을 돋우기 위해 만들어진 것으로, 각 면마다 글씨가 새겨져 있어 벌칙을 행하며 술자리를 즐겼다. 포석정의 잔치에서도 사용했을 것으로 보인다.

있는 놀이기구입니다. 밀당하듯 벌칙도 당하고 벌도 주면서….

　마지막으로 월지에서 빠뜨리지 않고 보아야 할 곳은 입수부(入水部)입니다. 입구에서 오른쪽으로 가면 물이 공급되는 수로가 있습니다. 돌과 물이 많은 도시답게 수로도 돌로 만들고 용의 입으로 물을 뿜어냈습니다. 입수부에서는 작은 돌과 이물질을 가라앉히고 걸러서 맑은 물을 폭포처럼 떨어지게 했습니다. 그러면 산소가 충분해져서 물고기들이 건강하게 살 수 있습니다. 물이 떨어지는 곳에는 큰 돌을 놓아서 석축과 바닥에 영향을 주지 않도록 한 세심함도 보입니다. 그 앞에는 큰 섬을 만들어 물의 순환을 도와 고이는 물이 없도록 설계되어 있습니다. 또한 연못 안에서 '井(정)' 자 모양의 틀이 발견되었는데, 이는 연꽃이 못 전체에 퍼지지 않도록 설치한 장치입니다. 꽃이 연못을 뒤덮으면 답답하기 그지없는데 이를 사전에 차단하였습니다. 그리고 바닥은 강회(생석회. 이를 다져서 깔면 누수가 되지 않는다) 다짐을 하고 자갈을 깔아 물이 맑게 유지되도록 하였습니다. 월지는 신라시대 정원을 대표하며 그 원형이 잘 남아 있는 중요한 유적입니다. 이처럼 월지가 옛 모습을 잘 간직하고 있는 건 오랫동안 뻘 속에서 잠자고 있었기 때문입니다. 그 황망했던 순간이 지금의 월지로 부활할 수 있다니…. 역사의 아이러니입니다.

　입수부를 돌아서 왕과 왕비가 된 듯 품위 있게 걸어보세요. 15분 정도 산책하면서 바라보는 월지의 풍경은 탄성을 자아냅니다. 특히 시시각각 변하는 월지의 야경은 더없이 아름답습니다. 달까지 같이 간다면 말할 것도 없지요. 그렇지만 밤에는 좀 더 따뜻하게 입어야 합니다.

14면 주령구 (국립경주박물관 소장)

1. 금성작무(禁聲作舞) : 음악 없이 춤추기(무반주 댄스)
2. 중인타비(衆人打鼻) : 여러 명이 코 때리기
3. 음진대소(飮盡大笑) : 술잔 비우고 크게 웃기(원샷)
4. 삼잔일거(三盞一去) : 술 석 잔을 한 번에 마시기
5. 유법공과(有犯空過) : 덤벼드는 사람이 있어도 참고 가만있기
6. 자창자음(自唱自飮) : 혼자 노래 부르고 마시기
7. 곡비즉진(曲臂則盡) : 팔을 구부려 술 마시기(러브샷)
8. 농면공과(弄面孔過) : 얼굴 간질여도 가만있기
9. 임의청가(任意請歌) : 마음대로 노래 청하기
10. 월경일곡(月鏡一曲) : '월경' 노래 한 곡조 부르기
11. 공영시과(空詠詩過) : 시 한 수 읊기
12. 양잔즉방(兩盞則放) : 술 두 잔 즉시 비우기
13. 추물막방(醜物莫放) : 더러운 것 버리지 않기
14. 자창괴래만(自唱怪來晚) : 혼자서 '괴래만'을 부르기(도깨비 부르기)

첨성대

첨성대(瞻星臺)는 제27대 선덕여왕(632~647) 시대에 세워진 천문대(天文臺)입니다. 동양에서 가장 오래되고 세계적으로는 가장 완벽한 모습으로 남아 있습니다. 돌을 30센티미터 높이로 다듬어 27단으로 쌓았습니다. 그러나 이름이 볼 첨(瞻), 별 성(星)이라 하늘을 관찰하던 곳임에는 대부분의 학자들이 동의하고 있습니다. 또한 현재의 천문대장과 같은 사천박사(司天博士)라는 관직도 있었던 것으로 보아 천문대임을 짐작할 수 있습니다.

불과 50년 전만 해도 맑은 날 밤하늘은 별이 쏟아질 듯했습니다. 그러니 당시는 굳이 높은 곳으로 올라가지 않아도 밤하늘을 관측하기에 별 무리가 없었을 겁니다. 이로 미루어보면 계절마다 다른 별자리를 관측하여 기후에 미치는 영향을 꼼꼼하게 기록하면서 농사에 활용했을 것으로 보입니다. 또한 별자리가 평소와 다르면 나라에 일어날 큰일을 예견했을 것으로 보고 있습니다. 첨성대가 건립된 이후에는 천문 관련 기록이 급증했다고 합니다.

그러면 첨성대가 천문대라고 하는 이유는 무엇일까요?

첨성대의 전체적인 모습은 세 부분으로 나누어집니다. 아래쪽은 4각 기단부, 그 위에는 원통부로 둥글게 27단의 돌을 쌓은 다음, 정상부는 우물 '정(井)' 자로 각 면들이 제대로 동서남북을 가리키고 있습니다. 이는 '하늘은 둥글고 땅은 네모나다'는 '천원지방(天圓地方)'의 생각을 담은 것으로 보입니다. 또한 남쪽에 있는 창문을 통해서 햇빛이 들어오는데, 동지

첨성대 야경 (국보 제31호)

(冬至)에는 깊숙이 들어가고 하지(夏至)에는 입구에서 멈춰 빛 한 줄기도 들어가지 않습니다. 이를 보면 남중고도를 비롯한 태양의 운행까지도 제대로 이해하여 ✤24절기로 만들어 활용한 것으로 보입니다.

천문대라면 어떻게 하늘을 관측했을까요?

> ✤ **24절기** : 태양의 운행, 즉 때를 맞추어 농사를 지을 수 있도록 만들었다.
> 봄—입춘(立春), 우수(雨水), 경칩(驚蟄), 춘분(春分), 청명(淸明), 곡우(穀雨)
> 여름—입하(立夏), 소만(小滿), 망종(芒種), 하지(夏至), 소서(小暑), 대서(大暑)
> 가을—입추(立秋), 처서(處暑), 백로(白露), 추분(秋分), 한로(寒露), 상강(霜降)
> 겨울—입동(立冬), 소설(小雪), 대설(大雪), 동지(冬至), 소한(小寒), 대한(大寒)

남산신성의 돌못

　첨성대 창문 아래는 돌과 흙으로 채워져 있으며, 위는 비어 있습니다. 그래서 신라역사과학관의 안내판에는 "사다리를 대고 창문으로 들어간 다음, 내부 사다리로 올라가서 망원경으로 하늘을 관측했다"고 설명하고 있습니다.

　몇 년 전, 첨성대의 안전진단검사를 실시했는데, 그때 내부에 들어가 볼 기회가 있었습니다. 먼저 창문까지 설치된 계단을 올라가 내부로 들어 갔습니다. 그런데 안쪽이 문제였습니다. 안에는 계단이 원형으로 설치되어 있었습니다. 밖에서 보기와는 달리 돌들이 너무 크고 튀어나와서 머리를 부딪칠 것만 같았습니다. 이로 미루어 판단하건대 높이가 10미터 정도면 사다리로 정상부까지 바로 올라가서 관측하지 않았나 하고 추측해 봅니다.

　첨성대는 현재까지 남아 있는 건축물 중에서 ❋돌못공법과 ❋그랭이법을 사용한 가장 오래된 유적입니다. 석굴암과 불국사는 세계유산으로 지정될 만큼 잘 만들어 지금까지도 잘 보존되어 있습니다. 그런데 이 건축물들이 아무런 경험도 없이 단번에 만들어졌을까요? 첨성대를 보면 창문 위쪽으로 네모나게 튀어나온 부분이 4군데 있습니다. 이는 내부를 가로지르고 있는 기다란 돌의 끝부분인데, 이 돌들이 중심을 잡고 있기 때문에 강한 흔들림에도 무너지지 않았습니다. 《삼국사기》에는 지진이 100회 정도 발생하여 그 피해가 많았다고 기록되어 있습니다. 2016년 9월 경주를 뒤흔든 5.8의 지진에도 첨성대가 미미하게 뒤틀리긴 했지만 석굴암의 궁륭 지붕과 불국사의 석축도 큰 피해 없이 오랜 세월 동안 온전하게 남아 있습니다. 그 이유는 첨성대와 분황사 탑의 기단에서 시작하여 감은사지의 석축 등을 통해 쌓은 건축 경험 때문에 강력한 지진에도 무너지지 않았던 것으로 보입니다.

❖ **돌못공법** : 돌들을 쌓은 후 그들을 고정시키기 위해 못처럼 생긴 돌을 박아 넣는 방법이다.
❖ **그랭이법** : 우리나라의 전통적 건축법이다. 아랫돌의 굴곡에 따라서 윗돌을 깎아 내는 방식으로 불국사 석축에 잘 나타나 있다. 원래는 목조 건축에서 쓰던 공법으로, 오래된 고택의 초석 위 나무기둥에서 많이 보인다. 이 기법은 세계건축학회에서 내진설계로 인정받았다.

금강역사, 경주 구황동 절터 출토, 통일신라 8세기, 높이 1.56미터

박물관, 황룡사지, 분황사 둘러보기

천년의 보물창고

어느 도시, 어느 나라도 마찬가지지만 역사를 알려면 먼저 박물관과 친해야 합니다. 더욱이 경주는 천년 국가의 수도입니다. 지금으로부터 2000년도 더 거슬러 올라가 기원전 57년, 드디어 신라가 건국되었습니다. 그로부터 천년의 세월 동안 신라의 발자취가 보관되어 있는 곳이 국립경주박물관입니다. 박물관 안내 해설은 역사관, 미술관, 월지관에서 10시, 11시, 14시, 15시에 진행되고 있습니다.

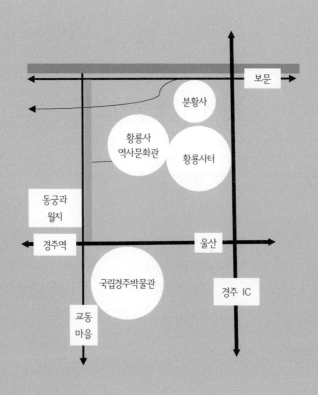

 시내버스터미널, 경주역 : 11번, 600번
🚌 경주박물관은 연중 무휴 (단, 1월 1일, 설, 추석 휴관)
　개관 : 10시~18시
　야간 연장 개관 : 9시~21시 (매달 마지막 수요일, 3월~12월 중 매주 토요일)

국립경주박물관

어느 나라든 마찬가지겠지만 처음부터 강성한 나라는 없습니다. '영원한 제국'으로 불리는 로마제국도 처음엔 자그마한 도시국가였습니다. 이웃나라 ❖그리스조차도 빼앗아 봐야 짐만 될 것 같은 작은 나라였습니다. 그 소국이 백성들을 안전하게 지켜냈습니다. 이후에도 안주하지 않고 아버지처럼, 보호자처럼 등 뜨시고 배부르고 안전한 백성들의 뜻을 존중하였기에 ❖로마제국을 탄생시켰습니다. 그 로마가 성장하여 드디어 그리스를 멸망시켰습니다.

천년의 역사를 간직한 경주는 아늑하고 물 많고 햇빛 따사로운 땅입니다. 그곳에 살던 사람들의 삶이 박물관에 전시되어 있습니다. 정문을 들어서면 신라역사관, 미술관, 월지관과 특별전시관이 있습니다. 정원에는 성덕대왕신종, 고선사지 석탑과 더불어 불상, 비석 받침, 신장상 등 석조 유물들이 줄지어 있습니다. 어떻게 천년 국가를 이룰 수 있었는지를 말하고 있습니다. 이제 그 이야기 속으로 들어가 보겠습니다.

❖ **그리스** : 고대 그리스는 기원전 1000년경에 건국되어 기원전 146년에 멸망하였다. 유럽의 모태로 서양 문명의 시발점이다.

❖ **로마제국** : 로마제국의 역사에 대해서는 학자마다 관점이 다르다. 내 개인적 관점에서는 기원전 753년 로물루스에 의해 건국되어 기원후 476년 수도 로마가 함락되기까지 1229년 동안을 로마제국으로 본다.

국립경주박물관 전경

먼저, 신라역사관으로 들어와 제1실에 있는 신라역사연대표부터 살펴볼까요.

신라는 기원전 57년 박혁거세가 건국하여 기원후 935년 경순왕까지 992년 동안 56분의 왕이 통치하던 천년 국가였습니다. 세계적으로도 가장 긴 역사를 자랑하는 국가 중 하나입니다. 길고 긴 천년의 나라가 강물 흐르듯 순탄했을까요? 그럴 리가 없습니다. 그중에서 527년 23대 법흥왕(재위 514~540)의 불교 공인과, 676년 30대 문무왕(재위 661~681)의 삼국통일의 완성을 가장 중요한 전환점으로 봅니다. 특히 통일신라는 세계 10대 교역국의 하나로 당나라(618~907)와 같은 시대였습니다. 당나라의 수도였던 장안(長安)은 세계 최대의 도시로 수많은 외국인이 드나들었습니다. 신라에도 수많은 외교사절, 상인, 군인 등 외국인들이 붐볐습니다. 그래서 서라벌 어딘가에는 외국인들이 사는 마을도 있었을 정도로 번화한 국제도시 중 하나였습니다. 많은 사람들이 '설마!'라며 믿을 수 없다는 눈길을 보내지만 경주 전역에 남아 있는 수많은 유적과 유물이 이를 침묵으로 말하고 있습니다. 경주는 1979년 유네스코(UNESCO)로부터 세계 10대 고대 도시로 지정되었고, 2000년에는 경주역사유적지구로 도시 전체가 세계 문화유산으로 지정되었습니다. 국립경주박물관에는 신라가 건국하기 이전부터 문을 닫을 때까지의 역사가 고스란히 전시되어 있습니다. 그 장대한 역사를 한 마디로 설명하는 것은 불가능하지만, 그중 중요한 내용에 대해 몇 가지만 살펴보겠습니다.

신라역사연대표 옆에는 울산 반구대 암각화가 있습니다. 반구대 암각화는 울산 대곡천 하류의 바위 절벽에 새겨져 있는데, 고래를 비롯한 동물들과 선사시대 울산 근처에서 살았던 사람들의 생활 모습 등 300점이

국립경주박물관 야외 전시장

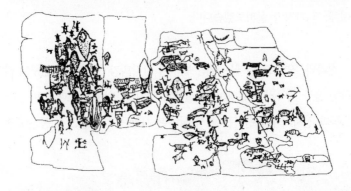

울산 반구대 암각화 (국보 제285호)

넘는 그림을 담고 있습니다. 문자가 없었던 신석기시대와 청동기시대까지 보존과 교육을 위하여 남긴 것으로 보고 있습니다. 자세히 보면 수십 마리의 고래가 유영(遊泳)하는 등 생동감이 느껴집니다. 게다가 고래를 잡는 도구, 임신한 고래도 표현되어 있습니다. 사냥하는 구체적인 방법까지도 사실적으로 새겨놓아 눈이 휘둥그레집니다. 그림 한쪽에는 말을 비롯한 가축도 있습니다. 야생 동물들을 잡아다가 순화시켜 사람 곁에 둔 일도 아주 오래전입니다. 이처럼 바다를 끼고 살던 사람들의 생활이 그대로 표현되어 있습니다. 가난에 찌든 모습이 아니라 풍요롭고 활기차 보입니다. 그런데 그들이 고기만 잡고 살았을까요? 그들은 바다를 통해 미지의 세계와 교류하며 살았습니다. 즉 울산은 신라의 외항(外航)이었습니다. 석탈해가 망망대해를 배를 타고 온 것도, 아메리카의 인디언들이 동양인인 이유도 바다를 건널 수 있었기 때문입니다.

이차돈 순교비 (국립경주박물관 소장)

　　제3실로 들어서면 '이차돈 순교비'가 반겨주고 있습니다. 신라가 국가로서의 면모를 일신하는 데 가장 중요한 사건은 527년 법흥왕 때 이루어진 '불교 공인'이었습니다. 이는 이차돈이 순교하면서 이루어졌는데, 이 비석에는 당시 일어난 기이한 일들을 묘사하고 있습니다.

　　고구려는 4세기 소수림왕 때 전진으로부터, 백제는 4세기 침류왕 때 동진으로부터 불교를 받아들였습니다. 그리고 고구려의 승려 묵호자(墨胡子)와 남쪽 바닷길로부터 가야를 통해 신라로 불교가 들어왔습니다. 공인 이전에도 이미 왕실에서는 불교를 신봉하고 있었습니다. 궁궐 안에 ✦천주사(天柱寺)를 지어 스님들을 거주하게 했으며, 나라와 왕실을 위해 불사를 올리게 했습니다. 왕실에서는 불교가 나라를 개혁하리라고 의심치 않았습니다. 하지만 토착 세력과 귀족들은 대대로 내려오던 ✦전통신앙과 자연신앙에 젖어 외래종교인 불교를 받아들이지 않았습니다. 이에 왕은 부처님의 가르침이 진리라 여겨 널리

퍼뜨릴 수 있는 방법을 찾아 고심하고 있었습니다. 이와 관련된 일화가
《삼국유사》에 전하고 있습니다.

　법흥왕은 왕위에 올라 말하기를

　"한나라 명제는 꿈을 꾸고 난 후 불교가 들어왔소. 과인도 불교를 퍼뜨려
백성들이 복을 빌고 죄를 소멸시킬 수 있게 하고자 하오."

　그러나 귀족들은 관심도 보이지 않았다. 왕실의 일원으로 궁에서 일하던 이
차돈은 어느 날, 왕과 마주하게 되었다.

　"제가 왕명을 받았다며 사찰을 짓겠습니다. 그러면 귀족들이 가만있지 않
을 테니 왕명을 빙자한 죄로 저를 처단하십시오. 그리하면 불교가 널리 퍼져
나라를 굳건히 하는 것이 바로 부처님의 뜻이라 믿습니다"

라며 임금의 뜻을 헤아렸다. 곧이어 이차돈은 ❖불사를 시작하였다. 아니나
다를까 이를 본 대신들이 궐로 들어와 왕을 추궁하였다. 그러나 왕은

　"나는 허락한 적이 없소. 감히 임금의 명이라 거짓말을 하다니…. 당장 잡
아오시오"

라며 엄명을 내렸다. 그렇게 끌려온 이차돈은 추궁하는 귀족들을 향하여

　"불교는 세상을 구제할 수 있는 큰 법이오. 그런데 아무도 받아들이지 않아
답답한 마음에 혼자서 시작한 일이오"

라며 당당하게 말했다. 마지막으로

❖ **천주사** : 궁궐 안에 있던 절로 5세기 무렵에 지은 절이다.
❖ **전통신앙과 자연신앙** : 불교가 공인되기 전에는 개별적이고 지역적인 천신사상과
자연신앙이 주를 이루었다. 천신은 태양이나 번개 등으로 나타나고, 자연신앙은 나
무나 바위 등을 신격화하여 신전을 마련하여 재를 지냈다.
❖ **불사** : 신라 최초의 절인 흥륜사를 말한다. 현재 경주공고가 위치해 있다.

"불교는 백성들을 크게 깨우칠 수 있게 하고 나라가 한 마음이 될 수 있는 크나큰 믿음입니다. 내 죽음을 부처님이 알아주신다면 이적(異蹟)이 일어날 것이오"

라는 말을 남긴 채….

이차돈이 처형되는 순간, 온 천지가 컴컴해지며 목에서는 흰 피가 치솟고 땅이 흔들리며 꽃비가 내렸다. 또한 목은 금강산으로 날아갔다. 옆에서 지켜보던 동료들이 목을 놓아 우는 소리에 천지가 진동하는 듯했다. 그 과정을 말없이 지켜보던 귀족들도 불법이 신통한 것을 알고 불교를 받아들였다. 마침내 불교가 공인되었다.

마침내 신라는 불교를 정신적 지주로 삼아 사상의 통일과 왕권 강화에 성공했습니다. 신라가 도약할 수 있는 발판이 마련된 것입니다. 그 후 이차돈의 목이 떨어진 곳에 장사를 치르고 백률사를 지었으며, 헌덕왕 9년 (817)에 스님들이 ❖염촉을 기리는 마음을 모아서 백률사에 비석을 세웠습니다. 비석은 크게 훼손되지 않았기 때문에 우리는 그날의 기적을 눈으로 볼 수 있습니다. 오랜 세월이 흐르면서 절이 황폐화되어 비석은 박물관으로 이전되었습니다.

조각에 나타난 이차돈의 바지와 저고리는 당시 귀족들의 복장을 잘 보여주는데, 헐렁한 바지와 허리까지 내려오는 저고리가 눈길을 끌고 있습니다. 이는 복식을 연구하는 학자들에게는 아주 귀중한 자료가 아닐 수 없습니다. 당대의 사람들이 그려낸 생생한 모습입니다.

❖ **염촉** : 이차돈은 염촉, 거차돈, 거도라고도 한다. 박씨로 왕족의 일원이다.

역사적으로도 새로운 종교가 전래되려면 수많은 희생이 따릅니다. 로마제국 시대에도 기독교가 공인될 때 얼마나 많은 이들이 피를 흘렸던가요! 조선시대에도 천주교가 들어와 자리 잡을 때까지 얼마나 많은 목숨이 희생되었던가요! 새로운 사회체제를 받아들이려면 이처럼 많은 희생이 필요한지 모르겠습니다. 그러나 세월은 또 이들을 나락으로 떨어지게 했습니다. 화려한 불교문화를 꽃피우고 교역을 활발히 했던 고려가 멸망한 이유는 불교의 타락이었으니까요.

다음은 신라역사관 제3실에 있는 비석을 보겠습니다. 이곳에는 남산신성비가 전시되어 있는데, 경주 남산에 성을 쌓고(사적 제22호 남산신성) 새긴 비석입니다. 현재까지 10개가 발견되었는데, 성을 쌓을 때의 상황이 자세히 새겨져 있습니다. 진평왕 13년(591) 성을 축조할 당시 공사에 참가한 사람들의 관직과 이름, 출신지, 맡은 구역과 함께 3년 안에 성이 '무너지면 벌을 받고 다시 쌓겠다'는 맹세가 보입니다. 이를 보면 많은 사람들이 건축토목사업에 동원된 것을 알 수 있습니다. 더군다나 도성 방위에 필요한 산성을 쌓는 중요한 일이므로 책임자도 분명히 기록되어 있습니다. 행여나 문제가 있을 시에는 문책까지 받겠다

남산신성비 제1비 (국립경주박물관 소장)

고 하니 허술하게 쌓지는 않았을 것입니다. 그렇게 탄탄하게 쌓았으니 오랜 세월이 지난 지금까지도 그 일부나마 볼 수 있게 된 것입니다.

임신서기석
(보물 제1411호, 국립경주박물관 소장)

신라역사관 제3실 출구 근처에 있는 임신서기석(壬申誓記石)은 경주 동국대학교 뒤편 석장사터 부근에서 발견되었습니다. 화랑인 귀산(貴山)과 추항(箒項)이 같이 맹서한 것을 글로 남겼습니다.

임신년(602년, 진평왕 22년)에 6월 16일에 하늘에 맹서하며 쓰다. 오늘부터 3년 후에도 충도(忠道)를 잘 지키고 어긋나지 않기를 다짐한다. 어긋나면 하늘로부터 죄를 받을 것이다. 나라가 불안하거나 큰 난리가 나면 적극 나선다. 또 7월 22일에는 시경, 상서, 춘추, 예전을 3년 안에 공부할 것을 서약한다.

귀산과 추항은 ✦원광법사(555~638)를 찾아가 배움을 청하자 내린 ✦세속오계(世俗五戒)로 지금도 전

✦ **원광법사** : 신라 최초의 학승으로 평가받는다. 진(陳)나라와 수(隋)나라에 유학하고 돌아와 삼기산 금곡사에 머물며 대승경전을 강의하며 불교를 정착시키기 위해 노력했다.

✦ **세속오계** : 청도에 머물고 있던 법사를 찾아와 배움을 구하던 두 화랑에게 내린 가르침이다. 이후부터는 장차 국가의 동량이 될 화랑들이 공부하고 실천해야 할 덕목이 되었다.

1. 사군이충(事君以忠) : 충성으로써 임금을 섬긴다.
2. 사친이효(事親以孝) : 효도로써 어버이를 섬긴다.
3. 교우이신(交友以信) : 믿음으로써 벗을 사귄다.
4. 임전무퇴(臨戰無退) : 싸움에서 물러나지 않는다.
5. 살생유택(殺生有擇) : 자연의 미물까지도 분별없이 살생하지 않는다.

해지고 있습니다. 그 내용을 보면 인간으로서의 의무를 다하고 삼국이 대치한 국가의 현실을 외면하지 않아야 한다고 말하고 있습니다. 이는 당시의 지식인으로 국제적인 감각을 지닌 원광의 식견이 표현되어 있을 뿐 아니라 화랑도를 이해하는 데도 큰 도움이 됩니다. 그뿐만 아니라 유교의 효도와 충성, 불교의 선한 일을 장려하고 악행을 금하는 가르침, 도교의 말하지 않고 행하지 않는 가르침을 주었습니다. 즉 3교가 어우러진 동양의 지혜를 모두 익혀 몸과 마음이 균형 잡힌 인간을 지향했음을 알 수 있습니다.

그 후 두 젊은 화랑은 백제와의 아막성 전투에 참여하여 산화함으로써 신라를 승리로 이끌었다고 《삼국사기》와 《삼국유사》에 전해옵니다. 제2차 세계대전 당시 영국의 처칠 수상은 "어떤 대가를 치르더라도 승리해야 한다. 승리 없이는 생존할 수 없다"라는 명연설로 세계대전을 승리로 이끌었습니다. 신라시대에도 화랑을 거친 장군들의 지휘 아래 화랑과 그들을 따르던 낭도들의 활약이 있었기에 통일이 가능했습니다.

여기서 '화랑도(花郞徒)'를 좀 더 자세히 짚고 넘어가겠습니다.

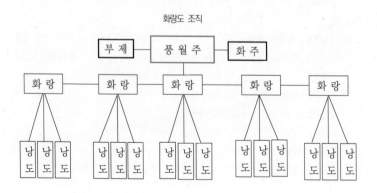

화랑도 조직

화랑도는 삼국의 항쟁이 치열하던 24대 진흥왕 때 창설되어 51대 진성여왕 때까지 유지되었습니다. 화랑도는 교육적, 군사적, 사교적인 단체이기는 하나 국가기관은 아닙니다. 신라 상류층 자제들의 청소년 수련단체로 국가의 동량이 되는 인재를 확보하고 양성하는 것이 주목적이었습니다. 단체생활을 통해 전국을 유람하며 지형과 지리를 익혀 후일 지도자로서의 자질을 배양했습니다. 통일을 전후하여 많은 화랑들, 그리고 가장 위대했던 화랑인 15대 풍월주 김유신 장군과 18대 풍월주 김춘추(29대 무열왕)의 우정과 활약은 기록에 생생하게 전합니다. 통일 이후 31대 신문왕 때 일어난 '흠돌의 난'으로 폐지되었다가 그 후 부활하면서 우두머리를 '국선'으로 불렀습니다.

화랑도는 여러 명의 화랑으로 구성되어 있습니다. 화랑 중의 화랑인 풍월주를 정점으로 해서 스승격인 승려 낭도가 존재했습니다. 그리고 부제를 두어 풍월주를 보좌했습니다. 휘하에는 낭도를 두었는데, 화랑 한 명이 많게는 천 명까지 거느렸습니다. 화랑의 자질과 품성에 따라 낭도들이 모여 들었습니다. 특히 7대 풍월주인 설화랑은 향가에 능통했고, 8대 문노는 무인으로 이름이 높았습니다. 그래서 낭도들은 적성에 따라 선택할 수 있었습니다. 풍월주의 부인은 화주(花主)로 그들의 활동을 지원했습니다. 이처럼 화랑들이 낭도들을 아주 귀하게 여겼던 일화가 《삼국유사》 〈기이〉 편에 전하고 있습니다.

32대 효소왕대에 죽만랑(죽지) 휘하에 득오실(득오곡)이 있었다. 근데 성실하던 득오실이 열흘이 지나도록 보이지 않자 그 어머니를 불러 물어보니 "모랑부의 익선 아간이 제 아들을 부산성의 창고지기로 임명했습니다. 급히 가느라 공께 인사도 드리지 못했습니다."

이 말을 들은 죽만랑은 "그대의 아들이 사적인 일로 갔다면 모르지만 공적인 일로 갔으니 찾아가 보아야겠소"라며 떡 한 합과 술 한 항아리를 준비하고 하인들과 낭도 백여 명이 의장을 갖추고 따라갔다. 부산성에 이르러 문지기에게 득오실을 찾으니 "지금 익선의 밭에서 관례에 따라 부역을 하고 있습니다."

죽만랑이 밭으로 가 음식을 먹이고는 휴가를 받아 돌아가자고 했건만 득오실이 거절했다. 그때, 추화군(밀양)의 조세를 받아 성안으로 가던 관리가 죽만랑이 부하를 끔찍이 여기는 것을 보고 거두어가던 쌀섬을 익선에게 주고 청해도 요지부동이었다. 그래서 호화로운 안장을 주자 허락하였다. 그 말을 들은 화주가 익선을 잡아와 그 탐욕을 씻기고자 했으나 숨어버렸다.

이를 보면 화랑들이 낭도들을 끔찍이 여겼음을 알 수 있습니다. 득오가 지은 8구체 향가인 '모죽지랑가(慕竹旨郎歌)'를 보면 죽지랑을 사모하고 따르던 낭도들을 떠올릴 수 있습니다. 관직에 나아간 이후에도 화랑들은 낭도들을 챙겼는데, 이것은 옛 로마제국 시대에 있었던 '패밀리아(familia)'와 흡사합니다.

신라역사관 제4실에는 신라의 '왕경도(王京圖)'가 있습니다. 왕경도는 신라의 가장 전성기였던 9세기 후반 서라벌의 모습을 여러 자료들을 참고해 제작된 것입니다. 왕경은 기본적으로 왕이 거주하는 궁궐과 종묘뿐 아니라 관청과 시장 등 많은 사람들이 사는 수도를 말합니다.

9세기에 서라벌은 18만 호가 살았던 대도시였습니다. 물도 풍부하고

왕경도

동서남북으로 산이 둘러싸고 있는 아늑한 곳이었습니다. 월성은 신라의 대궁으로 왕을 비롯한 왕실 가족이 거처하였습니다. 서쪽에는 세자 가족이 거주하는 동궁을 비롯해 월지가 있었습니다. 뿐만 아니라 북쪽에는 궁궐의 규모를 갖춘 전랑지(북궁으로 추정)와 남궁 외에 별궁도 존재한 것으로 보고 있습니다. 또한 기록에 보이는 귀족들의 저택인 39개의 금입택 외에 관청과 주택이 있었습니다. 그중의 하나인 재매정은 김유신 장군의 저택으로 궁궐 인근에 위치했습니다. 이 외에도 황룡사를 위시해 곳곳에 크고 작은 사찰들이 이어져 있는 신라의 수도였습니다.

수도가 제 역할을 하려면 도로가 필수적입니다. 도로는 사람과 물자의 공간적 이동이 가능한 시설입니다. 신라시대 도로는 인근에 있는 작은 소국들을 병합하고 정복하는 과정에서 정비되었습니다. 8대 아달라왕 3년(156)에는 ❖계립령, 5년(158)에는 죽령을 개척하여 북으로 통하는 길을 열었습니다. 소지왕 9년(487)에는 사방에 ❖우역(郵驛)을 설치하여 지방과의 소통을 원활하게 했습니다. 특히 통일 이후에는 9주 5소경을 설치하고 5통 5문역을 만들었습니다. 이는 9주 5소경을 연결하는 교통로로, 왕경과 지방을 이어주는 등 지역의 통치를 강화하기 위한 노력도 게을리 하지 않았습니다.

신라의 도로 유적에는 왕경과 지방도로가 있습니다. 전성기에는 방리제(원활한 소통을 위해 바둑판처럼 정연한 도시계획)를 도입하여 도시계획을 실시했습니다. 그래서 왕경도는 대궁인 월성과 전랑지를 연결하는 큰 도로를 중심으로 조성되었습니다. 황룡사지 주변에는 분황사 남쪽 동서도로, 전랑지 서쪽 남북도로, 황남동 북쪽 동서도로, 월정교 남북도로, 황성동 동쪽 남북도로, 남산 왕정곡 남북도로, 서부동 남북도로 등을 조성하였습니다. 외곽지에도 길은 있었지만 지형상 반듯한 도로는 조성하기 어려웠을 것입니다.

왕경의 발굴 결과 그 특징은 다음과 같습니다.

❖ **계립령** : 문경읍 관음리와 충북 충주시 수안보면 미륵리 사이에 있는 고개다. 전략적, 군사적으로 아주 중요한 곳으로 하늘재로도 불린다.
❖ **우역** : 중앙관아의 공문을 지방관아에 전달하며 관리들과 외국 사신들이 왕래할 때 말들을 공급했다.

1. 도로의 평면이 네모난 직선도로였다.
2. 노면 폭은 5미터, 10미터, 15미터로 밝혀졌는데 소로, 중로, 대로로 구분된다.
3. 노면 구조는 잔자갈, 사질토, 점질토와 사질점토를 섞어 배수가 원활하게 되도록 길도랑(측구)와 속도랑(암거)이 있었다. 특히 왕경의 도로는 황룡사 주변의 길을 통해 보면 7세기에 조성된 것으로 보인다.
4. 서라벌 중심부는 방(坊)으로 구획 지어져 있었다. 시가지뿐만 아니라 서쪽 방면인 모량리에도 담장 시설이 확인되어 통일 이후에는 왕경이 확장되었음을 알 수 있다. 그래서 좁은 의미의 왕경은 경주 시내로 한정하고, 넓게 보면 동쪽의 토함산과 동해 바다, 서쪽은 건천과 현곡, 남쪽은 울주, 북쪽은 안강까지로 본다.

경주에서는 수레가 많이 출토되어 물자 수송이 원활했다는 것도 알 수 있습니다. 경주는 물이 많은 도시라 다리도 많이 설치했는데, 돌다리로는 월정교와 일정교가 있고 나무다리도 곳곳에 많았습니다. 그러나 외곽으로 가면 허술해지는 것도 어쩔 수가 없습니다. 뒷골목도 당연히 존재했을 것입니다. 이처럼 서라벌이 국제도시였음을 말해주는 건 바로 길입니다. 월성과 전랑지를 연결하는 길을 중심으로 사방팔방으로 존재했습니다. 길은 소통입니다.

세계 제국으로도 불리는 로마제국이 존재할 수 있었던 가장 중요한 이유는 길을 건설한 것입니다. 하지만 길은 양날의 칼이기도 합니다. 내가 편리하자고 만든 길은 상대에게도 유용합니다. 그게 겁나면 아무것도 할 수 없습니다. 모든 것은 운용하기 나름인 것을…

현대는 온갖 길을 만듭니다. 기존의 길을 확장하고 포장했을 뿐 아니라 기찻길도 놓았습니다. 1970년대부터는 고속도로, 2000년대는 KTX(고속철도)도 놓아 하루 만에 서울을 왕래합니다. 게다가 바닷길은 온갖 물자가 이동하고, 하늘 길도 만들어 하루에 못 가는 곳이 없을 정도입니다. 온라인까지 발달하여 가지 않고도 가는 듯하니 온 세상이 다 내 손바닥 안입니다.

다음은 신라역사관을 둘러보고 나오는 문의 오른쪽 벽에 있는 울주 천전리 각석(川前里刻石)을 보겠습니다. 글자와 그림이 희미해 알아보기 어렵지만 신라의 비석 중 가장 오래된 것입니다. 위에는 청동기시대에 새긴 것으로 보이는 기하학 문양과 동물들의 그림이 남아 있어 제사와 관련된 유적으로 보고 있습니다.

로마 콜롯세움 부근의 길: 고대 로마의 길은 큰 박석을 깔았다. 돌을 다듬어 촘촘하게 깐 곳은 근대에 수리한 부분이다.

아래는 신라시대의 그림과 글이 새겨져 있습니다. 배와 사신들의 행렬도 보입니다. 사신들은 경주 시내에서 출토된 토용과 비슷하여 눈길을 끌고 있습니다. 또한 바다 위의 범선은 통일 전 신라의 해상 활동을 증명하는 중요한 그림이기도 합니다.

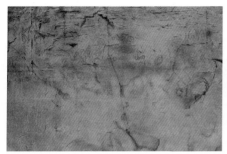

천전리 각석 중 일부 (국보 제147호)　　　　천전리 각석 중 갈문왕이 새긴 글

　　무엇보다 아래쪽 네모 안에 새겨진 글은 법흥왕 12년(525), 사탁부의
갈문왕(법흥왕의 동생)이 이곳에 와서 기념으로 새긴 것입니다. 그 후 14년
만에 다시 와서 당시를 추억한 글입니다. 주위에는 인명과 관직명, 화랑
의 이름들이 보입니다. 화랑들은 전국의 명승지를 찾아다니며 호연지기
를 키웠음을 짐작할 수 있습니다. 전 국토를 누비며 지방의 특성과 지리
도 같이 익혔을 것입니다. 장차 국가를 이끌어 나갈 인재들을 양성했음
을 확인할 수 있습니다. '인사가 만사.' 어느 시대나 듣는 금과옥조(金科玉
條)입니다.

성덕대왕신종

국립경주박물관 입구 종각에는 우리가 어릴 때부터 들어온 에밀레종이 있습니다. 종은 부처님의 말씀을 소리로 나타내기 위해 주조되었다고 합니다. '성덕대왕신종'으로도 불리는 종은 35대 경덕왕이 아버지인 33대 성덕왕의 명복을 빌기 위해 구리 12만 근을 들여 만들기 시작했습니다. 그러나 당대에 완성하지 못하고 아들인 혜공왕 때 완성하여 ✤봉덕사에 걸었습니다. 그 과정이 얼마나 힘들었으면 한 마디 농으로 건넨 애기 엄마의 말대로 품안의 애기까지 내줘야 했을까요! 마침내 수많은 시행착오 끝에 봉덕사 종은 완성되었습니다. 그래서 종은 3개의 이름을 갖고 있습니다. 먼저 아버지를 기리는 경덕왕의 마음을 담은 '성덕대왕신종', 아버지의 명복을 빌기 위해 세운 절에 걸었기에 '봉덕사종', 그리고 애기가 엄마 찾는 애절한 울음 같아 '에밀레종'이란 이름까지 더하였습니다.

종은 높이 3.6미터, 입지름 2.3미터, 두께는 11~25센티미터 내외, 무게는 20톤이 넘습니다. 우리나라뿐 아니라 세계적으로도 가장 아름답고 긴 여운을 가진 천상의 소리로 유명합니다. 지금은 소리를 내지 않지만, 녹음된 종소리는 매시 정각과 20분, 40분에 울리고 있습니다. 그러면 어떻게 이 장중하고 맑은 소리가 멀리 퍼져 나갈까요?

> ✤ **봉덕사** : 봉덕사는 지금의 동천가, 경주 세무서 자리로 본다. 조선시대에 큰 수해가 나면서 폐사되었다.

성덕대왕신종 (국보 제29호)

❀ 성덕대왕신종 자세히 보기

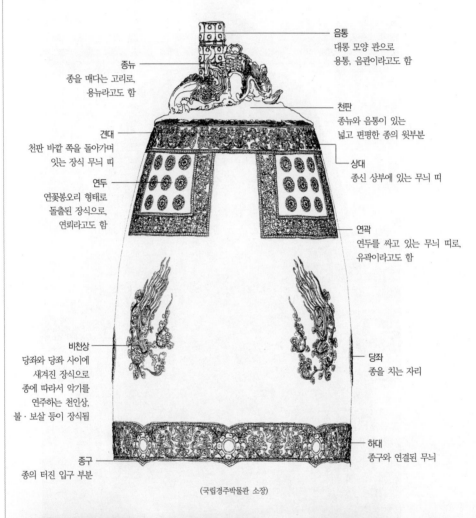

음통
대롱 모양 관으로
용통, 음관이라고도 함

종뉴
종을 매다는 고리로,
용뉴라고도 함

천판
종뉴와 음통이 있는
넓고 편평한 종의 윗부분

견대
천판 바깥 쪽을 돌아가며
잇는 장식 무늬 띠

상대
종신 상부에 있는 무늬 띠

연두
연꽃봉오리 형태로
돌출된 장식으로,
연뢰라고도 함

연곽
연두를 싸고 있는 무늬 띠로,
유곽이라고도 함

비천상
당좌와 당좌 사이에
새겨진 장식으로
종에 따라서 악기를
연주하는 천인상,
불·보살 등이 장식됨

당좌
종을 치는 자리

하대
종구와 연결된 무늬

종구
종의 터진 입구 부분

(국립경주박물관 소장)

종뉴

당좌

연곽과 연두

비천상

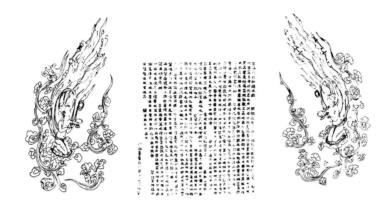

성덕대왕신종 명문과 비천상 무늬

한 마디로 '맥놀이 현상' 때문입니다. 종의 안쪽을 들여다보면 울퉁불퉁하기 때문에 종을 치면 일정하지 않은 두께로 인해서 서로 다른 주파수를 가진 소리들이 납니다. 이 소리들이 다시 모여 주기적으로 변하는 현상을 '맥놀이'라고 합니다. 즉 종의 재질과 두께를 달리하고 모양도 다르게 하면 종소리가 멀리 퍼지고 오랫동안 여운이 남습니다.

또한 종의 내부와 표면에는 천 자 가량의 글이 보이는데, 내용에는 종을 제작한 배경과 책임자와 관직 등이 새겨져 있어 당시의 관료 조직을 연구할 수 있는 귀한 자료로 평가받고 있습니다. 그 명문에는 성덕대왕신종을 이렇게 표현하고 있습니다.

…모습은 산이 우뚝 선 듯하고 소리는 용의 울부짖음이 위로는 하늘까지 닿고 아래로는 지옥까지 통하나니… 보는 자마다 기이하다 찬란하고 듣는 자 복 받으리라….

그러나 이렇게 아름다운 종이 대접만 받은 게 아닙니다. '미인박명'이란 말이 실감날 정도로 오랜 세월을 견뎌내어 지금 이곳 국립경주박물관에 있습니다. 처음에는 봉덕사에 걸었으나 수해로 절이 폐사되면서 영묘사로 옮겼습니다. 그러나 이마저도 여의치 않아 동천(東川 : 분황사 뒤쪽 하천으로 북천, 알천으로도 부른다)가에 뒹굴고 있었습니다. 이를 중종 2년(1507) 봉황대 옆에 종각을 짓고 옮겨 달고는 아침저녁으로, 또는 큰일이 있어 군사들을 소집할 때 종을 쳤습니다. 그러다가 1915년 경주고적보존회(경주박물관의 전신으로 시내의 법원 뒤편에 있는 경주문화원에 위치하였다. 이곳에 성덕대왕신종이 걸려 있었다)로 옮겼습니다. 1975년 국립경주박물관을 새로 지어 옮길 때까지는 귀빈들이 방문하거나 큰일이 있을 시에만 가끔씩 종소리가 울렸다고 합니다. 봉덕사종을 국립경주박물관으로 옮길 때 얼마나 경황이 없었는지 사진 한 장 남기지 못했다고 하니 가슴을 칠 일입니다. 그래도 에피소드 한 토막으로 마무리해야겠습니다.

성덕대왕신종이 걸렸던 옛 종각

그 당시 포항제철이 완공되어 기념으로 종을 거는 자그마한 막대를 기증했는데, 새 걸개로 바꾼 지 며칠 되지 않아 종의 무게로 인해 막대가 휘어져 버렸습니다. 보고받은 관계자들이 놀라서 부랴부랴 딴 방법을 모색했지만 뾰족한 수가 없어서 본래 막대를 걸었더니 문제가 없었습니다. 현장에서 숨죽이고 있던 많은 학자들은 신라시대의 과학과 철을 다루는 기술에 감탄하지 않을 수 없었습니다. 지금의 걸개는 1300년 전 종이 만들어지던 당시의 것입니다. 그 후 타종식이 있던 날, 중요무형문화재 승무 예능 보유자 이애주 선생이 종소리에 걸맞은 대단한 춤을 선보였다고 전해집니다. 이런 얘기까지 들으니 타종식이 일반에 공개되지 않은 게 아쉬울 뿐입니다.

그렇게 국립경주박물관 입구에서 사람들을 반기던 성덕대왕신종이 걸린 종각 바닥에는 2013년까지만 해도 오목한 울림통이 있었습니다. 그런데 땅이 서서히 꺼지면서 메우고 말았습니다. 게다가 지금은 나무로 종을 받치고 있는데, 이는 종각이 종의 무게를 이기지 못해서 설치한 것입니다. 세계적으로 유명한 현대 건축술로도 에밀레종의 '집'도 제대로 짓지 못한 채 아주 흉한 모습으로 방치하는 것 같아 볼 때마다 속상합니다. 과학이 발달하지 않았다고 여기던 고대에도 제 역할을 하던 유물들이 침묵하고 있습니다. 현재의 과학이 고대의 과학을 풀지 못하고 있습니다. 우리는 언제쯤 봉덕사의 종소리 울리는 경주의 밤을 맞을 수 있을까요.

남궁터

미술관 쪽으로 발걸음을 옮겨보겠습니다. 미술관을 지을 당시 ❖'남궁지인(南宮之印)'이란 글이 찍힌 기와가 출토됨으로써 국립경주박물관 자리도 궁궐의 일부로 밝혀졌습니다. 이곳에 남궁이 자리 잡았을 것으로 추정하고 있습니다. 신라는 통일 이후에 영토가 넓어지면서 업무가 많아졌습니다. 그래서 기존의 월성 외에도 동궁, 양궁(壤宮), 남궁, ❖북궁 등을 지어 업무를 보았습니다.

'남궁지인'이 찍힌 수키와 (국립경주박물관 소장)

또한 미술관 건축 당시 땅을 파다가 예전에 사용하던 수레가 발견되었습니다. 보다시피 여기는 길입니다. 수레는 아무 곳이나 갈 수 없습니다. 궁궐의 일부였으니 왕실 사람들이 바깥으로 오갈 때 사용되었을 것입니다. 박물관 신축공사를 하면서 흙으로 덮여 있던 곳이 발굴되면서 길로 확인되었습니다. 그런데 왜 흙으로 뒤덮여 있었을까요? 경주는 수해가 나면 피해가 막심합니다. 분황사 뒤편

❖ **남궁지인** : '남궁지인'이 찍힌 기와는 역사관 제4실 출구 쪽에 전시되어 있다.
❖ **북궁** : 첨성대 북쪽에 있는 '전랑지'로 동천가에 있다.

알천제방수개기 : "서쪽으로 향한 알천 물이 거세어 읍 동편 제방이 무너지고 고려 때 나무와 돌로 쌓은 것을 올 정해년에 다시 쌓았다. 지형 따라 잡은 물길을 본래대로 터주었다. 여기에 사실을 적어 후세에 전한다."

의 하천이 동천(❖알천)으로 홍수가 나면 엄청난 물과 함께 토사도 밀려옵니다. 동천가에 있던 많은 사찰과 왕릉도 이를 비켜갈 수가 없었습니다. 조선시대까지도 많은 노력을 기울였지만 근본적으로 수해를 막지는 못했습니다. 그래서 1975년, ❖덕동댐을 건설하면서 경주는 물난리를 걱정하지 않아도 되었습니다. 그리고 댐 아래에 보문호수를 만들었습니다. 이로써 경주는 역사관광도시일 뿐 아니라 휴양도시의 면모까지 갖추게 되었습니다. 아무리 유적이 많고 볼 게 많아도 물이 없으면 허전합니다.

❖ **알천** : 북천이나 동천으로도 부른다. 경주는 큰 비가 오면 범람이 심하여 많은 피해를 입었다는 기록이 있다. 조선시대 숙종 33년(1707), 제방을 수리하고 세운 비인데, 그마저도 범람에 휩쓸려버렸다. 1980년에 발견되기 전까지는 흙더미에 묻혀 있어서 글씨가 선명하게 남아 있다.

❖ **덕동댐** : 감은사 가는 길에 있다. 100번, 150번 버스로 엑스포공원을 지나면 왼쪽에 있다.

고선사지 3층 석탑

미술관을 나와서 왼편으로 돌아들면 훤칠하고 건강한 남성미를 뿜어내는 탑이 시선을 사로잡습니다. 바로 고선사지 3층 석탑입니다. 고선사는 삼국통일 즈음에 지었는데, 원효스님이 주석(主席)하시던 사찰로 알려져 있습니다. 그 후 1975년, 덕동댐이 건설될 때 물에 잠기면서 탑과 귀부 등이 이곳으로 옮겨졌습니다.

1913년, 절터를 조사하다가 원효스님의 일생을 담은 서당화상비(誓幢和尚碑)가 발견되었습니다. 스님이 686년 혈사(穴寺: 현재의 골굴암으로 추정)에서 열반에 드셨다고 기록되어 있는 게 유일한 자료입니다.

고선사지 3층 석탑은 감은사지 석탑과 같은 시기에 만들어져 크기도 비슷합니다. 탑을 한 바퀴 둘러보면 상당히 크기 때문에 3층 탑신을 빼고는 옥개석과 탑신이 모두 여러 조각으로 짜 맞춘 것을 알 수 있습니다. 특히 1층 면석의 가장자리에 못 자국이 많이 나 있는데, 이는 청동판에 사천왕을 새겨서 4면에 붙였을 것으로 보고 있습니다. 햇살 좋은 날에 이 조각들이 반짝였을 것을 생각하면 인근 사람들이 부처님 보듯 합장했을 모습이 선연하게 그려집니다. 그렇지만 내게는 옛 애인이 보고 싶을 때 생각나는 탑입니다. 포근해서 한 번씩 넋을 놓고 보곤 합니다.

이 외에도 박물관 뜰에는 통일신라시대에 건축된 6미터 크기의 큰 '석등'뿐 아니라 부처님을 지키는 수호자 '금강역사' 두 쌍, 그리고 중생사지에서 옮겨온 '관음보살' 등 불교 관련 석축물들도 전시되어 있습니다.

고선사지 3층 석탑 (국보 제38호)

석등, 경주 읍성터 출토, 통일신라 8~9세기, 높이 5.63미터 (복원 후)

승소사지 3층 석탑, 경주 남산 승소골 출토, 통일신라 9세기, 높이 3.77미터 (국립경주박물관 소장)

황룡사지

국립경주박물관을 보고 나와서 큰길 도로를 건너 마루길을 따라 가보시겠습니다. 기찻길을 지나는, 마치 고향 가는 시골길 같습니다. 가을에는 코스모스가 하늘거리는 모습이 아주 정겹습니다. 오른쪽으로 팻말을 따라가면 넓은 터에 유구만 쓸쓸히 남아 있는 곳이 바로 황룡사(皇龍寺)터입니다.

황룡사지는 월지의 동쪽에, 분황사의 남쪽에 있는 신라시대 가장 큰 절터로 2만 평쯤 됩니다. 《삼국유사》에는 24대 진흥왕이 "용궁의 남쪽에 궁궐을 지으려다 누런 용이 나타나 사찰로 바꿔서 지었다"는 기록이 보입니다. 그때부터 시작하여 선덕여왕 때 9층 목탑의 완성

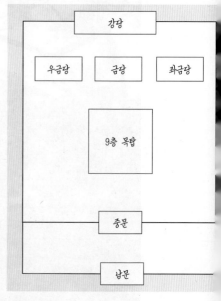

황룡사지 배치도

까지 4대 왕에 걸쳐 100년 동안 지어진 대사찰입니다. 금당터, 목탑터, 강당 자리와 중문과 남문 자리까지 발굴되어 신라에서 가장 큰 절터로 확인되었습니다. 절이 완성된 이후에는 수시로 ✤백고좌(百高座)를 열어 나라

✤ **백고좌** : 신라와 고려시대에 행해진 불교행사. 내란과 외침을 방어하고 제거하여 나라의 평안과 백성의 평안함을 위해 100개의 사좌(獅子座)를 마련하여 100명의 법사를 청해 100일 동안 매일 한 분씩 설법케 하는 법회다.

의 안녕과 백성들이 편히 살기(국태민안國泰民安)을 기원하며 호국사찰의 면모를 과시하던 곳입니다. 특히 나라를 지켜주는 3대 보물(三寶 : 장육존상, 천사옥대, 황룡사 9층 목탑) 중에 2개가 이곳에 있었다고 합니다. 뿐만 아니라 35대 경덕왕 때는 왕비가 시주하여 황룡사의 대종(大鐘)도 만들었습니다.

신라는 527년 이차돈의 순교 이후 불교를 공인했습니다. 그때부터 신라 후기까지 많은 사찰이 건립되었습니다. 《삼국유사》를 보면 6세기 후반에 이미 '절들은 하늘의 별처럼 많고, 높이 솟은 탑들은 기러기 날아가듯 하다(寺寺星張塔塔雁行)'라는 표현처럼 절이 많았습니다. 그런데 그 많던 절들은 다 어디로 갔는지…. "못 찾겠다 꾀꼬리 꾀꼬리… 나는 언제나 술~~래." 목청껏 소리치면 모두모두 나올까요!

그 후 오랫동안 사세를 유지하다가 고려 고종 25년(1238)에 몽고군의 침입으로 불바다가 되었습니다. 그래서 당시의 모습이 지금까지 남아 있습니다. 그때 몽고군들이 대종을 약탈해 동해 바다로 옮기다가 대종천에 빠뜨려 수몰되었다는 이야기도 전해집니다. 그래서 감은사 앞을 흐르는 하천이 대종천입니다. 그래서인지 바람이 심한 날은 종소리가 들린다네요.

황룡사 금당터

사찰은 ✤금당(金堂)이 가장 중심입니다. 황룡사의 금당에는 전설적인 ✤장육존상이 있었다고 전해집니다. 신라는 부처님과 인연이 깊어서 인도에서도 만들지 못했던 장육존상을 신라에서 주조하여 신라가 불국토임을 증명하였습니다. 《삼국유사》에는 이렇게 기록하고 있습니다.

절을 짓고 얼마 지나지 않아 울산 근처의 바닷가에 커다란 배가 정박하였다. 배에 올라가 조사해보니 편지가 발견되었다. '인도의 ✤아소카 왕이 황철 5만 7천 근과 황금 3만 푼을 보낸다. 삼존상을 주조하려고 하였으나 계속 실패하고 말았다. 그러니 인연 있는 나라에서 주조되기를 축원한다'라는 내용과 함께 삼존불의 모습도 그려져 있었다. 이를 서울로 실어가서 한 번 만에 주조하였다. 더불어 좌우에 십대제자상과 신장상을 모셨다고 한다.

✤ **금당** : 금당은 불상을 모신 곳으로 지금의 대웅전이다. 불교가 중국으로 전래된 때는 1세기 무렵이다. 후한의 명제가 꿈에 금인(부처님)을 보고 불교를 받아들였다. 《법화경》에서 석가모니를 '대웅'이라 하여 '대웅전'으로 바꿔 불렀다.
✤ **장육존상** : 장육존상에서 '장육'은 높이를 말한다. 즉, 1장=10자, 장육은 16자의 불상이다. 진흥왕 때는 중국보다 고구려, 백제와의 교류가 활발하던 시기다. 그래서 당시 고구려 척을 사용한 것으로 보며, 1자가 36센티미터이니 장육은 570센티미터의 아주 큰 불상이다. 석굴암 부처님도 장육존상이지만, 당나라의 길이를 사용했기에 480센티미터다.
✤ **아소카** : 기원전 3세기경에 인도를 통일한 왕이다. 통일을 이루는 동안 많은 인명이 목숨을 잃었고, 이에 불교에 귀의하여 불교가 세계적인 종교로 발돋움하는 데 큰 기여를 했다.

금당터 (문화재청 소장)

　이후 몽고의 침략으로 모두 소실되었지만 장육존상만은 화를 면했다는 기록이 《동경잡기》에 전하지만 지금은 빈터에 바람만 외롭습니다. 조선시대, 시대의 정신이라 일컫는 김시습이 장육존상을 이렇게 묘사했습니다.

　　부처님은 언덕에 외로이 서서
　　지나간 세월을 가슴에 품었네….

　경주에서 7년가량 머물며 본 장육존상은 얼마나 아련했을까요! 금당 벽에는 신라의 전설적인 화가 솔거(率居)가 그렸다는 '노송도(老松圖)'에 새들이 앉으려다 벽에 머리를 박고 떨어졌다는 얘기가 지금까지도 전하고 있습니다.

황룡사 9층 목탑

지금 황룡사지에는 그 웅장했던 9층 목탑도 사라지고 초석만 덩그러니 남아 있습니다. 당시 당나라로 유학 갔던 자장스님은 진신사리, 불경, 불상, 승복, 비단 등을 가지고 돌아왔습니다. 그리고는 선덕여왕께 아뢰길 "오대산의 태화지(太和池)를 지나는데 신인(神人)이 나타나 '황룡사의 용은 내 아들이다. 그곳에 9층탑을 세우면 나라를 위협하는 이웃 나라들이 항복하고 ❖9한이 조공할 것이다. 그러면 나라가 평안해질 것이다'라고 말하며 사라졌습니다"라며 탑을 짓기를 간절히 청하였습니다. 여왕이 허락하자 탑의 장인으로 알려진 백제인 아비지를 초청하여 만들었습니다. 물론 진신사리도 봉안되었습니다. 그 후 국론이 통일되면서 삼국통일을 이

황룡사 목탑 심초석과 남산

경주타워

루어 황룡사는 호국 사찰로 거듭날 수 있었습니다.

탑은 한 변의 길이가 22.1미터, 높이는 225자로 80미터인데, 지금의 25층 아파트와 비슷합니다. 보문단지 엑스포 공원에 있는 경주타워는 내부 실루엣을 9층 목탑으로 표현했습니다. 선덕여왕 재위 당시는 국내 정세가 아주 혼란스러워 민심까지 등을 돌리는 듯했습니다. 당나라 태종이 "나의 일족으로 너희 나라를 다스리면 어떻겠느냐?"며 왕의 폐위를 거론할 정도였다고 합니다. 게다가 고구려와 백제를 비롯한 이웃 나라들이 침략하여 영토도 많이 빼앗겼습니다. 그 와중에서도 국론을 모아 탑을 건립하며 나라는 안정되어 갔습니다.

탑이 완공된 후에는 지진으로 파괴되고 여러 번 수리했다는 기록이 《삼국사기》에 보입니다. 그중에서도 48대 경문왕 때 벼락을 맞았다는 기록과 그 후 수리를 끝내고 사리함을 만들어 ✢심초석(心礎石) 아래에 고이 묻어두었다고 합니다. 사리함은 몽고의 침략에도 아랑곳하지 않고 긴 잠에 빠져 있었습니다. 1964년 어느 간 큰 도굴꾼들이 심초석을 들어내고 사리함을 가지고 사라졌습니다. '사리함 도난기사'가 신문에 대서특필되

✢ **9한** : 1층부터 일본, 중화, 오월, 탐라(제주도), 응유(백제), 말갈, 단국(거란), 여적, 예맥을 말한다.
✢ **심초석** : 목탑의 중심 기둥을 받치는 돌로 보통 그 아래에 사리함을 봉안한다.

황룡사 9층 목탑 금동찰주본기 : 황룡사 9층 목탑을 중수하면서 심초석 안에 봉안한 사리내함에 새긴 기록
(보물 1870호, 국립경주박물관 소장)

었습니다. 당시 학자들도 심초석을 들어내고 사리함을 열어보자는 논의
가 한창이었습니다. 도난 기사가 나자 박물관과 문화재 관계자들은 날벼
락을 맞은 것처럼 망연자실하고 있었습니다. 그때 삼성 창업주인 이병철
회장으로부터 자신이 사리함을 보관하고 있다는 연락이 왔다고 합니다.
밤중에 이회장 집으로 '아주 중요한 것'이라며 보따리를 들고 찾아온 사
람에게 두말없이 돈을 건네고 열어 보았더니 도난당한 사리함인 것 같아
관에 연락을 했다고 합니다. 다행히 사리함은 무사히 돌아와 지금은 국립
경주박물관 미술관 2층에 전시되어 있습니다.

　사리외함에는 황룡사 9층탑의 조성 경위, 중수(重修)와 수리 기록, 참여
한 관리와 장인들의 이름까지 새겨져 있습니다. 이를 보면 유물 보기를
돌같이 하던 근대에도 간송미술관의 전형필 선생이나 삼성 창업주인 호

암 선생처럼 우리의 소중한 유물들을 보존하려고 애쓰신 분들도 많습니다. 이러한 분들이 있었기에 우리는 찬란했던 고대 문화를 세계에 자랑할 수 있는 게 아닐까요!

2016년 11월에 황룡사역사문화관이 문을 열었습니다. 황룡사의 역사적 의의를 재조명하기 위해 1층에는 황룡사 9층탑을 10분의 1로 축소하였는데, 전통 목조건축 기법으로 제대로 재현하여 정교하기가 이를 데 없습니다. 금당 내의 불상들도 형상화하였습니다. 영상관과 2층 전망대에서도 장대한 모습이 느껴집니다.

그러나 황룡사지에 들어서면 무엇보다도 답답하던 일상을 시원하게 날려버릴 것 같습니다. 눈앞의 남산이 웅크리며 곧 내 품으로 달려들 듯하여 그를 맞으러 뛰어가고 싶습니다. 그렇게 한참을 있노라면 해가 지면서 펼쳐지는 일몰이 장관입니다. 바람이라도 거칠게 지나가면 가슴이 두근거리며 충전되는 것을 느낄 수 있습니다. 다시 아침을 맞을 힘이 생깁니다.

황룡사역사문화관

분황사

황룡사에서 북쪽으로 300미터 가량 오면 분황사(芬皇寺) 정문과 만납니다. 분황사는 선덕여왕이 창건한 사찰로, 현재 우리나라에서 가장 오래된 사찰 중 하나입니다. 남쪽은 황룡사와 담장을 같이하고, 뒤편은 동천과 잇대어 있습니다. 또한 우리나라 최고의 선승인 원효스님이 주석하시던 유서 깊은 절입니다.

지금 분황사에는 '모전석탑'이 당당하게 자리하여 그 역사를 몸으로 말하고 있습니다. 좀 더 안으로 눈길을 돌리면 긴긴 세월 동안 중생들의 갈증을 달래주던 '삼룡변어정'과 원효스님의 '화쟁국사비' 등 수많은 유적

분황사 입구

당간지주 간대

이 있습니다. 근대화를 거치는 동안 유물도 많이 사라지고 사역(寺域)도 많이 축소되었습니다. 정문 앞에는 당간지주가 꿋꿋이 서서 "여기부터 분황사야!"라고 소리 높이 외치는 듯합니다. 당간을 받치는 간대로 거북이 오랜 세월 그 자리에 그대로 있습니다. 길고 긴 시간 동안 한 자리에서 영욕을 지켜본, 그래서 해탈한 모습이 아니던가요! 이뿐 아니라 솔거가 그렸다는 천수천안(千手千眼) 관세음보살이 얼마나 영험했는지 《삼국유사》가 전하고 있습니다.

'희명'이 어린 딸을 애지중지 키우던 어느 날, 청천벽력처럼 아이가 눈이 멀어 앞을 못 보게 되었다. 온갖 방법을 다 쓰고도 아이는 눈을 뜨지 못하여 괴로워하고 있었다. 보다 못해 이웃에 사는 노인이 분황사 관세음보살이 신통하다고 귀띔해주었다. 그 얘기를 듣자마자 딸을 데리고 보살께 나아가 기도를 드렸다. 노파가 얘기해준 대로 아이에게 노래를 부르며 빌게 하였다. '무릎 꿇고 두 손 모아 간절히 비옵니다. 보살님은 손도 천 개, 눈도 천 개 있사오니 살며시 손 하나로 눈을 떼어 주소서….' 그 마음이 전해졌는지 아이는 앞을 보게 되었다고 한다.

그래서 관세음보살은 눈 하나가 없어졌대요.

분황사 모전석탑

　분황사 모전석탑(模塼石塔)은 입구에 우람하게 서 있어 보는 이를 압도하는 탑입니다. 안산암을 벽돌처럼 잘라 쌓은 석탑으로 경주에서 유일한 모전석탑입니다. 그래서 분황사 탑은 신라시대 '탑의 변천', 즉 목탑에서 석탑으로 넘어가는 과정을 보여주기 때문에 아주 중요합니다.

　분황사 탑은 원래는 7층이나 9층이었을 것으로 봅니다. 임진왜란(1592)을 겪으며 심하게 훼손되자 스님들이 수리를 했는데, 잘못하여 지금처럼 3층으로 축소되었습니다. 그 후 조선 말기에는 경주 전역의 유적들이 방치되었습니다. 일제강점기인 1915년에 붕괴 위험이 있던 탑을 해체 수리

분황사 모전석탑 (국보 제30호)

122

사리석함 (국립경주박물관 소장)

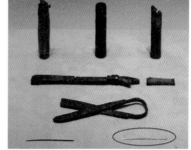
금바늘과 가위, 실패

할 때 2층 몸돌 석함에서 사리 장엄구가 나왔습니다. 실패, 금바늘, 가위와 고려시대 화폐가 나와 1100년 전후에 수리한 것으로 보고 있습니다.

그런데 분황사탑은 석가탑과도 확연히 다르고, 탑이 무엇이기에 절 앞마당에 이리도 당당하게 자리할까요? 여기에서 탑의 유래에 대해 알아보고자 합니다.

한 마디로 탑은 부처님의 무덤입니다. 부처님은 인도 북부 왕가에서 태어나 부처가 되신 분입니다. 29세에 출가하여 35세에 성불한 후 45년간 중생들을 교화하시다 80세에 돌아가셨습니다. 그때 신도들이 화장하여 부처님의 사리를 여덟 나라에 나누어주었습니다. 그 사리를 모신 곳이 바로 탑(stupa)입니다. 제자들은 탑을 부처님이라 여겨 경배했을 것입니다. 그러나 수백 년의 시간이 흐르자 사람들은 탑이 아닌 좀 더 구체적인 경배의 대상을 원하면서 불상이 만들어졌습니다. 기원 전후하여 불교가 중국을 위시한 동남아시아로 전파되기 시작하였습니다. 중국 후한, 1세기 무렵에 인도의 스님이 '금인(金人)'이라 불리는 불상과 경전을 가지고 중국으로 들어왔습니다. 그 후 신라에는 4~5세기, 즉 삼국시대에 불교가 들어왔습니다. 그 당시 신라는 고구려와 밀접한 관계를 맺으면서 불교를 접했고, 왕실에서부터 불교가 자리 잡았습니다. 그 후 중국에서는 스님들이 공부하고 부처님의 발자취를 둘러보기 위해 인도로 떠났습니다. 이를 대표하는 이야기가 바로 '서유기'입니다. ✤삼장법사가 인도 가는 길에 손오공을 비롯한 많은 중생들을 만나 동행하며 겪은 힘든 여정이 문학으로 남았습니다. 법사가 순례를 마치고 돌아오면서 불사리, 불상, 경전, 승복 등을 많이 가지고 오셨습니다. 그래서 중국과 밀접한 신라에도 극히 일부가 들어온 것으로 추측하고 있습니다.

인도 아잔타 석굴

신라에서는 불교가 공인된 이후부터 수많은 절과 탑이 건축되었습니다. 그중에서 자장스님이 가지고 온 ✤진신사리(眞身舍利)를 보관하기 위해 세운 사찰이 바로 ✤통도사로 불보사찰입니다. 그래서 통도사 대웅전에는 불상이 없습니다. 대신 유리창 너머에 있는 금강계단(金剛戒壇)에 사리가 모셔져 있습니다. 불상이

✤ **삼장법사** : '삼장'은 경장, 율장, 논장이다. 이에 통달한 큰스님을 '삼장법사'라 한다. 당나라 때 인도로 구법 순례를 떠난 현장스님이 삼장법사 중 한 분으로 많은 경전을 중국어로 번역했다. 서안에 가면 스님의 흔적이 많은데, 중국에서 가장 존경받는 큰스님이다. 그 사리탑이 서안 흥교사에 있다.
✤ **진신사리** : 부처님을 화장한 후에 남은 사리를 말한다.
✤ **통도사** : 불교의 3대 보물을 불(부처님), 법(경전), 승(스님)이라 한다. 팔만대장경이 있는 합천 해인사는 법보사찰이고, 순천 송광사는 승보사찰이다.

아니라 부처님께 바로 절을 한다고 보면 됩니다.

그런데 탑을 해체 수리하면 경전이 많이 나옵니다. 이는 부처님이 열반에 드실 때 정진하는 방법을 묻는 제자들에게 '경전과 자신을 등불 삼아 정진하라(自燈明 法燈明)'는 유언을 남겼기 때문입니다. 또한 절을 지을 때 가장 구하기 어려운 것이 진신사리이기 때문에 부처님 말씀인 경전을 탑에 봉안하였습니다. 절을 지으면 금당에는 불상을 모시고, 절 마당 가운데 부처님을 상징하는 탑도 당당하게 세웁니다. 탑은 부처님이고, 탑을 해체하면서 나온 것은 부처님의 유골이라 생각하여 사리라고 합니다.

우리나라는 불상이 먼저 들어왔기에 불상 신앙이 더 강합니다. 그러나 탑 신앙도 만만치 않습니다. 분황사에서 많은 사람들이 탑을 돌며 기도하는 모습도 심심찮게 볼 수 있습니다. 특히 4월 초파일(부처님 오신 날) 저녁에 많은 신자들이 등불을 들고 '석가모니불'을 읊조리며 분황사에서 황룡사까지 줄지어 가는 모습은 장관을 이룹니다.

분황사 법당

❀ 탑은 어떻게 변화했나?

불교가 이 땅에 들어오고 1600년 가까운 세월이 흘렀다. 많은 사찰이 세워지고 절 마당에는 탑들도 자리하였다. 지금은 중국은 전탑, 일본은 목탑, 우리나라는 석탑의 나라라고 말한다. 신라도 처음부터 석탑을 지은 건 아니었다. 탑이 어떻게 변화했는지 알아보자.

인도나 중국에서는 처음엔 목탑을 세웠다. 신라에서도 많은 스님들이 중국을 드나들며 목탑을 보았고 이 땅에도 세웠다. 그 안에 불상을 안치하고 안으로 들어가 기도하고 소원을 빌었을 것이다. 그러려면 당연히 문이 있어야 한다. 그런데 나무는 불이 나면 말짱 헛일이다. 오랫동안 온갖 정성으로 만들었건만 타고 남은 재를 움켜쥐고 울음을 삼킨들 무슨 소용인가! 그래서 중국에서는 모래로 벽돌을 만들어 전탑을 만들었다. 백제에서는 사라진 목탑을 돌로 만들었고, 경주에서는 돌을 잘라 분황사처럼 모전석탑을 만들었다. 분황사탑은 목탑에서 석탑으로 넘어가는 과정을 보여주기 때문에 아주 중요하다.

낙동강이 있는 안동 인근에는 지금도 전탑이 더러 남아 있다. 신세동 전탑은 옥개석에 기와를 얹어서 목탑의 흔적을 잘 보여준다. 그런데 돌 자르기가 과연 쉬웠을까! 목탑을 돌로 만들려고 했던 미륵사지 석탑을 보면 그 열정에 감탄 외에는 더할 것이 없다. 얼마나 완벽하게 만들었으면 지금도 일부가 남아 있단 말인가!

경주는 돌이 많은 동네다. 불에 타지 않는 소재로는 돌만한 것이 없다. 당연히 석탑이 등장했다. 감은사지와 고선사지 석탑이 가장 초기의 탑이다. 목탑이 눈에 익어서 그런지 감당할 수 없을 정도로 크게 지었다. 많은 사람들이 다치고 상하자 규모를 줄였다. 8세기 중반이 되자 드디어 석탑의 백미인 석가탑이 등장한다. 크지도 작지도 않은 딱 좋은 크기로 만들어냈다. 후대로 가면 국력이 약해지면서 크기가 작아지는 대신에 장식이 많아진다.

법주사 팔상전

(국보 제55호, 문화재청 소장)

익산 미륵사지 석탑

(국보 제11호, 문화재청 소장)

안동 법흥사지 칠층 전탑

(국보 제16호, 문화재청 소장)

고선사지 3층 석탑

(국보 제38호)

불국사 석가탑

(국보 제21호)

승소사지 3층 석탑

(국립경주박물관 소장)

삼룡변어정

신라의 우물 중에서 가장 크고 잘 만들어진 것이 삼룡변어정(三龍變魚井)입니다. 바깥은 8각, 안은 원, 그 아래는 4각입니다. 쉽게 말하면 첨성대를 땅 밑에 쌓아 올린 다음 그 위에 깎은 통돌을 놓은 모습입니다. 이렇게 만든 이유가 뭘까요? 나무나 흙이 아니어서 많이 힘들었을 텐데…. 모든 생명체는 물을 먹지 않으면 살 수가 없습니다. 그래서 매일 필요한 물을 공급하는 우물에다 불교의 이론을 담아놓았습니다.

삼룡변어정

좀 더 구체적으로 살펴보면, 먼저 원은 부처의 경지로 모든 불교인들의 목표입니다. '모든 중생이 부처가 될 때까지…' 즉 불교의 궁극적인 목표로 적멸의 경지를 뜻합니다. 4각은 불교의 사성제(四聖諦), 즉 고집멸도(苦集滅道)를 말하는데, 부처님이 성불하신 후부터 열반에 드실 때까지 중생들에게 하신 설법의 내용입니다. 먼저 '고(苦)'는 산다는 것은 괴로움의 연속, '집(集)'은 그 원인이 집착에서 비롯한다는 것, '멸(滅)'은 집착을 버리면 얻게 되는 깨달음, 즉 적멸의 경지를 말합니다. 마지막 '도(道)'는 성불하는 방법으로, 좀 더 자세하게 설명한 것이 바로 ✤팔정도(八正道)로 중생이 일상에서 실천하는 여덟 가지 바른 생활법입니다. 생활하면서 행하기만 하면 모두 부처가 될 텐데, 문제는 실천이지 안다고 되는 게 아니겠지요. 이처럼 분황사 우물은 생활에 교리를 담은 유적으로 천 년을 훨씬 넘게 제자리를 지키고 있습니다. 분황사 우물을 '삼룡변어정'이라 부른 유래가 《삼국유사》에 나옵니다. 38대 원성왕 때 일입니다.

　당나라 사신이 와서 머물다가 떠난 지 하루가 지났다. 두 여인이 대궐에 들

✤ **팔정도** : 생활 속에서 실천하는 바른 생활법으로 이를 실천하면 부처될 수 있다.
　정견(正見) : 바른 견해로 편견 없이 보는 것
　정사유(正思惟) : 말과 행동을 하기 전에 바른 생각을 하는 것
　정어(正語) : 상대방을 존중하여 부드러운 말을 하는 것
　정업(正業) : 바른 행동과 이치에 맞는 행동을 하는 것
　정명(正命) : 옳은 일에 종사하는 것
　정정진(正精進) : 깨달음을 향한 적극적인 실행을 하는 것
　정념(正念) : 바른 신념을 갖는 것
　정정(正定) : 몸과 마음을 평안하여 바른 수행을 하는 것

어와 아뢰기를, "저희들은 동지(東池)와 청지(淸池)에 사는 호국용의 아내입니다. 당나라 사신들이 우리 남편인 두 용과 분황사의 용을 작은 물고기로 만들어 통에 담아 갔습니다. 원컨대 임금께서 찾아 주십시오"라며 애원했다. 이에 왕이 하양까지 뒤쫓아 가서 물고기로 변한 세 마리 용을 찾아와 각 우물에 놓아주었다.

이를 보면 이름을 잘못 붙인 건가요? 원성왕은 신라 하대의 왕으로 권력 다툼으로 왕이 되었지만, 국가를 안정시키기 위하여 많은 노력을 기울인 것으로 평가됩니다. 그러나 한 번 무너진 질서를 다시 세우기는 힘들었는지 신라는 급격하게 왕권이 무너지면서 멸망으로 이어집니다. 여기 '삼룡변어정'의 전설은 호국용의 힘이 사그라지며 국가의 멸망을 예언한 것으로 해석하고 있습니다. 호국용이 살던 우물은 지금도 건재하건만 말입니다.

화쟁국사비

　앞에서 원효스님이 분황사에 주석하셨다고 얘기한 바 있습니다. 우리 나라 최고 스님이며 성은 설씨, 법명은 첫 새벽이란 뜻인 '원효(元曉)', 출가하기 전에는 '서당(誓幢)'이라 불렀습니다. 스님은 경북 경산이 고향입니다. 젊은 시절 의상과 함께 의기투합하여 당나라로 공부하러 떠났다가 도중에 토굴에서 밤을 나게 되었습니다. 잠결에 목이 말라 옆에 놓인 물을 맛있게 마셨는데, 아침에 보니 해골에 담긴 물이었습니다. 냄새 나고 더러운 물을 마신 것을 알고 어쩔 줄을 몰랐습니다. 그때 크게 깨닫고 의상과 헤어져 신라에 남았습니다. 모든 것은 '마음'에서 비롯된다는 것을 알게 된 것입니다. 이후 많은 경전을 읽고 공부하며 수련을 거쳐 현재까지도 최고의 학승으로 남게 되었습니다. 무엇보다도 백성의 아픔을 다독이는 데 힘썼을 뿐만 아니라 불교가 통합되도록 노력하였습니다.

　그러나 귀족 출신이 아니어선지 고려시대 숙종(1101) 때 와서야 '화쟁국사(和諍國師)'란 시호가 내려졌고, 명종은 이곳 분황사에 그 비를 세웠습니다. 세월이 흐른 후, 조선시대 최고의 학자이자 금석문의 대가인 추사 김정희 선생이 비석을 찾아서 이곳으로 왔습니다. 그러나 비석은 없고 자리만 외로이 남아 있는 것을 보고 아쉬운 마음에 '차신라화쟁국사지비적(此新羅和諍國師之碑蹟)'이란 글을 남겨 두었습니다.

　누가 비석을 가져갔을까요? 주인 잃은 자리가 안쓰럽습니다. 사천왕사 입구에 있는 문무대왕비도 조선시대에 탁본한 글은 있는데, 비석이 감쪽

화쟁국사비 석받침

같이 사라졌습니다. 많은 사람들이 오랫동안 찾았는데, 그 마음이 통했는
지 2009년 경주 시내의 한 주택에서 빨랫돌로 쓰이던 것이 발견되어 지
금은 박물관 역사관에 전시되어 있습니다. 마음은 급하지만 기다려 봐야
겠지요. 어디선가 혜성처럼 나타날 수도 있으니까요.

마지막으로 그 아들인 설총이 아버지를 얼마나 그리워했는지 원효스님
의 고상(顧像)에 대해 전해오는 이야기가 있습니다.

　　당시 최고의 스님을 아버지로, 공주를 어머니로 둔 설총이다. 부러울 게 없
　는 환경에서 금지옥엽으로 자랐을 것이다. 그러나 가슴에는 항상 아버지에 대
　한 그리움을 품고 있었나 보다. 아버지는 바람처럼 떠돌았으니 얼굴도 제대로
　보지 못하고…. 총명했으니 아버지가 당대의 고승으로 신라 최고의 학승 이자
　힘없는 서민들을 보살핀다는 얘기는 들었을 게다. 어쩌다 거리에 서 아버지를

추사 김정희가 남긴 '차신라화쟁국사지비적'

보았을지도 모른다. 그렇게 아버지의 빈자리를 항상 아쉬워하던 마음을 돌아가신 후에야 풀었다. 아버지의 유골을 곱게 갈아 진흙에 섞어 생전의 모습처럼 소상(塑像: 흙으로 빚어 만든 형상)을 만들어 분황사에 모셨다. 그리곤 아버지가 보고 싶을 때마다 찾아와 살아 있는 아버지 대하듯 얘기하며 그리움을 달랬다. 아들이 나가는 것을 본 아버지 원효도 아들 총의 뒷모습을 따라 고개를 돌리고 있었다고 한다.

아버지 원효가 그 마음을 몰랐을까요! 한 번 제대로 안아주지도 못했던 아들, 훌륭하게 성장하여 찾아오는 아들이 얼마나 보고팠으면…. 아들이 절을 드릴 때마다 소상은 고개를 돌려 돌아다보았다고 합니다. 그래서 고상(顧像)이라고도 불립니다. 일연스님이 《삼국유사》를 쓰실 때까지만 해도 이 소상이 있었다고 합니다.

불국사와 석굴암을 지나 감은사지 가는 길

신라 불교의 전성기

석굴암과 불국사는 35대 경덕왕 때인 8세기 중후반, 재상 김대성의 비원으로 토함산(吐含山) 기슭과 중턱에 지은 사찰입니다. 우리나라를 대표하는 유적으로 1995년 세계문화유산으로 지정되었습니다. '독특한 예술적, 미적 업적을 충족하고, 가장 특징적인 사례의 건축 양식'이라는 세계유산의 등재 기준에 해당된다고 보았습니다.

천년의 역사를 가진 신라는 660년에 백제, 668년에 고구려를 멸망시키고 삼국을 통일했습니다. 그러나 이는 당나라의 힘을 빌린 불완전한 통일이었습니다. 게다가 당나라는 백제 땅에 주둔하여 신라를 공격하였습니다. 예상치 않았던 상황에서 신라는 백성들과 합심하여 힘들게 당나라를 격퇴하였습니다. 마침내 676년 통일이 완성되었습니다.

통일 직후에는 사회경제적으로 아주 혼란스러웠습니다. 오랜 전쟁으로 인해 나라 전체가 당장의 의식주도 해결하기 어려웠습니다. 게다가 멸망한 고구려와 백제에서는 나라를 재건하려는 움직임도 나타났습니다. 그 후 100년 정도가 지나 경덕왕 재위 때 사회적, 경제적 여건이 안정되었습니다. 정치적으로는 강력한 왕권을 바탕으로 관제(官制)를 정비하고 개혁정치를 추진하면서 문화사업도 펼쳐나갔습니다. 그래서 경덕왕은 신라의 '문화대통령'입니다. 지금도 잘 남아 있는 석굴암과 불국사는 물론 국립경주박물관에 있는 '성덕대왕신종'과 '월정교'와 '일정교'까지 조성하였습니다. 그러나 민생은 돌보지 않고 왕권 강화에만 치중하였다는 평가를 받기도 합니다.

김대성은 석굴암을 지은 후, 불국사에 탑과 다리를 조성하는 등 불국사 중창 불사를 감독하게 되는데, 완성하지 못하고 타계하자 왕실에서 공사를 마무리합니다. 그리고 신라는 귀족들의 반란으로 혜공왕이 피살되면서 쇠퇴기로 접어들었습니다. 신라가 멸망한 후 17세기 중반까지도 불국사와 석굴암은 제대로 관리되었습니다. 조선시대 선비들은 금강산을 비롯한 경승지를 다니면서 많은 글과 그림들을 남겼는데, 그중 불국사와 석굴암을 다녀온 글들은 하나같이 찬탄의 연속이었습니다.

그런데 경주의 불국사와 석굴암을 극찬하는 이유는 무엇일까요? 중국이나 유럽의 유적들도 돌로 만들어지기는 마찬가지일 터인데 말이죠.

유럽에는 대리석이 많습니다. 대리석은 석회암의 결정질로 내부에서 고온의 열과 압력을 받아 만들어졌습니다. 아주 단단하면서 섬세하고 순수하여 조각의 재료로 으뜸입니다.

중국에는 사암(砂巖)이 많습니다. 용문 석굴이나 돈황 석굴은 크지만 조각하기는 쉽습니다.

경주의 돌은 주로 화강암입니다. 화강암은 지구 내부에서 마그마가 서서히 냉각, 고결되면서 생성됩니다. 그 과정에서 장석이나 석영 등 결정이 큰 광물이 섞이기 때문에 섬세한 조각은 어렵습니다. 게다가 잘못 다루면 갈라집니다. 그래서 세계적으로 화강암을 조각의 재료로는 거의 사용하지 않지만, 장중한 맛은 일품입니다.

경주의 유적들이 이처럼 다루기 어려운 석재인 화강암으로 생동감 있고 섬세하게 조각된 점을 높이 평가하는 이유입니다. 어쨌든 단단한 돌에 조각을 하는 게 쉬울 수 있겠습니까. 인도와 중국, 유럽의 유적들에 새겨진 조각들을 보면 그들의 열정에 고개를 숙일 수밖에 없습니다.

이제 하나씩 제대로 살펴보고자 합니다. 먼저 경주 도심에서 가장 가까운 불국사부터 석굴암을 거쳐 장항리사지, 감은사지 등을 차례로 돌아보겠습니다.

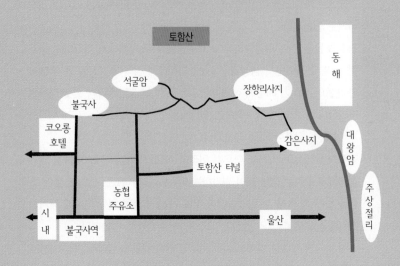

토함산

석굴암

불국사

장항리사지

동 해

코오롱
호텔

감은사지

대
왕
암

토함산 터널

주
상
절
리

농협
주유소

시
내

불국사역

울산

☞ 불국사 방향
  시내버스터미널, 경주역 : 10번, 11번
  신경주역 : 700번
☞ 석굴암 방향
  불국사 주차장 관광안내소 건너편 : 12번
  상행 : 8시 40분부터 매시 40분에 출발
  하행 : 9시부터 정각에 출발
🐾 불국사 일주문 매표소 옆길로 올라가면 1시간 정도 걸린다.
☞ 감은사지 방향
  시내버스터미널 : 150번, 150-1번

불국사

불국사(佛國寺)는 이름 그대로 '불국(佛國)', 즉 '불교의 세계'를 형상화한 사찰입니다. 우리나라뿐 아니라 중국을 비롯한 아시아에도 많은 사찰이 있지만 '불국사'라는 이름을 가진 사찰은 없습니다. 경내에는 국보가 7개, 보물이 5개로 국립경주박물관 다음으로 가장 많은 문화재가 있습니다. 유네스코는 불국사의 세계문화유산적인 가치를 "불교 교리가 사찰 건축물을 통해 잘 형상화된 대표적인 사례로 아시아에서도 유례를 찾기 힘든 독특한 건축미를 가진다"고 평가하고 있습니다. 그 특이한 구조와 건축의 아름다움을 어떠한 원리로 구현했을까요?

불국사 (사적 제502호)

불국사 건축은 중생과 부처가 둘이 아닌 '하나'라는 원리를 보여줍니다. 그렇다고 모든 사람이 부처라는 말은 아닙니다. 사람을 비롯한 모든 생명체(衆生)는 내재한 자신의 불성(佛性)을 깨닫고 정진하면 부처가 될 수 있다고 합니다. 영어 사전에는 부처를 'buddha(깨달은 사람)'라는 보통명사로 나오지만, 'the historical Buddha'는 석가모니 부처를 일컫습니다. 절에 가면 '성불하십시오'라는 말을 듣곤 하는데, 이는 누구나 정진하면 부처가 될 수 있다는 의미입니다. 불교는 부처님을 스승으로 모시고 그 가르침을 따라 개인이 수양하는 종교입니다. 엄밀히 말하

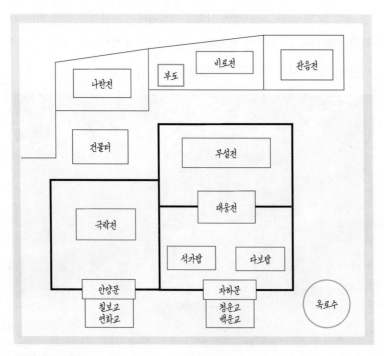

불국사 가람 배치도

청운교와 백운교

면 종교가 아니라 철학에 가깝습니다. 그래서 부처님은 신이 아니라 스승입니다.

부처님은 2600년 전 인도 북부의 왕가에서 왕자로 태어나 인간 세계의 모든 부귀영화를 누릴 수 있는 환경에서 자랐습니다. 그러다 인생의 무상함을 깨닫고 29세에 출가하여 정진한 지 6년만인 35세에 부처가 되었습니다. 그 후 80세에 열반에 드실 때까지 중생들의 교화에 힘쓰셨고, 많은 설법들이 불교 경전으로 남아 있습니다.

불국사는 '중생과 부처는 하나'라는 주제를 석단, 다리, 탑, 부처, 네 개의 변주곡으로 풀어낸 절입니다. 바로 불교의 교향곡입니다. 그러면 지금부터 불교의 핵심 교리가 어떻게 불국사의 건축 원리로 구현되었는지를 알아볼까요.

불국사는 토함산 기슭에 있는 사찰입니다. 산자락이라 건물을 지으려면 단을 쌓아 평탄 작업을 해야 합니다. 직각으로 쌓아 올린 석단을 중심으로 아래는 뭇 생명(衆生)들이 사는 '사바세계', 위는 '부처의 나라'로 이를 연결하는 통로가 바로 청운교(靑雲橋)와 백운교(白雲橋)입니다. 사바세계에 사는 중생은 자신의 마음자리(여래장如來藏)를 찾아 끊임없이 노력해야만 닿을 수 있는 부처의 나라입니다. 그 수련 과정을 석단으로 표현했습니다. 2단으로 된 석단도 아래쪽은 거친 자연석으로 타고난 심성을 나타내고 위쪽은 다듬은 돌로 쌓았는데, 이는 수련을 거치면서 정화되는 모습을 의미합니다. 그리고 마지막 계단을 올라 자하문(紫霞門)을 들어서면 부처님의 나라에 이릅니다. 바로 해탈하는 것입니다.

또 하나 놓치지 말아야 하는 것이 청운교와 백운교의 옆모습입니다. 아치형으로 쌓아 올려 사다리꼴의 쐐기돌(key stone)로 마감한 것이 보입니다.

청운교와 백운교의 쐐기돌

석단 사이의 수구

쐐기돌은 지진이 일어나면 완충 효과를 하고 원위치로 돌아가는 신의 한 수입니다. 석단 아래쪽의 커다란 자연석과 그 사이사이 끼워둔 작은 돌들도 내진설계입니다.

'자하문(紫霞門)'은 부처의 나라로 들어가는 입구입니다. 이름처럼 '붉은 안개가 서린 문'인데 이는 성스러움, 신의 색깔인 붉은 색입니다. 실제로 석단 아래는 '구품연지(九品蓮池)'라는 연못이 있었습니다. 토함산 남쪽 자락에 있는 불국사는 시내와는 달리 온도차가 큽니다. 맑은 날 아침에는 안개가 피어오릅니다. 아침 햇살이 퍼지면서 붉은 안개가 가득 서린 모습을 상상해 보실래요! 생각만 해도 말문이 막혔을 모습을 이제는 볼 수 없습니다. 1960년대에 여러 가지 사정으로 복원하지 않은 것은 볼 때마다 아쉽습니다. 사바세계의 중생들은 부처님의 나라를 얼마나 연모했을까요. 구품연지가 있는 세상은 또 얼마나 아름다웠을까요. 서로가 바라보아도 원하는 세상은 쉽게 오지 않아 안타깝기 이를 데 없습니다. 석단 가운데 있는 수구가 새삼 안쓰럽습니다. 한 발, 한 발 청운교와 백운교를 걸어올라 자하문에 이르면 신의 나라입니다. 부처가 바로 나 자신임을 깨닫습니다. 이제 해탈입니다.

다보탑과 석가탑

청운교와 백운교를 건너 대웅전 앞마당에 있는 두 탑, 다보탑과 석가탑을 보도록 하겠습니다. 우리나라에는 절도 많고 탑도 많지만 이처럼 이름을 가진 탑도 없고 아름다운 탑도 없습니다. 그러면 어떤 연유로 이름을 갖게 되었을까요?

부처님의 말씀을 글로 남긴 많은 경전이 있지만, 그중에서도 《묘법연화경》 즉 《법화경》을 살펴보겠습니다. 《법화경》 〈견보탑품〉을 보면, 석가여래보다 먼저 이 세상에 오셨던 부처인 '다보여래' 께서 열반에 드시면서 "내가 열반에 든 이후에 법화경을 설하는 자가 있으면 내가 탑의 모습으

석가탑 (국보 제21호)과 다보탑 (국보 제20호)

인도 영축산 법화경 설법지

로 나타나 그 설법이 진리라고 증명하리라"고 말씀하셨습니다. 오랜 세월
이 지난 후 ❖석가여래가 인도 ❖영축산(靈鷲山)에서 법화경을 설하실 때
다보여래가 탑의 모습으로 나타나 이 설법이 진리라고 증명하셨습니다.
그리고는 자신의 자리를 내어주며 나란히 앉으신다는 내용이 있습니다.
그 내용을 다보탑과 석가탑으로 형상화한 것입니다. 그래서 석가탑은 '석

❖ **석가여래** : 부처님은 이름이 열 개 정도 있는데, '여래 10호'라고 한다. 보통은 부
처, 불(佛), 여래, 불세존(佛世尊) 4개를 쓴다. 나머지는 응공(應供), 정변지(正遍知),
명행족(明行足), 선서(善逝), 세간해(世間解), 조어장부(調御丈夫), 천인사(天人師),
무상사(無上士)가 있다.

❖ **영축산** : 부처님의 고향이며 법화경을 설하신 곳이다. 그래서 불보사찰이 있는
양산 통도사는 영축산(영취산), 즉 독수리 산에 있다.

가여래상주설법탑', 다보탑은 '다보여래상주증명탑'인데, 줄여서 부르고 있습니다. 이 두 탑은 그 의미뿐 아니라 건축적으로도 균형미가 빼어나고 아름다운 탑입니다. 그래서 다보탑은 중생, 복잡다단한 현실 세계, 여성으로 보고 있고, 석가탑은 부처, 진리, 남성으로 해석하기도 합니다. 중생과 부처는 하나요, 현실 속에 진리가 있고 진리는 현실에 녹아 있으며, 여자와 남자는 부부로 만납니다.

인도 대림정사 : 인도 북부의 사찰로 부처는 이곳에 마지막으로 머무신 후 열반지인 쿠시나가라로 향하였다. 그 후 기원전 3세기에 아소카 왕이 인도를 통일하고 불교를 널리 전파하면서 석주(石柱)를 많이 세웠는데, 이곳의 석주가 가장 완벽하게 남아 있다. 사자상이 향하고 있는 방향은 부처의 열반지인 쿠시나가라이다.

먼저 다보탑부터 살펴보겠습니다. 다보탑은 '다보여래상주증명탑'으로 석가탑의 파트너입니다. 복잡한 현실, 중생과 장식적인 여성으로 표현되는 아름다운 탑입니다. 누가 디자인했는지 모르지만 화려하고 기발한 모습으로 그저 다보탑으로만 부릅니다. 마치 나무로 만든 듯 섬세하기 이를 데 없지요.

관람객들에게 해설하면서 '몇 층일까요?'라고 물으면 모두들 제각각 미소만 지으며 멀뚱히 쳐다보기만 합니다. 사실 이 탑은 정답이 없는 현실 세계를 상징한다고 보시면 됩니다. 사각에서 팔각, 다시 원형으로 바뀌며, 상승하면서 좁아지고 하늘에 닿을 듯 우아하기 이를 데 없습니다. 마치 '하늘 향해 두 팔 벌린 나무들같이…' 동요의 한 구절이 떠오릅니다.

다보탑 사자상 (문화재청 소장)

1925년경, 해체 수리하면서 사리함이 나왔다는 기록만 남아 있을 뿐 유물은 아무것도 없습니다. 석가탑 사리함에 버금가는 솜씨일 텐데 말이지요. 석탑을 지키던 사자는 그때도 두 마리만 있었습니다. 그 한 마리마저 누구의 손에 어떻게 사라졌는지 아무도 모릅니다. '굽은 나무가 선산을 지킨다'는 옛말도 있듯 한 마리만 상처 난 몸으로 친구들을 그리워하고 있습니다. "친구들아, 살아 있지? 빨리 돌아와, 외로워…." 공포에 떨며 누군가의 손에 붙잡혀 가며 발버둥치고 울부짖던 모습을 분명히 보았을 텐데…. 친구가 사라진 곳을 향하여 하염없이 기다리고 있습니다. 나마저 없으면 친구들이 못 올 것 같아 미동도 않고 제자리를 지키고 있습니다.

석가탑은 이중 기단 위에 기와집 처마 같은 옥개석 받침이 3단으로 된, 공식적으로는 '불국사 3층 석탑'입니다. 너무 크지도 작지도 않은 모습에 힘차게 날아가듯 넋을 놓기도 하는 아름다운 탑입니다. 다보탑과 짝을 이루고 있으며, 영축산에서 법화경을 설하시는 석가모니를 상징합니다. 그래서 '석가여래상주설법탑'입니다. 진리와 부처, 듬직한 남자로 해석합니다. 또한 탑을 둘러싼 8개의 금강좌는 법화경을 듣는 시방(十方: 사방인 동서남북과 동북, 동남, 북서, 남서, 그리고 상하를 가리킨다. 즉 온 우주의 수많은 세계를 뜻한다) 세계의 부처를 표현한 것입니다. 그런데 대좌 주위는 돌로 고아 놓아

의아하게 생각했는데, 그 영축산이 돌산임을 눈으로 보고 나니 이해가 되더라구요.

독수리 형상의 영축산 돌산. '독수리 취(鷲)'를 불교에서는 '축'으로 발음하는 것이 보편적이다.

석가탑은 1300년의 세월 동안 제자리에 있지만, 여러 번 수리한 기록이 있습니다. 1966년 석가탑이 지진으로 흔들려 균열이 났다는 〈중앙일보〉 특종이 있었습니다. 그래서 보수공사를 했는데, 지진이 아니라 도굴범들이 석가탑의 사리함을 노린 범죄였습니다. 다행히 미수로 그쳤지만 피해가 심하여 보수를 했습니다. 당시만 해도 도굴꾼들은 기중기를 사용하여 옥개석과 몸돌을 해체했다고 합니다. 그런데 당시 문화재관리국은 나무 전봇대로 2층까지밖에 해체하지 못했습니다. 그 당시 국가 경제는 그 정도였던 같습니다. 그 과정에서 2층 옥개석이 떨어지는 아찔한 사고도 있었는데, 바로 그때의 상처입니다. 천운인지 2층 몸돌에서 사리함이 발견되었고, 그 안에서 ✤'무구정광대다라니경(無垢淨光大陀羅尼經)'이 나왔습니다. 이는 세계에서 가장 오래된 ✤인쇄물로 당시로는 최고의 기술과 신심으로 만든 걸작입니다. 그러나 천년의 세월은 속일 수가 없는지 탑이 기울어 2013년부터 2016년까지 전면적으로 해체 수리되었습니다. 이번 수리로 다시는 몸이 열리지 않기를 간절히 바랍니다.

> ✤ **무구정광대다라니경** : 700~750년 사이에 신라에서 인쇄된 목판본으로 세계에서 가장 오래되었다. 석가모니 가르침의 핵심으로 신비한 힘을 지닌 주문(呪文)이다.
>
> ✤ **인쇄물** : 우리나라가 고대부터 문물이 발전된 나라임을 알려주는 것이 인쇄술과 문서로, 석가탑의 '다라니경'과 고려시대 금속활자로 만든 '직지심체요절'이 있다. 그뿐 아니라 '팔만대장경' 등 수많은 서책들이 문화 민족임을 증명해준다.

✿ 석가탑 사리장엄구 위치 및 수습

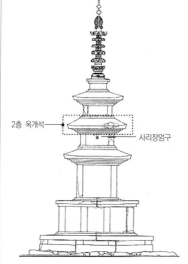

2층 옥개석 ─────

──── 사리장엄구

석가탑 사리갖춤 (국보 제126호, 불교중앙박물관 소장)

무구정광대다라니경 (국보 제126-6호, 국립중앙박물관 소장)

1765년에 중창된 불국사 대웅전은 자하문과 함께 불국사의 건축을 대표하고 있습니다. 대웅전 앞에는 오래된 석등이 있습니다. 어둠을 밝히는 '등(燈)'처럼 어두운 세상에서 중생을 '부처의 진리'로 인도하라는 의미를 보여줍니다.

이제 대웅전 석가모니불 위에 화려하게 꾸며진 천장을 보실까요. 대웅전 천장은 부처님의 설법을 듣고 해탈하려는 중생들이 모두 귀를 쫑긋 세우고 듣고 있습니다. 코끼리, 원숭이, 사자와 용 등은 다음생에는 인간으로 태어나 정진하겠다는 마음이 간절해 보입니다. 정작 사람들은 그 마음을 어디에 두었는지….

대웅전 천장 (문화재청 소장)

대웅전 계단 소맷돌 옆면

계단 소맷돌은 아무도 눈여겨보지 않지만, 버선발을 꼭 닮은 곡선이 아름답게 새겨져 있어 꼭 살펴보기를 권합니다. 그리고 그 옆에 있는 장대석의 면석을 한 번 볼까요. 피부병을 앓은 듯 표면이 벗겨진 곳이 군데군데 보입니다. 이는 임진왜란 당시의 화상입니다. 왜군은 부산을 거쳐 경주에 들어왔습니다. 시내로 들어가기 전에 불국사를 둘러보며 그 아름다움에 매료되어 연방 감탄사를 쏟아내고 있었습니다. 그때 왜군 장군들이 지장전에 숨겨진 무기를 발견하곤 불을 질렀는데, 당시 입은 화상입니다. 그래서 건물은 깡그리 타버리고 장대석이나 탑 등의 석물만 남아 있었습니다. 조선 후기가 되면서 새로 건물을 앉혔고, 해방 이후 1960년대부터 조금씩 보완하고 정비하여 지금의 불국사로 거듭났습니다.

석가모니불, 비로자나불, 아미타불

불국사는 크게 세 부분으로 나뉩니다. 청운교와 백운교를 오르면 '대웅전' 영역으로 석가탑과 다보탑이 있으며, 부처님의 가르침이 펼쳐지는 '현재'를 나타냅니다. 다음은 '극락전' 영역으로 아미타 부처님이 계시는 '사후세계'로 연화교와 칠보교를 오르면 펼쳐집니다. 선행을 베풀고 마음이 맑은 사람들만 오는 곳인데 기독교의 '천국'으로 보면 됩니다. 마지막이 '비로전' 영역으로 불교의 진리를 형상화한 비로자나불이 계시는 곳입니다. 그런데 가장 중요할 것 같은 비로전이 가장 작고 대웅전이 가장 큰 이유는 무엇일까요?

대웅전 석가모니불 (보물 제1744호)

미륵반가사유상 (국보 제83호, 국립중앙박물관 소장) :
진리를 아는 자의 기쁨이 내재된 미소를 지녔다.

석가모니(출가하기 전에는 싯다르타 왕자)는 약 2600년 전에 세상에 나신 부처입니다. 미처 중생을 다 제도하지 못하고 열반에 드셨습니다. 즉, 부처님의 열반은 불교가 종교로 출발한 시점이기도 합니다. 경전에는 싯다르타 이전에도 수많은 부처가 오셨고 이후에도 온다고 합니다. 그래서 석가모니가 다음 세상에 오실 부처로 지명하신 분이 바로 '미륵보살'입니다. 미륵보살은 다음 생에서 부처가 되어 모든 중생을 다 깨우쳐야 할 사명을 지녔습니다. 그래서 그 방법을 찾으며 지금도 사색에 잠겨 있습니다. 사람들을 편안하게 만드는 법열(法悅: 참된 이치를 깨닫고 느끼는 황홀한 미소)의 미소를 띤 채. 미륵이 태어나 부처가 되고 중생을 제도하면 그곳이 바로 불국토입니다. 모든 중생이 부처가 되는 그때! 대웅전이 가장 커야 하는 이유입니다. 즉, 현재가 가장 중요하다는 뜻입니다. 그래서 신라시대에는 많은 반가사유상이 제작되어 불국토를 꿈꾸었습니다. 피안의 세계를 향해….

2004년 국립중앙박물관이 용산으로 이전하기 전, 이관 기념으로 국보인 미륵보살 두 분을 함께 전시했습니다. 마음으로 지극히 사모하는 분이라 뵈러 가지 않을 수가 없었습니다. 미소, 적막, 그리고 내 눈에 꽉 찬 보살님. 출가하기 전의 싯다르타 태자가 바로 이런 모습이 아니었을까요. 젊은 여인네들을 가슴 설레게 해놓고 홀연히 떠나간…. 나는 그 적막한 공간 속에서 시간 가는 줄 모르고 빙빙 돌며 눈만 맞췄습니다. 프랑스 루 브르박물관에 모나리자와 비너스가 있다면, 우리나라에는 미륵반가사유 상이 있다고 생각합니다. 사유의 즐거움을 이렇게 표현할 수 있는 나라가 과연 있을까요? 우리가 미술 시간에 본 로댕의 '생각하는 사람'은 고통스 런 모습이었던 것으로 기억됩니다.

이제 비로전과 극락전에 모셔진 부처님 두 분을 만나보겠습니다. 비로 전에 모신 비로자나불(毘盧舍那佛)과 극락전에 모신 아미타불(阿彌陀佛)은 국 립경주박물관 미술관에 있는 백률사의 약사여래불과 함께 신라의 3대 금 동불(金銅佛)입니다. 언젠가 이 두 분이 왜 국보인지에 대한 질문을 받은 적이 있었습니다. 국보는 그냥 국보로만 알고 있었기에 대답하기가 난감 했습니다. 잘 만들었다는 건 눈에 보이지만 왜일까요? 2년 정도 흐른 어 느 날 조각하시는 분에게서 답을 얻을 수 있었습니다. 녹인 금동액을 틀

비로전 비로자나불 (국보 제26호, 문화재청 소장)

극락전 아미타불 (국보 제27호, 문화재청 소장)

항마촉지인(降魔觸地印): 석가모니가 보드가야의 보리수 아래에서 도를 깨닫는 순간을 상징적으로 표현한 손갖춤

설법인(說法印): 석가모니가 설법할 때의 손갖춤

에 넣어 만드는 금동불은 그 과정에서 가장 어려운 부분이 겨드랑이를 표현하는 거라고 합니다. 그것도 팔과 붙어 있지 않게 표현하는 게 핵심인데, 그 부분이 제대로 표현되어 있기 때문에 높은 평가를 받았다고 합니다.

비로전에 모신 비로자나불은 눈에 보이지 않는 불교의 진리를 형상화한 부처입니다. 손 모양이 흔치 않은 지권인(智拳印: 곧추 세운 검지를 다른 손으로 감싼 손갖춤)을 하고 있습니다. 아래의 손은 중생, 위의 손은 부처로 역시 중생과 부처는 '하나'라는 뜻입니다. 사찰 내에서도 가장 뒤에서 앞을 비추고 있습니다. 태양이 멀리서 온 세상을 밝히듯이 말입니다.

'나무아미타불 관세음보살('나무'의 뜻은 돌아가서 의지한다. 즉 '아미타부처님과 관음보살께 귀의합니다'라는 뜻)'이란 말을 들어보지 않은 사람이 우리나라에

있을까요! 한 번쯤은 입에 굴려보았을 아주 친숙한 아미타불은 극락전에
계십니다. 아이가 어렸을 때 배가 아프고 열이 나면 안고 어르면서 수없
이 되뇌었던 말이기도 합니다. 그러면 어느새 아이는 잠이 들고 열이 내
렸습니다. 철부지 엄마인 나도 한숨 돌리며 같이 잠들곤 했습니다. 이처
럼 우리 옆에서 지켜주는 엄마 같은 부처님입니다.

그런데 아미타불의 수인이 석굴암 본존불이나 비로자나불과 다릅니다.
이는 '아미타구품인(阿彌陀九品印: 중생의 성품에 따라 아미타불이 취하는 9가지 손갖
춤)'의 하나로 중생들에게 가르침을 주시는 모습입니다. 중생을 향하여 극
락에 오려면 이렇게 하라고 손으로 말씀하십니다. 요즘은 휴대폰 하나로
온갖 정보를 얻고 친구와 소통하는 세상입니다. 심심하면 게임하면서 사
람들과 눈도 잘 마주치지 않습니다. 그러니 부처님의 가르침이 씨알이라
도 먹힐까요. 문제는 중생이 굳이 알려고 하지도 않고 알아도 실천하지도
않습니다. 그러니 극락이 한산해서 부처님이 삐치신 건 아닌지 모르겠습
니다.

석가모니불, 비로자나불, 아미타불은 모두 '불성'의 또 다른 표현입니
다. 불성은 우주의 정신적 에너지로 만물이 공통적으로 가지고 있는 에너
지의 본체로 볼 수 있습니다. 특정 이름을 가진 부처는 중생의 소망에 따
라 모습을 다르게 나타낸 것으로 이해하면 됩니다.

극락전

극락전으로 오르는 계단이 바로 연화교(蓮花橋)와 칠보교(七寶橋)입니다. 경전을 보면 극락은 칠보(七寶 : 금, 은, 옥, 진주, 마노, 호박, 수정)로 장식되어 있다고 합니다. 그 극락을 상징하여 '칠보교'라고 했습니다. 그러면 연화교는 왜 연화교일까요? 안양문 입구에서 아래 계단을 내려다보세요. 극락에 오려면 마음에서 우러나는 좋은 일들을 많이 해야 합니다. 불교에서는 부모에게 '효도'하는 것을 최고의 선행(善行)으로 여깁니다. 효녀라면 심청이를 모르는 사람이 있을까요. 착한 청이가 앞 못 보는 아버지의 눈을 뜨게 하려고 인당수에 몸을 던집니다. 하지만 부모를 위한 마음이었기에 그 공덕으로 인해 다시 극락에 태어납니다. 연꽃 속에 앉아… 그래서 연화교입니다. 극락은 아무나 갈 수 없습니다. 그 청정한 영혼들을 내려놓고

연화교와 칠보교 (국보 제22호)

극락전

연꽃은 구품연지에서 몸을 쉬고 있습니다. 바람에 흩날리면서….

요즘은 극락전 앞마당에 어린 멧돼지가 많은 사랑을 받고 있습니다. 2007년이 황금돼지해였습니다. 1월 어느 날, 한 신문기자가 극락전 현판 뒤에 숨어 있는 황금돼지 조각을 보고 기사로 쓴 것이 화제가 되었습니다. 황금돼지는 총명할 뿐만 아니라 인복(人福)과 재물복(財物福)도 많다고 풀이되어 새해의 신문지상을 장식했습니다. 그 해에는 다른 해와는 달리 아이들이 20~30퍼센트 정도 많이 태어났습니다. 그 아이들이 초등학교

극락전 현판 뒤 돼지

극락전 앞마당 황금돼지 상

에 입학하던 2014년엔 교실도 의자도 선생님까지 모자라 난리가 났습니다. 그래서 법등 앞에 복돼지를 만들어 놓고 그 앞에 시주함도 떠~억 만들어 놓았습니다. 그러자 오가는 사람들이 한 번씩 쓰다듬고 작은 정성을

극락전 장대석 명문

두고 가는 사람도 있습니다. 설명을 듣는 외국인들도 사진을 찍으며 함박웃음을 짓습니다. 하기야 복이 온다는데 웃어야지요!

그런데 왜 많은 동물 중에 하필 돼지일까요? 책도 뒤지면서 찾았건만 딱 떨어지는 답을 찾지 못했는데, 오히려 답은 가까이 있었습니다. 극락전 장대석 아래에 새겨진 명문에는 기해년(己亥 : 1755, 돼지해)에 수리했다는 내용이 새겨져 있습니다.

비로전은 국보 제26호인 금동비로
자나불좌상을 모신 법당입니다. 불국
사 건물 중 가장 오래된 형식을 띠고
있습니다.

비로전 바로 옆에는 '광학스님'의 부
도탑(스님들의 유골을 모신 탑)이 있습니다.
얼핏 봐도 눈길이 갈 정도로 아름답습
니다. 예쁜 게 죄인지 1905년에 일본
인 권력자의 눈에 들어 현해탄을 건넜
습니다. 그리곤 어느 부잣집 마당을 장
식하고 있었다고 합니다. 이를 본 어느
일본 학자가 문화재는 제자리에 있어
야 한다고 강변하였습니다. 그 덕분인
지 1935년, 우여곡절 끝에 돌아와 제
자리에 앉았습니다. 그런데 지친 모습
이 볼 때마다 얼마나 가슴이 아프던지
요. 모든 시선을 거부하듯 앵돌아앉아
있습니다. 그래서 옛사람들은 미인박
명(美人薄命)이라 했던가요!

비로전 부도탑 (보물 제61호)

옥로수

　자, 부도탑, 대웅전 계단의 소맷돌, 관음전에서 내려다보는 지붕선 등 구석구석 보느라 힘들었으니 목도 축이고 가야겠지요. 대웅전 올라가는 길 옆 석조로 흐르는 물이 토함산 옥로수(玉露水)입니다. 부드럽게 넘어가는 물맛이 일품입니다. 몇 년 전만 해도 옛 수조에 물이 흐르고 있었습니다. 나도 모르는 사이에 새 수조를 만들고 지금은 불국사 성보박물관에 옮겨 놓아 박물관이 문을 열어야만 볼 수 있게 되었습니다. 이제 보물에 물을 담아 먹는 호사는 누리기 어렵겠지요.

옥로수를 담은 옛 수조 (보물 제1523호, 문화재청 소장)

석굴암

불국사의 여운을 뒤로 하고 토함산(吐含山) 중턱에 있는 석굴암(石窟庵)을 올라가 보겠습니다. 그곳에서 우리는 우리나라에서 가장 잘생긴 부처님을 만나게 됩니다. 피 끓는 청춘의 아름다움은 아니지만 중후한 멋이 풍기는 중년의 이상형이라면 설명이 될까요. 석굴암 가는 길은 버스로 가더라도 굽이굽이 산길을 돌아가는 힘든 길입니다. 삼거리에서 왼쪽으로 가면 석굴암, 오른쪽으로는 장항리사지, 감은사지와 대왕암, 주상절리가 있는 동해로 갑니다.

불교의 세계를 지상에 펼쳐 불국사를 지었다면, 석굴암은 불교의 세계

토함산 석굴암 전경

석굴암 내부 (국보 제24호)

를 압축하여 지은 사찰로 건축 당시에는 석불사(石佛寺)라 했습니다. 본존불을 포함하여 둘레와 입구에 38구의 조각상을 기가 막히게 조각했습니다. 석굴암이 세계문화유산으로 지정될 때 "건축, 수리, 기하학, 종교, 예술이 총체적으로 실현되었다"는 평가를 받았습니다. 이와 함께 본존불은 "부처님의 성불 당시의 모습을 가장 이상적으로 표현했다"고 극찬하였습니다.

석굴암은 근처에 있는 화강암을 채취한 다음 잘 다듬어 조성했습니다. 주실을 둥글게 만들고 그 안에 본존불을 모셨습니다. 그 둘레에는 10대제자, 세 분의 보살과 두 분의 천신을 새겼습니다. 그 위에는 조그만 감실 10개를 만들어 보살을 모셔 신의 세계를 만들었습니다. 입구인 네모난 전실에는 바깥에서부터 팔부중상, 인왕상을 새기고 비도(연도)에는 사천왕을 배치하였습니다. 그래서 석굴암은 '하늘은 둥글고 땅은 네모나다'는 천원

지방(天圓地方)을 형상화하였습니다.

석굴암은 완벽한 인공 석굴입니다. 밑그림을 먼저 그린 다음 돌을 하나하나 다듬어 쌓아 올려서 서양 건축의 정수인 '돔형 천장'으로 마감했습니다. 둥근 지붕처럼 마감할 수 있었던 것은 고분을 축조하던 솜씨가 있었기에 가능했습니다. 반면에 인도와 중국은 자연의 돌산을 파내어 헤아릴 수 없을 정도로 많은 인공 석굴을 조성하였습니다. 그러나 위치와 재료는 다릅니다.

인도 아잔타 석굴 전경

인도에서는 불교가 전파된 중부의 상업도시와 평원을 중심으로 만들어졌습니다. 이와는 달리 중국은 초기에는 인도에서 중국으로 불교를 전파하던 길에 지어졌습니다. 그 후에는 중국의 스님들이 성지 순례하고 공부하기 위해 인도로 오가던 길목에 많이 지어졌습니다. 그래서 중국에는 석굴이 주로 ✤실크로드(silk road)의 사막에 남아 있습니다. 지금은 비단길이란 낭만적인 이름이지만 실제로는 땡볕이 내리쬐어 풀 한 포기 살지 않는 죽음의 길입니다. 그래서 인도로 불법을 구하러 가던 길은 선각자의 해골을 이정표 삼았다고 합니다. 목숨이 붙어 있었다면 그 길을 걷고 걸

✤ 실크로드 : 고대의 동서양을 오가던 교통로를 말한다. 당시 동양에서 서양으로 수출되던 대표적인 상품이 비단이었기에 붙여진 아칭(雅稱 :아름답고 고상한 이름)이다. 하지만 실크로드는 목숨 걸고 다니는 죽음의 길이기도 했다. 우리나라에서는 실크로드를 사막길만 방송하였기 때문에 사막으로만 알지만 바닷길과 초원로까지 포함하고 있다.

중국 돈황 석굴 전경

어서 물이 있는 오아시스에서만 누울 수 있었습니다. 오아시스는 승려뿐 아니라 상인과 군인들이 만나던 곳이었습니다. 그곳에서 스님들은 기도하며 불경을 번역하고 책을 썼습니다. 또한 부처님을 향한 지극한 마음으로 석굴을 파서 그림과 조각으로 장식했습니다. 상인들의 경제적 도움은 결정적이었습니다.

그런데 석굴암은 왜 지었을까요? 오는 것도 쉽지 않은 토함산 중턱에 말입니다. 부처님은 동해 바다의 대왕암을 보고 있다고들 말합니다. 대왕암은 왜군의 침입을 막으려는 문무왕의 수중릉으로 동짓날, 해가 뜨는 방향이기도 합니다.

석굴암은 김대성(대정)이 재상직을 그만두고 지은 사찰로 창건 당시에는 석불사(石佛寺)라 했습니다. 김대성은 《삼국사기》나 《삼국유사》에 부처님처럼 전생담을 가진 아주 특이한 인물로 전생의 부모와 현생의 부모를 함께 모셨습니다. 잠깐 살펴볼까요.

대성은 홀로 되신 어머니와 같이 모량리, '복안'의 집에서 머슴살이를 했다. 어느 날 승려인 '점개'가 집으로 찾아와 시주를 권하자 '복안'은 베 50필을 주었다. 그러자 점개가 축원하기를, "항상 보시하기를 좋아하니 천신이 도와주실 것이오. 하나를 시주하면 만 배를 얻고 안락하게 천수를 누릴 것이오." 이 말을 들은 대성은 어미에게 얘기하길 "…스님이 '곤궁하게 사는 것은 전생에 시주하지 않은 까닭'이라 하니 우리가 품팔이해 얻은 작은 밭을 시주하여 후일을 기약하면 좋겠습니다." 그 말을 들은 어미도 동의하여 밭을 시주하였

다. 그리곤 얼마 후 대성이 죽었다. 그날 밤, 재상 '문량'의 집에 "모량리 대
성이 너의 집에 환생할 것이다"라고 부르짖었다. 문량이 기이하게 여겨 확인
해 보니 사실이었다. 달이 차서 낳은 아이가 '대성'이었기에 모량리에 살던 대
성의 어미를 모셔와 같이 살았다.

　귀한 집 아들로 성장한 대성은 사냥을 즐겼다. 어느 날 토함산에 사냥을 가
곰 한 마리를 잡았다. 사냥이 끝나 뒤풀이를 하고 잠자리에 들었는데 꿈에 곰
이 귀신으로 변해 말하기를, "왜 나를 죽였느냐! 내가 환생하여 복수하겠다"
고 하자 대성이 매우 두려워하며 용서를 빌었다. 그러자 귀신은 "그렇다면 나
를 위하여 절을 세워주면 용서하겠다"고 말했다. 이에 대성은 곰을 잡았던 곳
에 웅수사를 지었다. 그 후 대성은 웅수사를 드나들며 자신을 뒤돌아보며 속죄
를 하니 자비의 원은 깊어져 갔다.

　그런데 왜 하필이면 많은 동물 중에서 곰을 잡았을까요?
성낙주 선생은 그 '곰'은 곰이 아니라 통일 전쟁에서 패한
부여족, 즉 백제의 후예로 보고 있습니다. 다시 역사의 현
장으로 돌아가 볼까요.

　백제와 고구려와 신라가 치열하게 싸운 통일전쟁! 마침
내 신라가 통일을 이루었습니다. 온 국토가 폐허가 되고 살
아남은 사람들은 상할 수밖에 없었습니다. 그래도 산 사람
은 살아야 하는 것이 인간의 숙명이지요. 고구려와 백제,
망국의 후예들은 철저히 하층민으로 소외되었을 것입니다.
전후 처리가 매끄럽지 못해 그들의 소요나 반란이 끊이지
않았고, 신라의 잔혹한 진압도 계속되었습니다. 이는 결국
후삼국으로 이어져 신라 멸망의 원인이 되었습니다.

인도 아잔타 석굴의 연화천장

연화천장: 해

동틀돌: 별

광배: 달

석굴암 연화천장 (문화재청 소장)

　여기에서 대성의 곰사냥이 그들의 반란에 대한 잔혹한 진압이라면? 그들에 대한 참회의 마음이 '웅수사'로 나타났다면…. 그 후 수많은 참회를 통해 통일전쟁의 희생자들을 위한 사찰을 지어 전후 처리를 마무리하겠다는 비원이 석굴암의 탄생이 아닐까요! 석굴암 건축의 대단원은 천개석을 올리는 일과 그 과정에서 깨어진 천개석을 이어준 천신의 강림은 진정한 삼국통일을 향한 대성의 비원이 이루어진 것으로 봅니다. 이는 '무애와 화쟁'으로 대표되는 원효의 사상이 석굴암의 건축으로 실현되었다고 보아도 되겠죠!

　이젠 석굴암이 어떻게 지어졌는지 알아보겠습니다. 앞에서 말한 것처럼 석굴암은 완벽한 인공 석굴로 돌을 하나하나 다듬어서 끼워 맞추어 '서양 건축의 백미'라는 돔형 천장으로 마감했습니다. 이를 완성하기 위해서는 천장의 무게를 분산시키고 하중을 뒤편으로 두었습니다. 그랬기에 1200년 가까운 세월 동안 무너지지 않고 온전할 수 있었습니다. 이것이 바로 '동틀돌'인데 석굴암 건축의 핵심으로, 보이지 않는 뒤편은 훨씬 길고 큽니다. 그러나 우리 눈에는 하늘의 별같이 태양이 내리쬐듯, 부처님의 가피처럼 보입니다. 지금은 보존상의 문제로 출입을 제한하고 있지만, 유리문 안으로 들어가면 엄숙함에 숨이 막힙니다. 그뿐만이 아닙니다. 본존불의 뒤에 있는 광배(光背)는 천장 지붕 공간에 조각되어 있습니다. 실제로는 약간 타원형인데 본존불의 자리에서 보면 원형입니다. 부처님의 모습도 몸에 비해 얼굴이 너무 큽니다. 이는 원근법, '멀리 있으면 작아 보인다'는 원리에 따라 보는 사람의 시선에 맞춰서 조각한 것입니다. 다른 조각들도 마찬가지입니다.

석불사를 짓는 그 힘든 과정에 난감한 일이 왜 없었을까요. 사람의 힘만으로는 완성하기 어려운 과정은 이렇게 마무리되었습니다.

좁은 공간을 완성하고 마지막으로 지붕돌(연화천장)로 마감하면 석불사는 완성된다는 생각으로 김대성은 설레고 있었다. 그런데 연화개석(蓮花蓋石)을 들어 올리다가 그만 떨어지고 말았다. 그것도 세 조각으로…. 이제 마무리만 하면 끝인데…. 예상도 못한 상황에서 김대성은 고민하다가 탈진하여 그만 잠이 들었다. 꿈인 듯 생시인 듯 신이 내려와 깨진 연화개석을 제자리에 맞추어 놓고 하늘로 오르고 있었다. 번쩍 정신이 든 김대성은 급하게 향을 준비하여 뒤따라가 향을 올렸다. 그곳이 향령(香嶺: 석굴암 가까운 곳에 있는 나지막한 고갯길)이다.

168

✿ 석굴암 석굴도

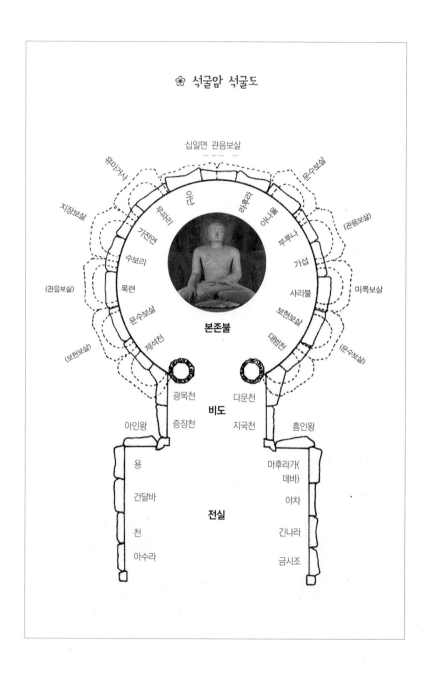

십일면 관음보살

유마거사
문수보살
지장보살
유마리
로후라
아나율
관음보살
가전연
무루나
수보리
가섭
관음보살
목련
사리불
미륵보살
문수보살
보현보살
제석천
본존불
대범천
문수보살
보현보살

광목천
다문천
비도
아인왕
증장천
지국천
흠인왕

용
마후라가(데바)
건달바
야차
전실
천
긴나라
아수라
금시조

석굴암 내부의 조각상들

석굴암은 몹시 흐리거나 습한 날에는 숨쉬기도 버거울 때가 있습니다. 그래서 토함산은 '안개를 머금었다 뱉는다' 는 뜻입니다. 더군다나 돌은 흙이나 나무와 달라서 습기를 흡수하지 않습니다. 우리나라 절과 궁궐이라면 당연히 나무와 흙, 돌로 만든 벽체를 떠올립니다. 그런데 석굴암은 돌로 만든 인공 석굴입니다. 요즘처럼 교통과 통신이 발달하지 않았던 시기에 서양의 신전 같은 건물이 나타났습니다.

2세기에 만들어진 로마의 판테온 신전을 볼까요. 석굴암과 비교해보면 재료, 위치, 크기는 다르지만 입구는 네모나고 뒷부분은 둥근 모양, 즉 천원지방(天圓地方: 하늘은 둥글고 땅은 네모나다)의 건물입니다. 동양에서는 보기

로마의 판테온 신전

힘든 건물이 머나먼 신라에 어떻게 나타났을까요? 그냥 김대성의 창작이었을까요? 이제 좀 더 구체적으로 살펴보도록 하겠습니다.

가파른 계단을 올라 우리는 유리벽 앞에서 멈추어야 합니다. 부처님과 함께 눈에 들어오는 것은 '인왕상(금강역사상)'입니다. 문의 양쪽에서 부처님 나라의 입구를 지키는 수문장입니다. 힘이 코끼리보다 백만 배나 더 세다니 잘못 건드렸다간 뼈도 못 추릴 것 같습니다. 좀 더 자세히 보면 팔다리의 근육과 오랫동안 단련된 손은 마치 태권도를 하는 것 같습니다. 게다가 군살 없는 배는 남자들이 가장 원하는 로망이 아닌가 싶습니다. 무섭게 치켜뜬 눈은 부처님 나라를 지키려는 의지가 강하게 보입니다. 내가 아니면 지킬 수 없다는 듯…. 그러나 얼굴은 한눈에 봐도 이방인입니다. 큰 키에 부리부리한 눈과 두꺼운 입술은 보고만 있어도 겁이 납니다.

인왕상 (금강역사)

이번엔 ✤팔부중(八部衆)을 보겠습니다. 그들의 수더분한 눈빛에 편안하게 한 발짝 옮기며 '이젠 부처님을 뵐 수 있겠지…'하다가 ✤사천왕(四天王)이 '다~~ 내려놓아라'며 눈을 부라리는 듯합니다. 마음속의 삿된 것까지 남김없이 내려놓아야만 부처님 앞에 설 수 있다고 윽박지르는 사천왕 앞에 무릎을 꿇으면 안 됩니다. 모두 내려놓고 부처님

팔부중상 중 가루라 (금시조)

앞에 서면 그대로 고요합니다. 말없는 부처님은 보일 듯 말 듯 미소로 맞아주십니다. 사천왕은 균형 잡힌 몸을 마치 치마 같은 갑옷으로 감싸고 있습니다. 이는 몸을 자유롭게 움직이기 위함입니다. 그런데 이 차림이 로마제국 시대 백인대장(百人隊長 : 로마 군단의 60분의 1인 100명을 지휘한다)의 옷이라고 학자들은 말하고 있습니다. 끈으로 매어 아주 멋스러운 신발도 로마시대의 것으로 아시아권에서는 좀처럼 보기 힘듭니다.

그런데 어떻게 고대 로마의 의상들이 석굴암에

사천왕상 (문화재청 소장)

❖ **팔부중** : 불법을 수호하고 대중을 교화하는 8신장(神將: 하늘의 장수)이다. 대승경전의 끝머리에는 '부처님의 가르침에 팔부중이 용약환희(踊躍歡喜: 좋아서 펄쩍펄쩍 뛴다)한다'는 내용이 있다.
1. 천(天): 욕계와 색계의 하늘에 있는 신들
2. 용(龍): 바다에서 구름을 모아 비를 내리고 광명을 내어 천지를 비춘다.
3. 야차(夜叉): 땅이나 공중에서 여러 신들을 보호
4. 건달바: 제석을 섬기며 음악을 연주하며 향기만 먹는다.
5. 아수라: 얼굴이 3개, 팔이 8개 있으며 싸움을 일삼는다.
6. 가루라: 금시조. 조류의 신이다. 용을 잡아먹는다는 거대한 상상의 새
7. 긴나라: 노래하고 춤추는 신인데 사람인지 아닌지 애매하다.
8. 마후라가: 몸은 사람이고 머리는 뱀의 형상인 음악의 신, 또는 땅을 기어 다니는 거대한 용신. 보통 사천왕의 부하로 묘사됨
❖ **사천왕** : 동서남북에서 부처님을 지키는 신. 고대 인도의 종교에서 숭상했던 귀신들의 왕으로 불교에 귀의하여 부처님과 불법을 지킨다. 발에 생령을 밟고 있는 것이 특징인데, 나쁜 생령을 힘으로 굴복시킨다는 뜻이다. 동쪽은 지국천, 서쪽은 광목천, 남쪽은 증장천, 북쪽은 다문천이 기준이다.

나타났을까요? 신라는 어떻게 바다 건너 머나먼 나라의 옷차림에 대해 알았을까요?

둥근 주실 입구에는 범천과 보현보살, 제석천과 문수보살이 양쪽에서 그윽한 미소로 맞아주십니다. 감히 쳐다볼 수 없을 만큼 기품 있는 모습이 당시의 왕실 여인들을 보는 듯합니다. 근데 이들의 날개 같은 옷은 인도 의상인데다 착용한 장신구들은 고대 로마가 유럽을 정복하면서 많은 보석들이 로마로 들어와 귀족들이 착용한 것입니다. 이들의 아름다운 몸매는 그리스나 로마의 신상과도 닮았습니다. 옛 로마시대에 입었던 귀족들의 차림새가 석굴암 조각에 고스란히 보입니다.

범천 (복제본)   보현보살 (복제본)   제석천 (복제본)   문수보살 (복제본)

유마거사상 (문화재청 소장)

감실 보살상 (문화재청 소장)

감실에는 ❖유마거사를 비롯한 보살들
이 줄지어 반기는 듯합니다. 부처님과 제
자들의 옷은 비슷해 요즘의 승려들과 비
교해도 큰 차이가 나지 않습니다. 마하보
디 대탑(부처님이 성불하신 곳)에서 기도하던
여러 나라의 스님들이 입은 옷은 색깔만
조금씩 다를 뿐 대동소이했습니다.

십대 제자상들을 좀 더 자세히 보면 아
나율은 부츠를 신고 두꺼운 옷으로 몸을
감쌌는데, 아난은 그냥 천 하나만 두른 듯
합니다. 이를 보면 신라시대에도 인도에

아나율 (문화재청 소장)

아난 (문화재청 소장)

❖ **유마거사** : 유마보살이라고도 한다. 승려가 아닌 일반신도로 보살로 칭해졌다. 항
상 아프다고 누워서 문병 오는 불제자들을 가르친 것으로 알려져 있는데, 그 말씀
이 '유마경'이다.

십일면 관세음보살 (문화재청 소장)

대한 정보가 정확했다는 것을 알 수가 있습니다. 우리가 사진 속의 수행자와 영화에서 보던 로마 귀족의 차림새는 장신구만 빼면 큰 차이가 없습니다. 1300년 전에 만들어진 석굴암에 외국인들의 옷이 생생하게 표현되어 있습니다.

이제 ❖십일면 관세음보살을 보실까요. 아름답다고 할 수밖에 없는 부처님의 분신입니다. 중생을 지그시 내려다보는 눈길! 관세음보살은 부처님의 그림자처럼 중생 곁에 가까이 있는 보살입니다. 마치 부처님이 너무 바빠서 비서실장으로 둔 듯 말이지요. 그래서 부처님 대신 중생 곁에서 얘기를 듣고 아픔을 달래줍니다. 사바세계의 사람과 희로애락(喜怒愛樂)을 나누는 친근한 분입니다. '나무아미타불 관세음보살…'

❖ **십일면 관세음보살** : 십일면 관세음보살의 보관에는 11개의 얼굴이 있다. 가운데 있는 입상을 중심으로 정면은 자상(慈相)으로 착한 중생에게 기쁨을 주기 위한 모습, 왼쪽은 진상(瞋相)으로 나쁜 맘을 가진 이들의 고통을 없애기 위한 모습, 오른쪽은 백아출상(白牙出相)으로 정진하는 이들을 격려하기 위한 모습이다.

토함산 석굴암 가는 길

　이처럼 석굴암은 한 곳에 모여 있는 조각군(彫刻群)으로 하나하나가 모두 최고의 솜씨를 자랑하고 있습니다. 그러나 무엇보다도 석굴암의 조각들은 통일신라가 세계 10대 교역국의 하나였음을 당당히 말하고 있습니다. 8세기 후반 당나라는 활발한 대외교류로 중국 역사상 최전성기였습니다. 더불어 신라도 그 흐름에 동참하면서 서방의 문물을 창의적으로 수용했습니다. 그래서 서라벌 어딘가에는 외국인 마을이 있었을 것으로 추측하고 있습니다. 그렇지 않았다면 어떻게 우리와 전혀 다른 생김새의 인물들과 장신구와 의상들이 사실적으로 나타날 수 있었을까요? 그 교류의 열매들을 백성들과 나누면서 끊임없이 발전했기에 천년 국가가 될 수 있었습니다. 흐르는 물은 썩지 않듯이.

석굴암 수난사

그 긴 세월 동안 석굴암이 어떻게 유지되고 보수되었는지 살펴보기 전에 석굴암이 조선시대에 어떻게 묘사되었는지 알아보겠습니다.

17세기 말 원주의 선비 우담 정시한 선생의 《산중일기》는 네 차례에 걸쳐 전국을 여행한 기행문입니다. 조선시대 후기 사찰의 현황과 규모를 알 수 있는 아주 중요한 문집입니다. 특히

1688년 5월 석굴암을 본 글에는 "돌문 바깥으로 양면에 4, 5개의 불상을 새겼는데, 그 교묘함이 마치 하늘에 이른 듯하다. 문은 돌로 무지개 모양처럼 만들었다. 좌대는 아주 반듯하고 섬세하며, 굴 위의 덮개돌과 많은 돌들은 기울거나 어긋난 곳이 한 군데도 없다. 줄지어 서 있는 불상들은 살아 있는 듯 생생하여 신기하기가 말로 다할 수가 없다. 정말 보기 드문 곳이다"라고 썼습니다. 또한 ❖정선(鄭敾, 1676~1759)의 《교남명

❖ **정선** : 숙종과 영조시대에 활동한 문인화가로 겸재와 난곡이란 호로 많이 알려져 있다. 특히 우리나라의 산수를 중국풍이 아닌 우리나라만의 진경산수화로 확립했다는 평가를 받는다. 《인왕제색도》나 《금강전도》는 숨 막히는 작품이다.

승첩》에는 전실이 그려져 있어 복원할 때 지금처럼 전실을 만들었습니다. 이를 보면 18세기까지도 석굴암이 제대로 관리되고 있었음을 알 수 있습니다. 19세기 말의 사진에는 궁륭부가 기와로 이어져 있는 것도 보입니다. 일제강점기에는 연화개석이 보일 정도로 무너져 방치되어 있는 것도 볼 수 있습니다. 이렇게 허물어진 석굴암이 일제강점기에 어떻게 해체되고 보수되었는지 살펴보겠습니다.

1909년, 조선통감부에서는 석굴암을 해체하여 한성(서울의 옛 이름)으로 옮길 계획을 세웠습니다. 그런데 막상 해체해 보니 모두가 엄청난 무게의 돌로 같은 모양은 하나도 없었습니다. 그래서 이전은 불가능하다고 판단하고 보수에 들어갔습니다. 1913~1915년, 1917년, 1920~1923년까지

20세기 초 해체 전 석굴암 (성균관대학교 박물관 소장)

석굴암 수리할 때 제자리를 찾지 못한 석재들

세 차례 전면적으로 수리를 했습니다. 힘들게 해체했지만 모두 모양이 달라 제자리를 찾지 못한 석재가 많습니다. 그래서 조각상의 본래 위치와 석굴암의 정확한 구조를 알 수 없게 되었습니다. 석굴암으로 오르내리는 계단 옆에 있는 석재들은 훼손되어 제자리를 찾지 못해 모두들 석굴암만 바라보며 눈물 짓는 듯합니다.

석굴암은 아주 습한 곳에 지어졌습니다. 그래서 창건할 당시에는 공기가 통할 수 있게 했습니다. 즉 환기부가 있었는데, 이것이 바로 석굴암의 원형 부분에 있는 감실입니다. 10개의 감실에 보살상을 안치하고 그 뒤를 터서 공기가 드나들게 했습니다. 봉분처럼 보이는 상부는 모래와 흙을 차례로 쌓아 자연스럽게 습도를 조절했습니다. 그런데 그 감실을 그만 막아버린 것입니다. 그리고 본존불 아래로 지하수(석굴암 경내의 '감로수'가 본존불 아래로 흐르는 지하수다)가 흐르고 있었습니다. 동양에서는 물길이 집 아래로 지나가면 집을 짓지 않습니다. 그래서 물길을 돌려버렸습니다. 그때부터 안쪽 벽에 물이 흐르고 석굴암 내부에 이끼와 곰팡이가 걷잡을 수 없이 피기 시작했습니다. 이를 해결하기 위하여 여러 방법이 동원되었지만 아무 효과가 없었습니다. 궁여지책으로 1927년과 1934년에 증기 세척을 하면서 본존불을 비롯한 조각들이 많이 마모되었습니다. 그렇게 석굴암은 아무 대책도 없이 방치되었고, 해방이 되고도 손을 놓고 있었습니다.

드디어 1961년, 보수공사를 했는데도 습기 문제가 해결되지 않자 에어컨을 설치하였습니다. 그리고 입구에 목조 전실을 달고 바깥의 습기를 차단하는 유리벽을 설치하여 현재에 이르고 있습니다. 사람들이 드나들며 내뿜는 일산화탄소가 화강암을 마모시키기 때문입니다. 또한 에어컨의 미세한 진동도 나쁜 영향을 주지 않을까 우려하고 있습니다. 한 마디로 일제강점기에 감실보살 뒤의 환기구를 폐쇄한 것과 본존불 아래에 있는 샘의 방향을 돌린 것이 습기 문제를 야기한 것입니다. 샘물이 지하로 흐르면 주변보다 온도가 낮아지게 되고 실내에 대류작용이 일어납니다. 샘은 주위의 습기를 모두 아래로 모아 바깥으로 배출하는 일종의 천연 에어컨이었습니다. 즉, 석굴암은 습기가 많은 곳에 지었기에 자연을 이용하여 그 문제를 해결해왔음을 알 수 있습니다. 에어컨을 사용하지 않는 옛 모습을 되찾아주기를 간절히 바랄 뿐입니다.

석굴 사원의 유래

여기서 석굴 사원의 유래를 간단하게 짚어보겠습니다.

석굴 사원은 바위를 뚫어 만든 절로 영구적이기 때문에 수도하기 좋아 불교문화가 왕성한 곳일수록 많이 남아 있습니다. 석굴은 보통 두 종류로 나눌 수 있습니다. 첫 번째, '차이티야(caitya)'는 '사리 없는 탑'이란 뜻으로 기도 전용입니다. 석굴암이 이에 속합니다. 두 번째, '비하라(Vihara)'는 수도원과 비슷한 기능을 합니다. 큰 홀을 중심으로 작은 방이 많아 스님들은 공부하면서 이곳에서 생활도 했습니다. 그래서 '비하라 굴원'은 수도원과 비슷한 석굴 사원입니다. 지금도 인도에는 수많은 석굴 사원이 남아 있습니다. 더운 날씨와 비바람을 피하기도 좋으며 가까이 도시를 끼고 있어 ❖탁발(托鉢)하기도 수월했습니다. 그래서 석굴 사원은 불교 교단이 팽창하면서 생겼습니다.

불교가 중국으로 전파된 것은 1세기로 후한 명제 때의 일입니다. 중국 최초의 절은 '백마사'로 왕실의 혜택을 입었기에 당시의 수도였던 낙양에 있습니다. 그 후 불교는 비단길을 통하여 파키스탄, 아프가니스탄을 거쳐 중국으로 많이 들어왔습니다. 후한은 사라졌지만 불교는 번성하였습니다.

> ❖ **탁발** : 승려가 집집마다 다니며 음식을 얻는 일. 단순하게 먹을 것만 구하는 게 아니라 아집과 교만을 없애는 수행이기도 하다. 또한 보시하는 이들이 복을 쌓게 하는 공덕도 있다. 부처님이 계실 때부터 행해진 원칙이다.

남산 불곡 감실석조여래좌상 (보물 제198호)

4세기경부터는 아프가니스탄의 ✦'바미얀 석굴', 서역의 쿠차, 돈황, 병령사, 맥적산 등의 석굴이 굴착되었습니다. 후대로 갈수록 동쪽으로 길이 확장되어 5세기 말에는 낙양의 용문석굴과 운강석굴 등이 굴착되면서 신라도 그 영향을 받았습니다.

수나라와 당나라 이후로는 비하라 양식이 소멸되고 마애석굴(磨崖石窟: 감실형 석굴)이 조성되기 시작했습니다. 그래서 신라에서는 불곡을 시작으로 군위 삼존석굴, 골굴암, 칠불암, 그리고 석굴암 등이 지어졌습니다. 그

✦ **바미얀 석굴** : 비이슬람의 유적으로 2001년에 탈레반 정권에 의해 파괴되어 지금은 흔적만 남아 있다.

러나 규모나 양적인 면에서 인도나 중국에 비할 바는 아닙니다.

한반도에 석굴이 발달하지 않은 이유는 무엇보다도 바위의 특성이 다르기 때문입니다. 인도는 역암(礫岩), 중국은 뚫기 쉽고 조각하기 쉬운 사암(砂巖)입니다. 그러나 우리나라는 화강암이나 청석류가 많은데, 이는 깨어지기 쉽고 조각하기가 극히 어렵습니다. 기후 조건이 다른 것도 문제입니다. 인도는 아열대 지역이고 중국은 사막에 있습니다. 그래서 석굴은 더위와 추위를 피하고 생활이 가능했던 반면, 한반도는 석굴 내부가 습하여 생활하기 곤란했습니다. 또한 석굴을 개착하는 것은 오랜 시간이 걸리고, 그를 뒷받침해줄 재원이 없었던 것도 큰 영향을 미쳤습니다.

원효대사는 ✿《발심수행장發心修行章》에서 승려들은 '번잡하지 않은 조용한 곳에서 공부와 수행을 병행하라'고 하였습니다. 원효의 이 말은 아직도 스님들에게 유효합니다. 지금도 등산을 하다 보면 스님들이 수행했다는 얘기가 전해지는 자그만 굴들이 곳곳에 많이 남아 있습니다. 특히 골굴암은 석회석 단애(斷崖)에 목조 전실을 건축한 흔적이 분명하게 남아 있습니다. 남산에 있는 칠불암(七佛庵)도 전각 기둥이 있었습니다. 이처럼 석굴암이 탄생하기까지 많은 경험을 축적하였기에 위대한 석굴 사원의 건립이 가능했습니다.

✿《발심수행장》: 원효스님이 출가한 스님들이 공부하고 수행하는 방법을 적은 책을 말한다.

군위 삼존불 (국보 제109호)

칠불암 마애불상군 (국보 제312호)

골굴암 : 원효대사의 마지막 혼이 깃든 열반처로 수십 미터 높이의 거대한 석회암에 12개의 석굴이 있으며, 암벽 제일 높은 곳에는 돋을새김으로 새긴 마애여래좌상(보물 제581호)이 있다.

장항리사지

석굴암을 보고 나오면 만나는 삼거리에서 직진하여 10분 정도 내려가면 계곡 저편에 쌍탑이 있는 곳이 장항리 절터입니다. 인적도 드물고 좁기도 하지만, 검은 돌의 계곡이 아름다워 눈길을 끕니다. 최근에는 다리를 놓아 건너기가 한결 수월해졌습니다. 이곳은 장항(獐項) 즉 노루목인데 인근에 노루가 많았다고 주민들은 이구동성으로 입을 모으고 있습니다. 또한 감은사 앞을 흐르는 대종천의 상류로 물길이 동해로 방향을 트는 곳에는 나루터도 있었습니다. 경사가 심해서 큰 비가 온 후에는 어김없이 계곡이 파이는 등 수해가 극심한 곳입니다.

장항리사지 전경

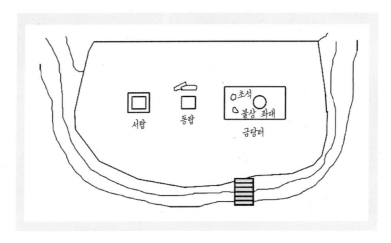

초석
불상 좌대

서탑
동탑

금당터

장항리사지 배치도

서 5층 석탑 (국보 제236호)

　날아갈 듯 경쾌한 장항리 서 5층 석탑은 경주에 남은 유일한 5층 쌍탑으로, 완성된 부재를 쌓아 올려 만든 누적식(累積式) 탑입니다. 서탑은 상처가 있지만 온전한 모습으로 남아 있고, 동탑은 몸돌도 없이 지붕돌만 쌓아 놓았습니다. 이렇게 된 이유는 도굴꾼들이 사리함을 노리고 탑을 다이너마이트로 터트렸기 때문입니다. 탑뿐 아니라 불상까지 파괴되어 계곡에 흩어져 있던 불상과 탑의 부재들을 수습하여 쌓아 놓은 것입니다. 그러나 서탑의 1층 몸돌에 새겨진 인왕상의 당당한 모습은 허투루 만든 솜씨가 아닙니다. 그 옆에는 불상

불상 대좌   불상 대좌의 아기 사자상

대좌가 주인을 잃고 쓸쓸히 남아 있습니다. 부처님은 국립경주박물관에 옮겨져 정원에 자리 잡았습니다. 최근에는 얼굴과 광배를 수리하여 준수한 부처님이 되었건만, 내 눈에는 뭔가 불만스레 보입니다. 혹시 유체이탈이 된 건 아닌지 모르겠습니다. 본래의 자기 집에 가고 싶은 것은 아닐까요. 불상 대좌에는 신라시대 최고의 걸작으로 꼽히는 너무나 귀여운 아기 사자가 재롱을 부리고 있습니다. 빨리 오라고…보고 싶다고…. 부처님은 이 녀석이 눈에 밟혀서 이곳으로 오고 싶어 하는 것으로만 여겨집니다.

최근에 이곳을 다녀왔는데 얼마나 잘 정비되었는지 깜짝 놀랐습니다. 다리를 놓고 가파른 오르막에 계단도 만들어 건너기가 엄청 수월해졌습니다. 그러나 옛 맛을 잃어서 아쉽기도 합니다. 처음으로 장항리사지에 온 지 15년은 지난 것 같습니다. 당시엔 탑은 손에 잡힐 듯 가까운데 길이 안 보였습니다. 한참을 헤매다가 길은 찾았는데 난감했습니다. 겨우

국립경주박물관에 옮겨진 장항리 부처님

한 사람이 갈 수 있는 좁은 길이었습니다. 설상가상으로 발아래는 물이
휘돌아 치는 계곡이었습니다. 몇 발자국을 떼다 말고 뒤돌아 나왔습니다.
계곡 너머 탑만 쳐다보다가 집으로 돌아왔습니다. 얼마나 허전하던지요.
그제야 '장항리는 혼자도 말고 신랑도 아닌 옛날 애인과 같이 가보라!'던
선생님 말씀이 생각나서 가만히 웃음 지었습니다. 여러 번 다녀왔지만 그
래서 더 미련이 남습니다.

감은사지

감은사지(感恩寺址)는 대왕암 못 미쳐 왼쪽에 휜칠한 탑 2기가 있는 곳입니다. 금당과 강당, 탑과 석등, 회랑이 있고, 아래쪽에는 사찰 진입로인 연못도 갖춘 아주 큰 사찰입니다. 황룡사, 사천왕사와 함께 감은사는 호국사찰로 이름이 높았습니다.

30대 문무왕은 통일대업을 이루고 681년에 돌아가셨습니다. "화장하여 동해 바다에 묻어주면 용이 되어 왜구를 물리치겠다"는 아버지의 유언대로 신문왕이 고문(庫門) 밖에서 화장하고 대왕암에서 2차장을 치렀습니다. 그 이듬해 절을 완성하고 '감은사'라 이름 지었습니다. 이름처럼 이곳

감은사 3층 석탑 (국보 제112호)

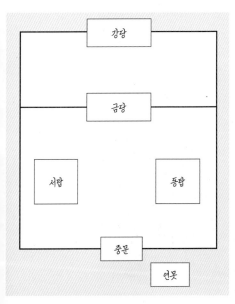

감은사지 배치도

은 나라를 염려하시는 왕의 마음과 아들이 아버지를 기리는 마음, 즉 '충효'가 그대로 담겨져 숙연함마저 감돕니다.

감은사지는 사찰이 갖추어야 할 기본을 제대로 갖춘 절입니다. 그런데 금당만은 돌로 마루를 놓은 다음 그 위에 나무마루를 깐 이중구조입니다. 동쪽으로는 자그마한 용혈(龍穴)을 만들어 용이 되신 아버지가 불철주야 바다에서 왜적을 지키시다 지치면 올라와 쉬시게끔 하기 위해서 만들었다고 합니다. 바닥을 돌로 먼저 깐 것도 물을 담아도 마루가 썩지 않게 하려는 배려입니다.

감은사 3층 석탑은 통일 이후 처음으로 나타나는 돌로 만든 쌍탑입니다. 만든 연대가 확실해서 신라의 많은 탑들의 연대를 비정하는 기준이 됩니다. 석가탑보다 100년 정도 앞서 건축되었는데, 석가탑보다 훨씬 크고 우람합니다. 그래서 기단부, 지붕돌, 몸돌이 여러 개로 이루어져 있습니다. 오랜 세월 동안 많이 파손되었기 때문에 1959년 서탑을 해체 수리했습니다. 찰주를 들어내자 그 옆에 사리공이 있었습니다. 모두들 예상치도 않았던 상황에 당황했습니다. 결국 밀폐된 사리공을 여는 순간 금동함이 녹슬었다고 합니다. 그때 3층 몸돌에서 사리함이 발견되었습니다. 갑주를 입은 사천왕이 발아래 파사를 제압하며 부처님 나라를 지키려는 의지가 잘 표현되어 있습니다. 1996년 동탑을 해체 수리할 때는 별 탈 없이

감은사지 동탑 사리갖춤 (국립경주박물관 소장)

수습되었습니다. 그래서 당시의 정교한 도금 기법을 잘 살펴볼 수 있습니다. 이들 사리함은 국립경주박물관 미술관에 전시되어 있습니다.

현재 두 탑에는 찰주가 남아 있습니다. 상륜부의 장식들은 오랜 세월 동안 벼락과 비바람에 모두 소실되고 뾰족한 찰주만 남아서 그 당시의 기상을 말하는 듯합니다. 그런데 1300년 이상 소금기 많은 바닷바람을 맞았는데도 녹슬지 않은 그 기술을 어떻게 설명해야 할까요.

충과 효의 마음이 담긴 감은사지 탑은 숙연함을 느끼게 합니다.

대왕암

바닷가로 나가면 30대 문무왕의 납골이 뿌려진 산골처(散骨處) 혹은 수중릉으로 알려진 대왕암(大王岩, 사적 제158호)을 볼 수 있습니다. 특히 전설 속 피리인 '만파식적(萬波息笛)'을 얻은 이야기가 《삼국유사》에 전합니다.

신문왕은 아버지 문무왕이 돌아가시고 즉위했다. 그러자 장인이 반란을 일으켰다. 그래서 부인까지 폐할 정도로 사회가 혼란스러웠다. 그 때 대왕암에서 해관이 올라와 아뢰기를 "작은 섬 하나가 감은사를 향하여 오고 있습니다." 이 말에 왕은 급하게 관해동 고개를 넘어 이견대로 행차하였다. 자세히 살펴보게 하니 '섬은 거북의 머리 같다. 그 위에 대나무가 있는데 낮에는 둘로, 밤에는 하나로 합친다'고 하였다. 다음날, 한낮에 대나무가 하나로 합치더니 7일 간 천지가 진동하고 비바람이 몰아쳤다. 바다가 고요해지자 왕이 섬에 오르니 기다리던 용이 검은 옥띠를 바치면서 "저 대나무를 베어 피리를 만들면 온 나라가 편안해질 것입니다. 문무대왕과 김유신 장군께서 마음을 합하여 이것을 전하라 하셨습니다." 소중하게 받아서 궁으로 돌아가던 중, 기림사 뒤편 계곡에서 쉬고 있었다. 아버지가 돌아오신다는 전갈을 받고 마중 나온 태자가 옥띠를 살펴보았다. 그러더니 '용의 비늘'이라며 하나를 떼어 물에 던졌다. 그러자 큰 용 한 마리가 물보라를 일으키며 하늘로 승천했다고 한다. 궁월로 돌아와 그 대나무로 만든 피리가 바로 '만파식적(萬波息笛)'이다. 그 후부터는 나라에 큰 일이 생겼을 때 피리를 불면 잠잠해졌다. 이를 천존고(天尊庫)에 보관했는데 38대 원성왕이 내황전(内皇展)으로 옮긴 후로는 기록이 없다.

죽어서도 나라를 걱정한 문무왕의 수중릉인 대왕암입니다.

이처럼 희대의 영웅들이 없는 나라는 혼란스러웠습니다. 통일의 주역들은 죽어서도 나라를 걱정하며 노심초사하던 마음을 읽을 수 있습니다. 그 피리가 어디로 갔는지는 모르지만, 일설에는 성덕대왕신종의 음통(용통)으로 보관했다는 이야기도 전해집니다.

성덕대왕신종 종뉴의 음통 부분
(국립경주박물관 소장)

이처럼 문무왕이 돌아가시는 순간까지도 걱정한 왜구의 침입은 나라의 큰 우환거리였습니다. 감은사가 있는 감포와 울산은 왜구가 서라벌을 공격할 수 있는 가장 가까운 항구였습니다. 그래서 경주 지도를 보면 보문호를 돌아가는 우회 도로 옆에는 쌍탑이 있는 천군리사지, 불국사와 석굴암 본존불의 눈길이 머무는 동해 바닷가와 기림사, 골굴사와 감은사지까지, 울산으로는 감산사지, 숭복사지, 원원사지 등 당시의 사세(寺勢)를 짐작할 수

양남 주상절리

기림사 용연

있는 준수한 탑들이 외롭게 자리를 지키고 있습니다. 그래서 신라의 불교
는 '호국 불교'입니다.

그러나 무엇보다 감은사 금당에서 바라보는 산의 모습이 너무 좋습니
다. 감은사를 향해 대왕께 절하는 신라인의 마음인 듯합니다. 감은사는
밤 10시까지 불을 켜놓습니다. 낮도 좋지만 야경은 보는 이들의 감탄을
자아내게 합니다. 또한 대왕암 사이로 떠오르는 태양은 동해의 일출이 얼
마나 아름다운지를 느끼기에 충분합니다.

신문왕과 그 태자 등 후대의 왕들이 감은사로 행차하던 길이 바로 '왕
의 길'이었습니다. 당시에는 수레가 다녔던 험하지 않은, 너무 아름다운
산책길이었습니다. 이 길을 왕처럼 걸어보아도 좋겠습니다. 추령터널에서
시작하여 2시간이면 기림사에 도착합니다. 기림사에서 500미터 올라가
면 '용연(龍淵)'이 있습니다. 바로 전설의 현장으로 상당히 큰 폭포가 눈앞
에 펼쳐지는데, 눈맛이 시원하기 이를 데 없는 아름다운 폭포입니다.

천년 역사의 시작과 끝을 품은 산

남산, 불국토를 꿈꾸던…

남산의 유적 답사는 서남산 코스와 동남산 코스로 나누어 다녀올 수 있습니다. 남산은 길이 여러 갈래라 헤매기 쉽습니다. 군데군데 구조 지점과 번호가 있으니 이용하기 바랍니다. 하지만 남산 답사가 초보라면 아무래도 익숙한 사람과 동행하기를 권합니다.

✿ 경주 남산 유적 답사 안내

	답사일	시간	답사유적	출발 장소
삼릉골	매월 1, 3, 5 토요일	09:30~13:30	삼불사, 삼릉골	서남산 주차장
삼릉 가는 길	매월 2, 4 토요일	09:30~13:30	월정교~삼릉	월정교
동남산 산책	매월 2 일요일	09:30~13:30	불, 탑, 미륵곡, 서출지~염불사지	통일전 주차장
동남산 코스	매월 3 일요일	09:30~15:30	국사골, 지바위골	통일전 주차장
서남산 코스	매월 4 일요일	09:30~16:00	삼불사, 삼릉골, 용장골	서남산 주차장
남남산 코스	매월 4 일요일	09:30~16:00	열암골, 칠불암, 심수골	서남산 주차장
삼릉골 (영어 해설)	매주 일요일	09:30	삼불사, 삼릉골	서남산 주차장
경주 남산 달빛 기행	매월 보름 직전 토요일	19:00(19:30)~ 23:30	별도 공지	별도 공지

- 참가비 무료이며, 전문 해설사가 동행하여 안내한다.
- 답사 전날까지 코스별로 선착순 50명까지 신청하신 분에 한하여 참여할 수 있다.
- 참가 신청은 (사)경주남산연구소 홈페이지(www.kjnamsan.org)에서 하면 된다.
- 여름방학 기간에는 주중에도 운영하며 세부적인 일정은 홈페이지를 통해 공지된다.

☞ 서남산 방향
시내버스터미널, 경주역 : 500번, 505번, 506번, 507번, 508번
    삼불사 또는 삼릉에서 하차
☞ 동남산 방향
시내버스터미널, 경주역 : 11번 승차 후 통일전이나 보리사 입구 하차

남산에 얽힌 유래

남산은 동서 4킬로미터, 남북 10킬로미터인 조그마한 산으로 남쪽으로는 고위산(高位山, 494미터), 북쪽으로는 금오산(金鰲山, 466미터)으로 이루어져 있습니다. 발길 닿는 골골마다 등성이마다 산재한 거암 괴석에 탑과 부처님을 가득 새겼습니다. 처음에는 도성에서 가까운 북단에서 사찰들이 조성되기 시작했는데, 도시가 확장하면서 남쪽으로, 산 전체로 퍼져 갔습니다. 불교가 공인된 후 장례문화가 매장에서 화장으로 서서히 바뀌면서 도성에서 가까운 남산에 많은 원찰들이 건립된 것으로 보고 있습니

진평왕릉에서 바라본 남산

다. 그래서 초기의 석불들은 주로 남산에 조성되었습니다. 그중에서도 세계의 걸작이라 일컫는 금동미륵반가사유상(국보 제83호)도 남산에서 출토되었습니다. 비록 이곳을 떠나 용산 국립중앙박물관으로 옮겼으나, 남산의 진면목을 살피는 데 모자람이 없습니다.

비파바위

남산에는 국보 1점, 보물 12점, 사적 14개소, 중요민속자료 1개소(김호 장군 고택) 등 49개의 지정문화재가 있습니다. 그래서 남산에서는 유적답사와 등산을 함께할 수 있습니다. 63개 계곡 중에서도 유적이 가장 많은 서남산의 냉골과 가장 긴 계곡인 용장곡, 동남산에는 유일한 국보인 칠불암과 신선암, 탑곡과 불곡 등이 유명합니다. 그런데 왜 신라 사람들은 남산에 이토록 많은 절과 불상과 탑을 조성했을까요? 《삼국유사》제7편 〈감통〉에 실려 있는 얘기를 보도록 하겠습니다.

32대 효소왕이 왕위에 올라 망덕사에서 당나라 황실을 위해 재를 지냈다. 그 때 초라한 행색의 스님이 몸을 굽히고 뜰에 서 있다가 왕께 청하기를

"소승도 재에 참석하고자 합니다."

왕은 비구에게 맨 끝자리를 가리키며 앉게 하였다. 재가 끝날 무렵 왕이 비구승에게 말하기를

"그대는 어디에 사는가?"

"비파암에 살고 있습니다."

그러자 왕이

"가거든 왕이 직접 공양하는 재에 참여했다는 말은 하지 말라."

그러자 비구승이 웃으며 말하였다.

"폐하께서도 다른 사람들에게 '진신석가'에게 공양하였다고 말하지 마십시오."

그리고는 곧장 몸을 솟구쳐 하늘로 올라가 남쪽으로 가버렸다. 왕이 놀라고 부끄러워 동쪽 언덕으로 달려가 비구가 사라진 쪽을 바라보며 예를 올리고 남산으로 사람을 보내어 찾아보게 하였다. 얼마 후에 '비파바위'라는 큰 바위에 지팡이와 바리때를 두고 사라졌다고 사자가 와서 아뢰었다. 그래서 비파암 아래에 석가사(釋迦寺)를 세우고 자취가 사라진 곳에 불무사(佛無寺)를 세워 지팡이와 바리때를 나누어 두었다.

이처럼 남산 골골마다 바위마다 부처님이 계시다가 나오셔서 중생들에게 가르침을 주셨던 정말 행복했던 시절이었습니다. 그래서인지 남산에는 지금도 사람의 발길이 끊이지 않습니다.

❀ 서남산 코스

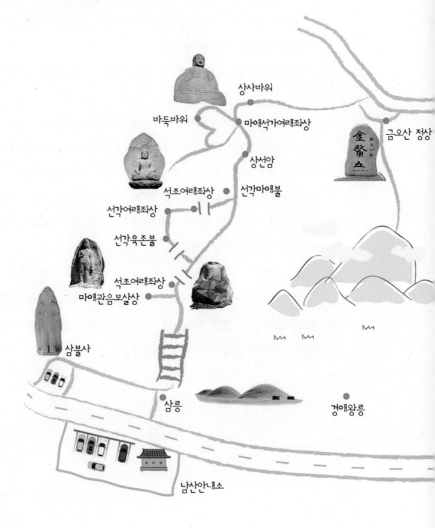

상사바위

바둑바위

마애석가여래좌상

金鰲山 · 금오산 정상

상선암

석조여래좌상 · 선각마애불

선각여래좌상

선각육존불

석조여래좌상

마애관음보살상

삼불사

삼릉

경애왕릉

남산안내소

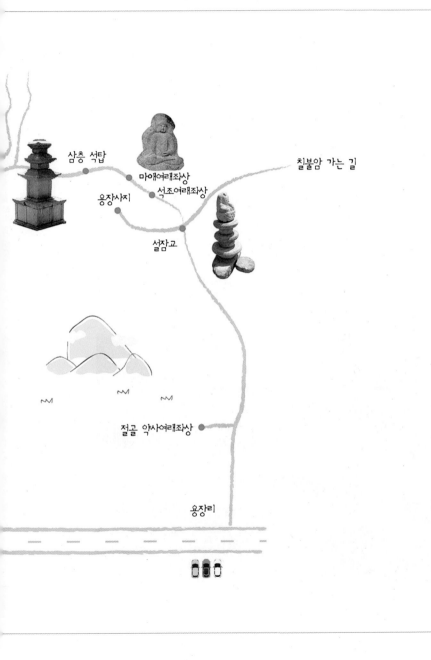

삼층 석탑

마애여래좌상

칠불암 가는 길

용장사지

석조여래좌상

설잠교

절골 약사여래좌상

용장리

삼불사

서남산 코스는 5~6시간 정도 걸리는 만만찮은 바위길입니다. 중간에 내려오려면 바둑바위에서 하산하면 됩니다. 먼저 서남산 코스의 시작이 자 삼릉 답사의 출발점인 삼불사(三佛寺)에서 출발하도록 하겠습니다.

삼불사는 부처님이 세 분 계시다고 해서 지어진 이름입니다. 일제강점 기에 근처에 흩어져 쓰러진 부처님을 한데 모아 세운 절입니다. 삼국시대 의 불상으로 통일 이후와는 다르게 소박하고 천진한 미소를 띤, 인간미 넘치는 모습이 편안합니다. 또한 목이 짧아 삼도가 없는 것이 특징입니 다. 가운데는 부처님, 왼쪽은 관세음보살, 오른쪽은 대세지보살입니다.

삼불사 전경

삼불사 배리 석조여래삼존입상 (보물 제63호)

특히 가운데 계시는 부처님의 올린 손은 시무외인(施無畏印: 두려워마라)을, 내린 손은 여원인(與願印 : 바라는 바를 이룰 것이니)을 하고 있습니다. 그래서 지금도 많은 사람들이 찾아와 기도를 올립니다.

　삼존불(배동 석조여래삼존입상)은 삼국시대를 대표하는 불상으로 알려져 있습니다. 하지만 1980년대에 보호각을 설치하면서 천진난만한 미소를 잃어버렸습니다. 그래서 유홍준 선생은 《나의 문화유산 답사기》에서 서산 마애삼존불과 삼불사 삼존불이 보호각을 설치하면서 그 천연스러운 미소를 잃어버려 아쉬워했습니다. 그런데 2007년에 서산 마애불은 보호각이 철거되면서 부드럽고 천진한 미소를 되찾았는데, 이곳은 아직도 그대로 보호각 속에 있습니다. 언제쯤 우리는 부처님의 앳된 미소를 제대로 볼 수 있을까요. 부처님은 언제쯤 찬란한 태양을 마주할 수 있을까요.

삼릉

삼불사에서 남쪽으로 10분 정도 걸으면 3개의 능이 보이는데, 이곳이 바로 삼릉(三陵)입니다. 특히 삼릉은 소나무 숲이 아름답기로 소문난 곳입니다. 사진작가 배병우의 삼릉 소나무 숲이 유명해지면서 이곳으로 사진을 찍으러 오는 이들이 많아졌습니다.

1963년, 가운데 능인 제53대 전(傳) 신덕왕릉이 도굴되는 사건이 있었습니다. 그로 인해 조사가 이루어졌고, 이때 3개의 능이 모두 돌로 방을 만들고 문이 있는 횡혈식 석실임이 확인되었습니다. 또한 왕과 왕비의 합장묘로 밝혀졌습니다.

삼릉 (사적 제219호)

삼릉 소나무 숲

　제일 아래쪽은 제8대 전(傳) 아달라왕릉으로, 아달라 왕은 계립령(문경~
충북, 미륵리사지)과 죽령(영주~단양)을 개통하여 북으로의 길을 열었던 왕입니
다. 이는 신라가 한반도의 동남부, 즉 외진 곳에 위치했기 때문에 외부를
향해 길을 모색했음을 알 수 있습니다. 가운데 전(傳) 신덕왕릉은 능 내부
에 채색이 있는 신라시대 유일한 능입니다. 특히 북쪽과 동서 양쪽 벽에
는 마치 12폭 병풍을 두른 듯 채색 벽화의 흔적이 보입니다. 신라에는 능
내부에서 회화가 발견된 적이 없어 주목을 받았습니다. 제일 위쪽은 제54
대 전(傳) 경명왕릉으로 알려져 있습니다. 3기가 모두 1730년도에 지정되
었는데, 왕릉임에는 틀림없습니다.

냉골 석조여래좌상

　삼릉에서 나무데크 길을 따라 올라가면서 보이는 폐불과 폐탑은 1998년 대홍수 때 발견된 것입니다. 계속해서 500미터 정도 올라가면 길 옆 바위에 머리도 없이 앉아 계시는 큰 불상이 석조여래좌상입니다. 계곡에 묻혀 계시다 1964년에 지금의 자리로 모셔 놓았습니다. 편안하게 앉은 모습이 사람들의 눈길을 사로잡습니다. 목에 보이는 삼도와 당당한 모습이 허술하지 않아 8세기 중엽 신라 전성기에 만들어진 것으로 보입니다. 특히 왼쪽 어깨에 여민 가사끈 매듭과 무릎 아래로 드리워진 영총수실은 너무 사실적이고 섬세하여 매듭 공예가 신라시대부터 있었던 것을 알 수 있습니다. 또 무릎 아래는 보다 거칠게 처리되어 파괴되지는 않은 것 같습니다. 인근 어느 절집에 계시면서 많은 사람들의 눈길과 기도에 응답하신 듯합니다.

냉골 석조여래좌상 앞면　　　　　　옆면

삼릉 계곡 마애관음보살상

삼릉 계곡 마애관음보살상 (지방유형문화재 제19호)

머리 없는 냉골 석조여래좌상에서 왼쪽 위로 30미터 정도 올라가면 아름다운 아가씨가 미소 지으며 조신하게 서 있습니다. '이렇게 이쁜데, 안 봐?!'라는 듯….

머리에 쓴 보관에는 화불을 새기고 손에는 정병을 들었기에 영락없이 '관음보살'입니다. 전각을 지을 곳도 없고 근처에 기와 조각 하나 없는 것으로 봐서 노천불로 보고 있습니다. 마치 중생의 부름에 지금 막 내려오신 듯 뒤쪽의 비스듬한 바위가 옷자락 휘날리는 듯합니다. 그냥도 매력적이지만 저녁 석양이 보살님의 얼굴을 비추면 발그레한 모습이 가장 아름답습니다. 키 154센티미터의 아름다운 낭자로, 볼그레한 입술이 그대로 청춘입니다. 이처럼 신라 사람들은 보살과 부처님을 먼 곳에 계시다고 생각지 않고 내 곁에 있는 친근한 이웃으로 여긴 것 같습니다.

삼릉 계곡 선각육존불

  냉골 석조여래좌상으로 도로 내려와 200미터 남짓 올라가면 '선각육
존불'에 이릅니다. 넓은 바위 면에 선으로 새겼는데 신라의 '불교 회화'를
보는 듯 선이 활달합니다. 불교 회화라면 보통 고려 불화를 말하는데, 조
선 말기 이후 약탈되어 국내에는 20점 정도 남아 있습니다. 비록 종이나
비단에 그리진 않았지만 신라시대 작품으로 아주 중요합니다. 바위에 새
겨져 도난도 파괴도 되지 않았습니다.

  동쪽은 '석가삼존불'로 현생(現生)을, 서쪽은 '내영(來迎)아미타불'로 내생

삼릉 계곡 선각육존불 (지방유형문화재 제21호)

자라바위

(來生)을 나타냅니다. 특히 내영아미타불은 극락에 오는 영혼들을 데려가기 위해 마중 나오시는 모습입니다. 두 분의 보살은 연꽃을 들었는데, 이러한 도상은 우리나라에서 유일합니다. 바위의 거친 선들까지 그림의 일부로 여긴 듯 부처님이 커튼을 젖히고 나오시는 것 같습니다. 거대한 바위로 올라가면 그 위에 목조 전각을 세운 기둥자리가 있고, 비가 오더라도 건물 안으로 들어오지 못하게 물길을 낸 것도 눈에 띕니다. 무엇보다도 전망이 일품입니다. 이대로 돌이 되어 바라보고 싶습니다.

또다시 오르는 길에 쉴 겸 계곡을 내려다보면 땀을 뻘뻘 흘리면서 오르는 자라가 눈에 들어옵니다. 저 위 금오산 정상까지 가야 하는데 가도 가도 제자리입니다.

삼릉 계곡 선각여래좌상

　바위 위로 올라와 300미터 정도 가면 선각여래좌상(지방유형문화재 제159호)이 보입니다. 남산에서 가장 젊은 부처님으로 고려시대에 만들어진 불상인데 미완성입니다. 거칠고 투박한 선이 마치 동네의 마음 좋은 아저씨를 연상케 합니다. 그러나 손은 설법인으로 영락없는 부처님입니다.

　왼쪽에는 부부바위가 있는데, 신랑 품에 꼭 안겨 있는 모습입니다. 혹시 부부 사이가 문제가 있으신 분들은 정성으로 기도하시면 영험이 있다고 하니 마음을 다해보시기 바랍니다.

삼릉 계곡 석조여래좌상

　능선 길로 200미터 정도 가면 만날 수 있는 삼릉 계곡 석조여래좌상은 신라 불상의 전형을 보여줍니다. 솔숲 속에 바위가 무리지어 있는 곳에 잘생긴 부처님이 화려한 연화대좌 위에 앉아 계십니다. 연화대좌의 하대 석은 투박한 팔각으로, 중대석에는 안상(案上)을 새기고, 상대석에는 복련 (이중의 연꽃 무늬)으로 장식했습니다. 안상은 귀인들이 앉는 평상으로 그 위에 부처님이 계시니 존엄한 분이라는 뜻입니다. 마치 부처님이 땅속에서 솟아오르는 것 같습니다.

삼릉 계곡 석조여래좌상 (보물 제666호)

불상 주변에는 건물의 흔적이 없어서 노천불로 봅니다. 부처님의 얼굴이 지금은 준수하지만 수리하기 전에는 시멘트로 땜질한 아주 흉한 모습에 광배도 깨어져서 흩어져 있는 것을 2008년에 지금의 모습으로 정비했습니다. 부처님은 높은 곳에 앉아 인간 세계를 내려다보고 계십니다. 밑에서 우러러 보면 훨씬 장엄하게 느껴집니다. 원래 부처님 앞에 있던 작은 탑은 국립경주박물관에 들어가면 왼쪽에 자리하고 있습니다.

삼릉 계곡 석조여래좌상 앞에 있던 작은 탑은 국립경주박물관으로 옮겨졌다.

선각마애불

삼릉 계곡 석조여래좌상을 뒤로 하고 가파른 개울을 건너 상선암으로 오르는 길 건너편에는 얼굴과 어깨선만 살며시 드러낸 부처님이 보입니다. 얕은 선으로 새겨져 보기가 쉽지 않지만, 남산을 오르내리는 중생을 살피는 듯합니다. 이 가파른 계곡을 마다 않고 오로지 부처님을 향한 마음 하나만 오롯이 지닌 중생의 발길에 차이는 돌부리 하나도 살피시나 봅니다.

선각마애여래상

그 절벽 중턱 좁고 가파른 곳에는 석조약사여래좌상이 있었습니다. 1915년, 전시회에 간다며 의심 없이 따라나선 후 지금까지 돌아오지 못하고 있습니다. 풀만 무성한 자리엔 약사여래좌상이 돌아오기를 기원하는 많은 이들의 마음이 담겨 있었을 테지요. 지금은 사람들로 북적이는 국립중앙박물관 상설전시실 3층 불교조각관에서 많은 이들의 눈길을 받으며 고요히 머물고 계시지만, 고향의 하늘과 바람과 별들을 그리워하시지는 않을까요.

삼릉 계곡 석조약사여래좌상　　　　국립중앙박물관으로 옮겨진 석조약사여래좌상

상선암 선각보살상

　상선암은 길 따라 올라가면 15분 정도 걸립니다. 길은 아주 가팔라 한두 번 숨을 돌려야 도착할 수 있습니다. 옛 절터에 100년 전쯤 세워진 사찰로 마애석가여래좌상으로 오르는 길에 누워 계신 큰 보살상이 있습니다. 화려한 옷주름에 구슬과 꽃으로 장식되어 있는 것으로 보아 우아한 보살상으로 보고 있습니다. 많이 손상되긴 했지만 5미터 정도의 키 큰 보살이었으리라 짐작됩니다. 잠깐 쉬며 물을 보충할 수 있는 유일한 곳입니다.

상선암 선각보살상

삼릉 계곡 마애석가여래좌상

남산에서 두 번째로 큰 불상이 삼릉 계곡 마애석가여래좌상입니다. 하지만 위험하여 출입을 통제하고 있습니다. 단 한 군데, 바둑바위에서 금오산 가는 길에서 뒤돌아봐야만 볼 수 있습니다. 길이 모두 가파르고 앞은 절벽이니 조심조심 발걸음을 내딛습니다.

부처님은 기도하는 중생을 그윽하게 내려보시며 고개를 끄덕이는 듯합니다. 금방이라도 나와 머리를 쓰다듬어 주실 것 같습니다. 멀리서 보면 몸은 선으로 새겨져 있고, 얼굴은 좀 더 입체적으로 조각되어 있습니다.

삼릉 계곡 마애석가여래좌상 (지방유형문화재 제158호)

바둑바위

상선암에서 15분 정도 가파른 길로 오르면 '신선들이 내려와 바둑을 두었다'고 전해지는 바둑바위가 있습니다. 냉골 암봉의 정상입니다. 힘들게 올라온 보람이 헛되지 않게 전망이 아주 좋습니다. 경주 서편과 시내의 일부가 보입니다.

또한 옆에는 금송정터가 있는데, 신라 경덕왕 때에 거문고의 명인 '옥보고'가 이곳에서 거문고를 타면 이 앞 봉생암(鳳生庵)에 둥지를 튼 봉황이 그 가락에 취하여 춤을 추었다는 전설도 서려 있습니다. 엽서함도 있으니 옛 친구에게 엽서 한 장을 보내면 좋겠습니다.

바둑바위

상사바위

바둑바위에서 남쪽으로 길을 따라 100미터 가량 오르면 아주 큰 바위가 보입니다. 이 바위는 상사바위 즉 상사암으로, 아래에는 상선암을 품고 있습니다. 특히 연인들이 성심을 다해 기도하면 사랑이 이루어진다고 전해집니다.

남산에는 상심(祥審)이 살고 있다고 합니다. 상심은 49대 헌강왕이 포석정에서 제사를 지내고 연회를 베풀 때 나타나 춤을 춘 남산신입니다. 오로지 임금에게만 보여 국가의 위기를 경고했건만, 임금이 태평성대로 오인하면서 신라는 멸망으로 치닫게 되었습니다. 바로 그 상심입니다.

상사바위

금오산 정상

　동쪽은 남근석과 기도처이고, 그 앞에는 남산에서 가장 작은 석불이 머리와 연화대를 잃어버린 채 기대서 있습니다. 서쪽에 있는 '산신당(産神堂)'이란 명문은 1800년도 후반에 인근에 사는 부자가 기도하여 아들을 얻자 감사의 마음으로 새겼습니다.

　남쪽으로 길을 잡아 15분 정도 올라가면 금오산(金鰲山) 정상에 닿습니다. 요즘은 경사가 급하고 미끄러운 곳에 나무계단과 깔개를 설치하여 한결 오르기 수월해졌습니다. 이 산을 금오산이라 부른 유래는 9세기 말, 당나라 시인 고운(顧雲)이 "듣자니 동해에 3마리 금자라(金鰲: 금오)가 머리에 산을 높이 이고 있다네"라는 시를 신라의 고운(孤雲) 최치원에게 주었답니다. 삼릉골을 올라오면서 모두들 정상을 향해 힘들게 오르고 있는 자라를 보았으니 그 유래를 짐작하시겠지요!

용장사지 3층 석탑

　금오봉 정상에서 용장사지로 길을 잡으면 10분가량 편안한 내리막길입니다. 처음으로 이곳을 왔을 때 영화 〈서편제〉의 한 장면처럼 느껴졌습니다. 가슴이 먹먹한 영화이기도 하지만, 가족이 너무도 행복해 보였던 순간이 기억에 남아서 그런가 봅니다. 그렇게 친구들과 같이 가는 길은 정말 아름다웠습니다. 친구가 좋아, 또 풍광에 매료되어 걷다가 오른쪽으로 '용장사(茸長寺)' 팻말을 놓치면 하염없이 걷는 이영재 고개입니다.

　용장사는 언제 지었는지는 분명치 않습니다. 단지 35대 경덕왕 때 유식학(인간의 의식을 다루는 대승불교의 한 종파)을 들여와 당대의 고승으로 중국에까지 알려진 대현스님(35대 경덕왕 때 고승)이 주석하셨고, 조선시대 최고의 천재로 일컫는 김시습(金時習)이 머물면서 《금오신화金鰲新話》를 지었다고 하니 천년 사찰로 모자람이 없습니다. 터가 제대로 없어 탑과 불상, 석등과 요사채가 여러 곳에 흩어져 있습니다.

　거친 바윗길을 조심하며 내려가면 절벽에 우뚝 선 그 유명한 용장사탑에 이릅니다. 남산 전체를 하부 기단으로 삼아 상부 기단을 세웠습니다. 하늘을 이고 선, 그래서 남산에서 가장 높은 탑입니다. 탑의 높이는 4.5미터에 불과하지만 그것만 보이겠습니까! 아득한 절벽에 그대로 남산을 품에 안은 것을. 2층 몸돌에는 네모난 사리공, 3층 지붕돌에는 찰주공이 있습니다.

용장사지 3층 석탑 (보물 제186호)

용장사지 석조여래좌상

용장사지 석조여래좌상 (보물 제187호)

아래로 최근에 설치한 계단을 내려가면 3층의 원형 좌대에 얼굴을 잃어버리고 몸만 외로이 앉아 계시는 부처님이 보입니다. 《삼국유사》에는 대현스님이 매일 염불을 외우며 높이 4미터 가량의 돌미륵을 돌았다고 합니다. 그러면 석불도 스님을 따라 얼굴을 돌렸다는 전설이 남아 있습니다. 그 돌미륵을 이 석조여래좌상으로 보고 있습니다. 이로써 용장사는 8세기 이전에 건립되었다는 것을 알 수 있습니다.

이후 조선시대 매월당 김시습은 조카인 단종을 내치고 왕위에 오른 세조를 등지고 방랑길에 나섰는데, 여기 남산을 고향으로 여기며 7년간 머물렀습니다. 그때 쓰여진 스님의 《금오신화》는 경주 남산에서 지은 우리나라 최초의 한문소설입니다. 그뿐만 아니라 곳곳에 남아 있는 신라의 유적지를 찾아 시와 기록을 남겨 조선 초기 경주의 모습을 지금에 알린 공이 큽니다.

용장사지 마애여래좌상

석조여래좌상 옆 바위에 온화하게 미소 지으며 앉아 계신 부처님! 삼릉의 석조여래좌상에 버금가는 남산의 미남이 선정에 들어 계십니다. 석불로는 한 치의 모자람도 없는 준수한 모습에 눈길을 뗄 수가 없습니다.

바위에 줄까지 갖출 정도로 가파른 길을 내려가면 편편한 곳에는 석등받침과 기단 갑석이 있어 모두 용장사지로 볼 수 있습니다. 옆으로 난 길을 가면 용장사의 건물터로 축대만 일부 남아 있습니다. 건물터, 석등, 탑과 불상 등의 부재들이 흩어져 있는 것은 평지가 넓지 않아 따로 조성할수밖에 없었을 것으로 보입니다. 그러나 어둠이 짙어져 석등에 불을 밝히

용장사지

용장사지 마애여래좌상 (보물 제913호)

면 산 아래에 사는 많은 백성들이 고단한 하루를 끝내고 부처님이 '오늘
도 하루를 무사히 끝내게 해 주셨구나!'라고 생각하며 합장했겠지요. 민
초들은 새벽부터 부지런히 움직여야 내 가정을 건사한다 생각하면 여기
까지 올 엄두도 못 낼 것은 당연지사겠지요.

가파른 바윗길을 조심조심 내려오면 드디어 설잠교에 이릅니다. 이 다
리를 지나 계곡 너른 바위에 앉아 지나온 용장사를 올려다보면 잘 가라고
손 흔들어 주듯 탑이 아득합니다. 그 눈길이 아쉬워 쉬이 발걸음을 떼기
어렵습니다.

늠비봉 5층 석탑

남산에 많은 탑들이 있지만 내가 사랑하는, 그러나 놓치기엔 너무 아쉬운 탑이 늠비봉 5층 석탑입니다. 포석정에서 남산 순환도로를 따라 1.6킬로미터 정도 올라가면 부흥사 입구로 들어갑니다. 부흥사의 서남쪽, 가파른 능선 위 넓은 암반 위에 탑을 쌓았습니다. 바위 기단 위에 2층 기단을 쌓고 그 위에 4매의 자연석으로 몸돌을 짜맞추어 날렵하게 쌓아 올렸습니다. 마치 한 송이 연꽃이 고운 자태를 드러낸 듯합니다.

기단은 천연 바위를 그대로 둔 채 그랭이질한 돌을 쌓고 그 위에 탑신석은 조각 없이 4매의 돌을 짜맞추어 올려 마무리하였습니다. 가까이서 보면 탑의 표면이 거칠고 원자재가 아닌 새 돌을 많이 사용하였기 때문에 문화재로는 지정되지 못했습니다.

남산에는 탑만 100기 정도 있었던 것으로 보고 있습니다. 대부분이 부서지고 소실되었지만 계곡 곳곳에 나뒹굴고 있는 탑재는 엄청나게 많습니다. 현재 남산의 탑들은 대부분 2000년 전후로 복원된 것입니다. 경주에서는 5층 석탑으로는 장항리사사지, 나원리 석탑이 있는데, 여기 늠비봉 5층 석탑은 백제 계통의 석탑으로 주목받습니다. 늘씬하고 큰 키로 용장사지 3층 석탑과 더불어 내려오다가 뒤돌아보는, 마치 이별을 아쉬워하는 연인처럼 보이지 않을 때까지 서 있는 아름다운 탑입니다.

늠비봉 5층 석탑

내려오면서 올려다보면 늠비봉 5층 석탑의 아련한 모습이 보입니다.

❀ 동남산 코스

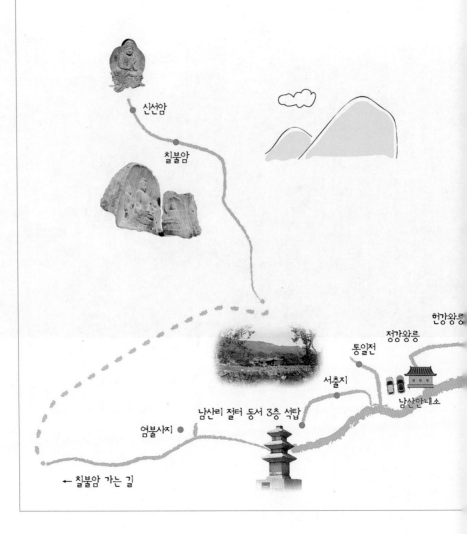

신선암

칠불암

헌강왕릉

정강왕릉

통일전

서출지

남산리 절터 동서 3층 석탑

남산안내소

염불사지

← 칠불암 가는 길

불곡 감실석조여래좌상

탑곡 마애불상군

보리사

미륵곡 석조여래좌상

보리사 마애여래좌상

불곡 감실석조여래좌상

경주 시내버스터미널이나 경주역 앞 버스정류장에서 11번 버스를 타고 보리사 입구(혹은 갯마을)에서 내리면 남천을 따라 보리사, 탑곡, 불곡이 있습니다.

대나무가 무성한 길을 따라 400미터 정도 올라가면 불곡 감실석조여래좌상에 닿습니다. 최근에는 불상 입구에 나무계단을 만들어 놓아 찾아가기 한결 수월합니다. 자연 암반을 파내어 감실을 마련하고 그 안에 선정에 드신 부처님을 깊게 파내어 조성했습니다. 목은 삼도가 표현되지 않

불곡 감실석조여래좌상 (보물 제198호)

234

불곡 감실석조여래좌상 표정

앉고 옷자락 안에 양반다리로 편안하게 앉아 명상에 잠기신 듯합니다. 대좌 위로는 옷자락이 자연스레 흘러내리는 상현좌(裳懸坐)로 오래된 내공이 느껴집니다. 7세기 전반에 조성된 가장 초기의 석굴로 한반도에 있는 석굴 사원으로는 가장 오래된 것으로 보입니다. 일제강점기의 조사를 보면 머리와 어깨, 소매에 붉은색 흔적이 남아 있어 장엄했음을 알 수 있습니다. 마치 할머니를 닮은 듯 편안하여 '할매 부처'로도 불리지만, 정진하는 모습에 발걸음조차도 조심스럽습니다.

탑곡 마애불상군

탑곡을 보려면 불곡 입구로 되돌아 나와 동쪽으로 길을 잡아 옥룡암 팻말을 따라 500미터 정도 들어갑니다. 다리를 건너 옥룡암으로 들어가면 산쪽에 커다란 바위의 북쪽 면에 2개의 탑이 큼직하게 새겨져 있기에 얻은 이름입니다. 거대한 바위에 사찰이 갖추어야 할 모든 것을 동서남북 4면에 새기고 지붕을 씌웠습니다. 즉, 사방 어디든 중생이 있는 곳에 부처님이 계신다는 것을 형상화하였습니다.

암면의 크기는 북면의 높이가 10미터 정도, 전체 둘레는 30미터로 사

탑곡 마애불상군 (보물 제201호)

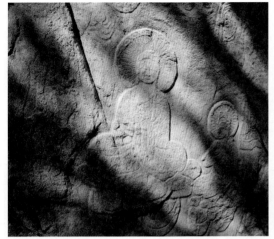
부처님과 보살 (동면)

비천상 (동면)

방에 불보살상과 탑등을 새겨 사방불의 형태를 갖추었습니다. 특히 보살, 천녀, 스님들이 정면은 물론 옆면도 그림을 보듯 자연스럽습니다. 천년의 세월이 이들을 보듬어 모두 36구의 유적이 세월을 이겨내고 우뚝합니다. 근처에서 신인사(神印寺)가 새겨진 기와가 나와 통일 전쟁 당시 명랑스님이 거처하시던 절로 보고 있습니다.

사면에 새겨진 조각들의 면면을 좀 더 자세히 살펴보겠습니다.

탑곡은 7세기 중후반에 주로 새겨진 것으로 봅니다. 먼저 동쪽에는 16기의 조각이 있습니다. 부처님은 보살과 얘기를 나누시는 듯합니다. 보살님은 손을 모아 고개를 돌려 부처님께 무슨 말씀을 하시기에 7명의 천녀들이 모두 미소를 띠고 있는 걸까요. 그 옆의 스님은 아랑곳없이 보리수 아래에서 참선에 들어 계십니다. 또한 선정에 드신 스님과 천상에

선정에 든 스님 (동면)　　　　　　　　향을 공양하는 스님 (동면)

서 노니는 천녀들이 너무 아름답게 조각되어 있습니다. 부처님뿐만 아니라 보살님, 천녀, 승려 등 우리 곁에 있는 이웃처럼 친근한 모습을 보면절로 웃음을 띠게 합니다. 그래도 입구를 지키는 건장한 신장은 경계를늦추지 않네요. 부처님이 멀리 계신 게 아니라 내 곁에 있다는 것을 알게됩니다.

　남쪽에는 삼존불이 다정하게 계십니다. 감실을 얕게 파서 비바람이 들이치지 않게 했습니다. 좀 더 자세히 보면 부처님이 보살의 얘기에 어쩔줄 모르는 듯 광배가 흔들리는 것 같습니다. 하지만 부처님을 놀리는 듯보살님의 얼굴엔 장난기가 가득합니다. 이처럼 초기의 불상들은 인간미를 띠고 있는 것이 특징입니다. 특히 오른쪽에 홀로 부처님이 서 계시는것은 후대에 새 식구로 맞이하신 듯 항마촉지인을 하고 계시다 급하게 일어선 듯 신발도 채 신지 못했습니다. 하지만 민간에서는 여인네가 부른 배를 어루만지는 것 같아 안산불(安產佛)로 불립니다. 아기를 수월하게 출산하기를 바라듯 불교도 널리 퍼져가기를 기원하며….

서면에 계신 부처님은 보리수 아래에서 선정에 드신 듯 평안한 모습입니다. 천녀들이 와도 미동도 없습니다.

이제 북면을 보겠습니다. 사찰에 부처님과 탑이 없으면 절이라 할 수 없겠지요. 그래서 탑을 2기 새겨 놓았습니다. 그것도 석탑이 아닌 목탑인지라 지금은 사라진 황룡사 9층탑의 모습을 추정할 수 있습니다. 마치 서라벌 하늘에 '사사성장 탑탑안행(寺寺星張 塔塔雁行)'이란 말처럼 탑이 기러기 날아가듯 줄지어 서 있는 것을 상징하는 듯합니다. 탑 가운데는 석가모니

맨발의 불상 (남면)

삼존불 (남면)

선정에 든 불상 (서면)

가 천개를 이고 연꽃 방석 위에 앉아 계십니다. 탑이 부처님이듯 북면은 삼존불로 보아도 무방할 것 같습니다. 천녀가 부처님을 시위하듯 날고 있습니다. 아래에는 부처님을 호위하는 사자들의 발길이 바쁘네요.

　바위의 4면에 빠지지 않고 보이는 것이 불상입니다. 탑곡은 서라벌에 있는 ✤사방불로는 처음 나타난 것으로 봅니다. 게다가 탑곡에 있는 조

✤ **사방불** : 《삼국유사》 권3 '사불산조'에 "진평왕 9년, 문경의 높은 산에 4면에 부처가 새겨진 큰 바위가 하늘에서 떨어졌다. 그 말을 듣고 왕이 행차하여 큰 바위 옆에 대승사를 지었다"는 기록이 있어 사불산이라 했다. 즉 사방, 모든 곳에 부처가 계신다는 믿음이 사방불로 표현되었다. 경주에는 현존하는 사방불로는 굴불사지의 4면 석불과 칠불암의 4면 석불을 사방불이라 본다면 2개가 현존하고 있다.

탑과 불상 (북면)

각들을 초기의 불상으로 보는 이유는 아주 인간적인 모습이라 우리 곁에 계신 부처님처럼 친근하기 때문입니다. 통일 이후의 조각상들과는 달리 기법이 부족한 부분도 보이지만, 그 정성이, 또 지금까지 남겨질 수 있게 해주신 것만으로도 고맙고 또 고맙습니다.

◉ 사면에 있는 조각

	여래	보살	탑	승려	신장	사자	비천	가릉빈가	나무
동면	1	1	0	3	1	0	7	1	2
서면	1	0	0	0	0	0	2	0	1
남면	1	2	0	2	0	0	0	0	2
북면	1	0	2	0	0	2	2	0	0
총계	4	3	2	5	1	2	11	1	5

미륵곡 석조여래좌상

　보리사가 있는 미륵골에는 통일신라 중기를 대표하는 불상이 있는데, 육계(肉髻: 긴 머리를 상투처럼 올린 머리)를 높이 올리고 조화로운 얼굴에 미소를 머금고 있습니다. 불신과 광배, 대좌도 완전하게 남아 있습니다. 얼굴에 비해 몸은 왜소하여 석굴암 본존불에 비하면 균형미가 많이 떨어집니다. 그러나 석굴암 본존불이 중후한 중년의 부처님이라면 여기 부처님은 젊고 온화한 모습을 표현한 것 같습니다. 광배는 배 모양으로 7구의 화불(化佛)과 연화문으로 장식되었고, 외부는 불꽃 문양이 새겨져 화려하지만,

미륵곡 석조여래좌상 (보물 제136호)

미륵곡 석조여래좌상 앞면   뒷면의 석조약사여래상

대좌는 낮고 간결하여 안정감을 줍니다.

뒷면에는 선으로 간결하게 새긴 약사여래상이 있습니다. 오랜 세월 동안 마모되어 흐릿하게 보이지만, 손에는 약함을 들고 계시고 결가부좌한 발이 큼직하게 보여 미소를 띠게 합니다. 부처님의 어깨 부근에는 천의를 휘날리며 하강하는 천녀가 보일 듯 말 듯합니다. 뒷면에 약사여래불이 있는 것으로 보아 앞쪽 부처님은 서쪽의 아미타불이 아닐까 합니다.

보리사 마애여래좌상

　보리사가 보이는 주차장에서 왼편으로 표지를 따라 올라가면 가파르기이를 데 없습니다. 부처님은 더더욱 가파른 바위 면에 앉아 계셔서 부처님을 정면에서 보기도 힘들 정도입니다. 가파른 것이 우리가 법당에서 부처님을 뵐 때도 정면에 서지 말라고 하는 것은 아닐지요. 그러나 부처님은 개의치 않고 천진난만한 웃음을 띤 채 넓은 배반 들판을 내려다보며 중생들을 눈에 담고 계신 듯합니다. 너무 귀여워서 저절로 얼굴에 머리에 손이 갑니다.

보리사 마애여래좌상 (지방유형문화재 제193호)

서출지

이제 보리사를 내려와 통일전 방면으로 가면 여름이면 연꽃과 배롱꽃이 아름다운 서출지를 만납니다. 통일전까지 걷는 길엔 수목원이 있어 아름다운 꽃과 나무들을 벗삼아 얘기를 나누며 가는 길입니다. 서출지는 책이 나왔다는 전설로 인해 이름 지어졌습니다. 《삼국유사》〈사금갑〉편을 보겠습니다.

21대 소지왕 10년, 천천정(天泉亭: 칠불암 아래, 샘이 있는 곳에 새로이 지은 정자 자리로 추정한다)에 행차했는데 까마귀와 쥐가 나와 울면서 쥐가 사

서출지 (사적 제138호)

람처럼 말하길 "까마귀가 가는 곳을 따라가라"고 하였다. 왕이 이상하다고 여겨 기병에게 따라가 보라고 하였다. 남산의 피촌(지금의 양피사촌)에 이르자 돼지 2마리가 서로 싸우고 있는 것을 보며 구경하다가 그만 까마귀가 간 곳을 놓쳐 버렸다. 어쩔 줄 모르고 여기저기 찾고 있는데 노인이 못에서 나와 편지를 주고는 사라졌다. 봉투에는 '이 봉투를 열면 둘이 죽고, 열지 않으면 한 명이 죽는다'라는 글이 쓰여 있었다. 기병이 왕께 드리자 왕은 "두 사람이 죽는 것보다 하나가 죽는 게 낫지 않겠는가!"라며 없던 일로 하려고 하자 일관(日官)이 "두 사람은 백성이고 한 명은 왕을 가리키는 것입니다"라고 아뢰었다. 왕이 옳게 여겨 뜯어보니 '거문고 상자를 쏴라'고 쓰여 있었다. 바삐 궐로 돌아온 왕이 거문고상자를 쏘니 내불당의 수도승이 비빈과 역적모의를 하고 있었다. 그래서 그들을 사형시켰다. 이후부터 매년 1월 첫 번째 돼지, 쥐, 말날은 모든 일을 조심하고 15일은 찰밥으로 제사지내게 했다. 또한 노인이 나와 글을 바친 못을 지금도 서출지라 부른다.

그 연못이 바로 서출지인데, 여름에는 연꽃과 배롱꽃이 아름답게 피어납니다. 또한 정월 대보름날에 찰밥을 해먹는 풍습이 지금도 남아 있지요. 서출지에는 조선 중기에 지어진 ✤이요당(二樂堂)이 있습니다. 마치 더운 여름날, 바지를 걷어 올리고 발을 물에 담근 채 여름을 즐기는 듯 여유로운 모습에 많은 사람들이 찾고 있습니다.

✤ 이요당 : 요산요수(樂山樂水) 산과 물. 즉 자연을 즐긴다는 뜻의 정자다.

남산리 절터 동서 3층 석탑

서출지에서 길을 따라 들어오면 남산 전경이 병풍 두른 듯 펼쳐집니다. 그 앞에 아주 수려한 두 탑이 있어 꽤 큰 규모의 절이 있었음을 알 수 있습니다. 동쪽에는 이중의 지대석 위에 세운 전탑 양식의 모전석탑이 웅장하게 솟아 있어 남성미를 뽐내고 있고, 서쪽에는 팔부중상(불법을 수호하는 호법신)이 새겨진 탑이 부드럽고 화려하게 여성미를 보여주고 있습니다.

서탑의 팔부중상은 재미를 더해줍니다. 남면 왼쪽은 건달바상이며, 오른쪽은 아수라상입니다. 동면 오른쪽 야차상은 염주를 입에 물고 있으며, 왼쪽은 용왕으로 손에 여의주를 들고 있습니다. 북면에는 소머리와 말머리가 달린 긴나라와 뱀의 신 마후라가 새겨져 있으며, 서면에는 금강저를 들고 있는 천(天)과 새의 신 가루라가 새겨져 있습니다.

남산리 절터 동서 3층 석탑 (보물 제124호)

서탑 동면의 야차상과 용왕

칠불암 마애불상군

마을 안으로 표지 따라 들어와 입구의 과수원을 지나 한 시간 가량 들어가면 봉화골 제1사지인 칠불암(七佛庵)에 닿습니다. 40분가량은 평지에 가까운 오르막으로 숲길이 아주 싱그럽습니다. 비가 온 이후에는 계곡에서 발을 담그고 땀을 씻는 맛도 일품입니다. 어느새 길은 가파르고 조금씩 지칠 즈음에 정자 지붕이 어렴풋이 보입니다. 최근에 지어진 자그마한 정자에는 숨돌리며 쉬는 사람들이 끊이지 않습니다. 물이 필요한 사람들은 아래쪽에 있는 샘에서 시원하게 마실 수도 있고 물통을 채워 가도 됩니다. 여기가 대나무가 만들어놓은 터널길이 시작되는 곳입니다.

이제 칠불암이 지척에 있습니다. 돌계단을 올라 하늘이 푸르게 다가오는 곳에 부처님이 계십니다. 깎아지른 절벽을 이고 부처님은 6분이나 되는 오랜 친구들과 나누는 한담을 그치고 우리를 반기고 있습니다.

칠불암은 8세기 초에 지어진 사찰로 석굴암보다 조금 일찍 조성되었습니다. 신선대에서 뻗어 내려오는 암벽에 병풍을 펼친

칠불암 대숲길

칠불암

듯 넓은 바위에 석가 삼존불을 모셨고, 그 앞 작고 네모진 바위에는 네 분의 부처님이 새겨져 있습니다. 그래서 칠불암이라 불리고 있습니다. 불상만 보면 남산에서 가장 규모도 크고 조각 솜씨가 빼어납니다. 하지만 삼존불과 사방불 사이가 너무 좁아서 삼존불을 제대로 볼 수도 없고 절하기도 어려워 왜 이렇게 세웠는지 이해가 되지 않습니다. 인도나 중국의 석굴을 보면 삼존불 앞에 사방불을 배치한 곳이 많아 당연히 칠불암도 석굴 사원으로 여겼습니다. 그 이유는 삼존불 뒤쪽과 사방불 위쪽의 홈이 목재 지붕을 세운 흔적으로 보았기 때문입니다.

그런데 사방불이 앞에서 가리기 때문에 수려한 삼존불을 제대로 볼 수 없습니다. 그뿐 아니라 사방불 아래의 축대가 너무 허술해서 원래 자리로 보기는 어렵습니다. 그래서 사방불은 근처에서 옮겨온 것으로 보고 있습니다. 게다가 사방불 위의 홈이 옥개석을 얹기 위해 다듬은 흔적으로 본다면 탑신인 사방불 위에 옥개석을 얹은 단층 석탑으로 볼 수 있습니다. 옥개석은 근처의 계곡에 3개가 묻혀 있는데, 모두 크기가 비슷해 나비장으로 연결하면 완벽한 옥개석(屋蓋石: 지붕돌)이 됩니다. 즉, 단층 석탑은 3층 석탑 이전에 나타났던 탑으로 칠불암은 7세기 중반에 지어진 사찰로 볼 수 있습니다. 왜 옮겼는지 모르지만 779년에 경주에 6.7의 큰 지진이 있었다는 기록도 있고, 여름 장마철이나 태풍으로 큰 비가 왔다면 가파른 계곡이 산사태로 무너졌을지도 모릅니다. 삼존불은 암벽에 새겨져 있어

칠불암 마애불상군 (국보 제312호)

칠불암 뒷면의 삼존불과 앞면의 사방불

무사했지만, 앞에 있던 사방불탑이 피해를 입어 옥개석이 계곡으로 떨어졌을 가능성도 있겠지요. 지금도 계곡에 묻혀 있는 옥개석을 옮기는 건 불가능하다고 입을 모으고 있습니다.

삼존불은 본존불인 여래상과 4면 석불은 머리가 소발(素髮: 머리카락이 표현되지 않음)로 우리가 익숙한 부처님의 머리(螺髮: 나선형, 곱슬머리)와 다릅니다. 이는 초기의 불상에서 볼 수 있는 특징으로 삼불사나 국립경주박물관에서도 볼 수 있습니다. 또 하나, 부처님의 손 모습이 8세기에 유행하는 항마촉지인의 초기 모습을 보인다는 점에서도 아주 중요합니다. 특히 오른쪽 손가락이 유별나게 긴 것은 성불하려는 부처님의 간절한 마음입니다.

신선암 마애보살반가상

칠불암에서 위를 올려다보면 거대한 바위 절벽에 마애보살반가상이 계시는데, 이곳이 신선암입니다. 하늘에 두둥실 떠 있는 구름 위에 앉은 아름다운 보살상이지만, 얼굴은 남성의 힘이 느껴집니다. 높은 보관을 쓰고 의자에 앉아 중생들에게 설법하시는 모습입니다. 다리는 한 쪽만 내린 반가(半跏)의 편안한 자세입니다. 광배 좌우는 몸에서 광채가 나듯 이글거리는 모습인데, 보살님이 중생을 향한 마음을 표현한 것 같습니다. 그 몸에 혹시나 비가 들이치면 감기 드실까 봐 보호각을 설치했던 홈도 보입니다. 특히 앞을 바라보면 천상의 세계를 거니는 듯 구름 위에 오른 듯 넋을 놓

신선암 전경

신선암 마애보살반가상 (보물 제199호)

습니다. 그래서 보살상의 앞면이 아닌 옆에서 보면 보살과 푸른 하늘이 어우러져 '자연과 하나 되는 예술의 극치'를 보여주는 남산의 대표적인 걸작으로 많은 사람들이 사랑하는 보살님입니다.

요즘은 칠불암에서 신선대까지 오르는 바윗길은 나무계단과 난간을 만들어 놓아서 오르기가 한결 수월해졌습니다. 본디의 바윗길은 고소공포증과 광장공포증이 있는 나로서는 가장 힘든 코스 중의 하나였습니다. 산 아래가 보이지 않으면 나는 듯이 다니는데, 특히 좁은 정상에는 제대로 발을 딛지도, 보지도 못한 채 빨리 가자고 소리치곤 했습니다. 그래도 항상 내 앞에서 시선을 막아주던 사람들 덕분에 여러 번 보살님을 뵙곤 했습니다. 특히 보살상 옆면의 좁고 긴 절벽에 앉아 '삼국유사'를 읽는 겁먹은 얼굴을 보곤 사람들이 폭소를 터뜨리던 모습도 추억 속에 생생합니다.

죽어서 묻히고 싶었던 낭산

피리소리 흐르는 곳에 달도 머물고

《삼국사기》에는 "낭산에 구름이 일어나 바라보니 누각과 같았고, 향기가 가득 퍼져 오랫동안 없어지지 않았다"는 내용이 있습니다. 《삼국유사》에는 선덕여왕이 자신의 무덤을 도리천(忉利天)에 장사 지내달라고 유언하면서 그곳이 낭산 남쪽이라 했습니다. 현재 선덕여왕릉은 낭산 남쪽 봉우리 정상에 있습니다. 후에 사천왕사가 낭산 남쪽 아래에 조성되어 낭산은 복 받은 땅으로 알려져 신령스러운 산으로 숭앙 받았습니다.

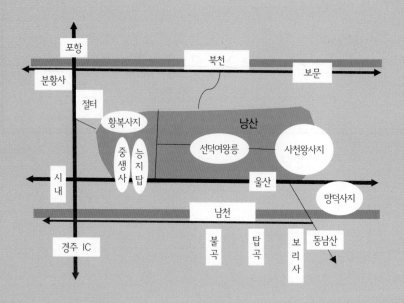

 ☞ 낭산 방향
경주역 : 11번, 600번, 605번, 607번, 608번, 609번. 남산 입구에서 하차
☞ 황복사지 방향
🚶 경주박물관에서 울산 쪽으로 15분가량 걸어 능지탑에서 시작한다.
🚶 분황사를 나와 왼쪽으로 난 작은 길로 가다 큰 길을 만나면 오른쪽으로 간다. 횡단보도를 건너면 폐사지(절터)를 만난다. 계속 도로를 따라가다 왼쪽 시멘트 길로 가면 황복사지에 이른다.

낭산(狼山)은 경주박물관에서 울산 쪽으로 1.5킬로미터가량 떨어져 있는 높이 104미터의 자그만 야산으로 '이리뫼'라고도 합니다. 신라 초기 5악의 하나인 중악이며, ✤전불 7처의 하나인 신유림(神遊林)이 있던 자리입니다. 당시에는 사람들이 죽어서 여기에 묻히면 여한이 없겠다고 할 정도로 성산(聖山)으로 여겼습니다. 그 명성에 걸맞게 이곳에는 선덕여왕릉, 문무대왕비, 능지탑, 사천왕사지, 신문왕릉, 황복사지 등 유적지가 많습니다. 그러나 여기는 아직 많이 알려져 있지 않아 바람소리와 새소리, 하늘과 동행하며 여유롭게 걸으며 둘러볼 수 있습니다. 왜 이곳을 신유림이라 했는지 《삼국사기》를 살펴보겠습니다.

실성왕 12년(413) 가을, 낭산에 구름이 일어 누각이 보이고 향기가 퍼져 오랫동안 사라지지 않았다. 그 향기에 취한 왕이 '하늘의 신선이 노닐고 있구

✤ **전불 7처** : 불교가 공인되기 전 고유 신앙의 성지를 말한다.
　사천미: 영묘사 자리로 지금은 흥륜사가 있다.
　삼천기: 영흥사
　천경림: 신라 최초의 절인 흥륜사 자리로 현재 경주공고 자리
　문잉림: 황룡사의 장육존상을 만든 곳
　담엄사: 경주 IC 만남의 광장 뒤편
　황룡사
　신유림 7곳

낭산 전경

나!'라며 기이하게 여겼다. 그 후 이곳을 신령스런 산으로 여겨 나무 한 그루
도 못 베게 하였다.

그 후부터 '신유림'으로 불리던 이 아름다운 성산에 일제는 철도를 놓
아 식량 등 물자를 수탈해 갔습니다. 철길이 월지와 미탄사지, 낭산을 가
로질러 그윽한 맛은 잃었지만, 햇볕 좋은 날, 혼자도 좋고 벗과 함께라도
좋습니다. 소나무 그늘 아래 누우면 내가 하늘인지 바람인지도 모를 곳이
바로 여기입니다.

통일전(統一殿) 삼거리에서 내려 길을 건너면 사천왕사(四天王寺) 당간지주
가 반기고 있습니다. 선덕여왕릉으로 올라가기 전 길가에 있는 넓은 터가
바로 사천왕사터입니다. 사천왕사는 670년 무렵 문무왕이 위험에 처한
나라를 지키려는 절박한 상황에서 지은 사찰입니다.

그 당시 상황을 좀 더 자세히 살펴보겠습니다. 신라는 혼자의 힘만으로
백제와 고구려를 정복하고 통일을 완성하기는 역부족이었습니다. 30대
문무왕이 당나라의 도움으로 통일은 이루었지만, 당군은 물러가지 않고
곳곳을 습격하며 한반도를 속국으로 만들려는 야욕을 드러냈습니다. 같

사천왕사 당간지주 (사적 제8호)

복원한 사천왕상 전돌 (국립경주박물관 소장)

은 편이라 여겼던 원군이 적으로 변하자 신라는 어쩔 수 없이 군사를 일

으킬 수밖에 없었습니다. 통일을 위한 전쟁이었지 속국이 되기 위한 전쟁

은 아니었기 때문입니다.

　　당나라 고종은 신라가 당군을 공격한다는 보고를 받고 신라를 치기 위해 다

시 군사를 일으켰다. 때마침 당나라에 유학중이던 의상스님이 인사차 ❖숙위

(宿衛)중이던 문무왕의 동생 인문(仁問)을 방문하였다. 그렇지 않아도 연락

을 취하지 못해 초조하던 인문은 스님에게 급한 상황을 귀띔하였다. 대사도

즉시 귀국하여 왕에게 알렸다. 왕도 놀라며 신하들과 더불어 대책을 의논하였

다. 그러자 각간이 '근래에 명랑법사가 용궁에 들어가 비법을 전수받아 왔다

❖ 숙위 : 옛 왕조 시대에 황제를 호위한다는 명목으로 제후국의 왕자나 왕족들을
볼모로 머물게 하는 것을 말한다.

고 하니 그를 불러 물어보면 좋을 듯합니다'고 말하였다. 이에 법사는 '남산의 남쪽인 신유림에 사천왕사를 짓고 기도를 드리면 될 것입니다'라고 하였다. 그때 당군이 바다를 건너고 있다는 급박한 소식이 전해졌다. 이에 임시방편으로 절을 짓기 시작하였다. 먼저 무늬있는 비단을 둘러 절을 짓고 풀로 ✤오방신상(伍方神像)을 만들었다. 명랑과 승려들이 ✤문두루비법을 행하자 신라를 향하던 당나라의 배들이 모두 풍랑에 침몰되었다. 그 후에도 계속된 공격을 비법으로 막아내 외세를 물리쳤다. 당나라도 국내사정이 여의치 않아 철수하였다.

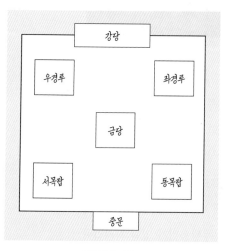

사천왕사지 배치도

그제야 한반도는 온전한 삼국통일을 이루게 되었습니다. 그 후 사천왕사를 완성하고 호국사찰로 자리매김하였습니다.

사천왕사는 쌍탑 가람으로는 최초의 절입니다. 금당을 가운데 두고 앞에는 목탑, 뒤에는 좌경루와 우경루를 지었습니다. 마치 사방에서 부처를 호위하는 듯한 특이한 구조입니다. 조선 초기 개국 공신인 하륜(河崙)이 경주를 지나가며 이곳에서 묵었다는 기록이 마지막입니다.

✤ **오방신상** : 사방을 지키는 사천왕에 중앙의 신을 더해 오방신(五方神)이다.
✤ **문두루비법** : 문두루는 신인(神印)의 인도 말이다. 부처님이 깨우친 진리를 은밀하게 표출시킨 대승불교의 한 갈래다. 근대까지도 전쟁 방지나 병의 치료를 위하여 많이 행해졌다.

사천왕사지 귀부

1922년, 조선총독부 '고적조사보고서'에 따르면 당초문 기와와 사천왕상 전돌이 발견되었습니다. 특히 전돌에는 서역 사람들의 면모가 자세히 묘사되어 있습니다. 이는 사찰의 기단부를 장식한 면석인데 녹색 유약을 입혀서 구운 벽돌판으로 ❖양지스님의 솜씨로 보고 있습니다. 또한 절터 앞에는 잘 생긴 귀부 2기가 머리가 없어진 채 비석도 이수도 없이 남아 있습니다. 동쪽은 사천왕사 사적비, 서쪽은 문무왕릉비가 있던 자리입니다. 지금은 2기 모두 남쪽을 향하고 있지만, 문무왕릉비는 본디 능지탑을

❖ **양지스님** : 통일 전후에 활동한 예술의 명인으로 알려져 있다. 특히 사천왕사 전돌과 감은사지의 사리 외함을 만든 것으로 추정하고 있는데, 그 인물상들이 인도인이거나 서역인이다. 그래서 중국을 거쳐 인도나 서역에 유학하였거나 서역인으로 보기도 한다.

향하고 있었습니다.

조선시대 정조 20년(1796), 경주부윤 홍양호가 큰 조각 2개와 작은 조각 1개를 발견했습니다. 그리고는 관아로 돌아가 탁본한 후 비편과 함께 소중하게 보관했습니다. 그런데 어느 날 비편들이 감쪽같이 사라져 모두를 놀라게 했습니다. 많은 사람들이 그 행방을 궁금해 하며 세월이 흘렀습니다. 1961년 기적처럼 경주 시내의 주택가에서 작은 비편이 발견되어 박물관으로 돌아왔습니다. 이후 역사에 관심 있는 사람들은 큰 비편의 행방을 눈으로나마 찾았을 것입니다. 드디어 2009년 또 하나가 발견되었습니다. 옛 관아(경주 읍성)에서 멀지 않은 주택에서 빨랫돌로 쓰이고 있었습

사천왕사 절터와 선덕여왕릉으로 이어지는 소나무 숲길

니다. 참 얼마나 황당했는지…. 그래도 글이 안쪽에 있어서 마모되지 않은 게 얼마나 다행인지 지금도 그 이야기만 들으면 가슴을 쓸어내리곤 합니다. 그것을 탁본과 대조해 보니 진품으로 확인되어 지금 국립경주박물관 역사관에 전시되어 있습니다.

또한 사천왕사지 인근에는 거문고의 명인으로 이름 높던 백결 선생이 살았다고 합니다. 지금도 남아 있는 '방아타령'은 명절에도 찧을 쌀이 없어 한숨 짓던 아내를 위해 지은 노래입니다. 명절 준비로 분주하던 사람들이 흥겨운 가락에 일손을 멈추었다는 얘기도 전하고 있습니다. 특히 향가로 이름 높았던 월명스님이 피리를 너무

문무왕릉비 (국립경주박물관 소장)

잘 불어 지나가던 달조차도 멈추었다는 이야기가 전해집니다. 그래서 통일전 가는 길이 '월명로(月明路)'이고 그 앞 동네인가 합니다. 이를 보면 이 일대가 신라시대에는 예술의 명인들이 살던 동네로 추정하고 있습니다. 지금도 낭산 인근에는 글을 쓰고, 그림을 그리고 음악을 하는 작가들이나 도자기를 굽는 사람들이 많이 살고 있습니다.

선덕여왕릉

신라 27대 왕인 선덕여왕의 능은 사천왕사지에서 길을 따라 15분 남짓 여유롭게 산책하듯 걸으면 닿을 수 있습니다. 능은 평범한 봉토분으로 아래는 크고 작은 자연석을 2단으로 쌓아 흙이 흘러내리지 않도록 했습니다. 능 주위에는 많은 소나무들이 여왕을 지키듯 둘러서 있는 모습도 아주 인상적입니다.

여왕은 부친인 진평왕에게 아들이 없어 여자로서는 처음으로 왕이 되었습니다. 물론 여자였기에 논란도 있었겠지만, 성골이라는 신분과 출중

선덕여왕릉 (사적 제182호)

한 자질로 화백회의에서 추대되었을 것입니다. 즉위 이후에는 첨성대를 지어 농사에 필요한 정보를 제공하며 백성들의 살림살이에 관심을 두었습니다. 그러나 주변 나라들은 여왕이라고 얕보며 신라를 공격하여 국내 정세는 아주 어지러웠습니다. 그래서 중국 유학을 마치고 돌아온 자장스님의 권유로 황룡사에 9층 목탑을 지었습니다. 게다가 출중한 외교 수완을 발휘하는 김춘추와 문무를 겸비한 김유신 장군을 발탁하여 나라를 안정시키기 위해 힘을 쏟았습니다. 여왕의 가장 큰 업적은 삼국통일의 주역인 인재들을 발탁한 것입니다.

여왕은 지기삼사(知幾三事)의 이야기에서 짐작하듯 아주 총명하고 예지력(豫知力)이 있었던 것으로 보입니다. 그중에 이곳에 여왕이 잠 드신 이야기를 보겠습니다.

어느 날, 건강하던 여왕이 신하들에게 '내가 죽으면 도리천에 묻어 달라'는 뜬금없는 얘기를 하였다. 신하들은 황망해 하면서도 그곳이 어디인지를 물어보니 여왕은 '낭산 정상'이라고만 말했다. 그 후 여왕이 돌아가시고 유언에 따라 이곳에 능을 썼다. 후일 문무왕대에 이르러 낭산 아래쪽에 사천왕사가 세워졌다. 그제야 여왕이 잠든 곳이 바로 도리천임을 알고 많은 사람들이 그 혜안에 무릎을 쳤다고 한다.

불교에서는 세계의 중심을 수미산(須彌山)이라 합니다. 가장 아래가 사천왕천, 그 위가 도리천(忉利天)입니다. 사천왕사 위에 여왕의 무덤이 있으니 여기가 곧 도리천인 셈입니다. 여왕도 보문들 저편에 계시는 아버지(26대 진평왕)를 보며 생전에 나누지 못했던 이야기를 나누는 듯합니다.

망덕사(望德寺)는 사천왕사지에서 볼 때 길 건너 있는 절터입니다. 이름처럼 당나라 고종의 덕을 기리기 위해 지은 절입니다. 현재는 듬직한 당간지주와 동서 목탑 자리, 금당, 강당 터 등 유구가 남아 있어 꽤 규모 있는 절이었음을 알 수 있습니다.

신라는 고구려와 백제를 멸망시키고 통일을 이루어 냈습니다. 그 후에도 당군이 물러가지 않았던 이유에 대해서는 앞의 '사천왕사'에서 자세히 다루었습니다. 그러면 망덕사가 어떻게 세워졌는지를 살펴보겠습니다.

망덕사지 (사적 제7호)

당나라 고종은 신라를 치기 위해 군사를 보냈지만 아무도 살아오지 못했다. 그러자 당나라에서는 ✤김인문과 박문준을 옥에 가두었다. 어느 날, 당 고종이 문준을 불러 묻기를 "두 번이나 군사를 일으켜 신라를 쳤는데, 살아 돌아온 자가 없다. 무슨 비법이 있는가?"라고 묻자 "당나라에 온 지 오래되어 본국의 일은 잘 모릅니다. 단지 삼국을 통일하게 도와준 황제의 은혜를 갚기 위해 낭산 남쪽에 천왕사를 지어 만수무강을 기원하는 법회를 연다고만 들었을 뿐입니다"라고 공손히 답했다. 그러자 황제는 이를 확인하기 위해 악붕귀를 사신으로 보냈다. 이에 신라에서는 사천왕사의 남쪽에 급하게 망덕사를 지어 사신에게 보였다. 그러자 악붕귀는 "이는 천왕사가 아니라 망덕요산이다."며 들어가지 않았다. 할 수 없이 금 일천 냥을 주었더니 돌아가서 거짓 보고를 하였다.

그 후 32대 효소왕이 완공하여 '망덕사'로 이름 지었습니다. 예나 지금이나 지혜로 돌파할 게 있고 꾀로 모면할 것이 있는 반면, 뇌물이 없었던 적도 없나 봅니다.

✤ **김인문** : 문무왕의 동생으로 당시에는 당나라에 숙위(볼모)로 가 있었다.

능지탑

사천왕사지에서 경주 시내 쪽으로 큰길을 따라 700미터 정도 가면 오른쪽에 4각으로 된 2층탑이 능지탑(陵只塔)입니다. 연화문 석재로 쌓아 올려 '연화탑'으로도 부릅니다. 근처에서는 문무왕릉비의 파편, 불탄 흔적, 숯 조각이 발견되어 문무왕의 유해를 화장한 곳으로 추측하고 있습니다. 《삼국사기》에는 다음과 같은 이야기가 전해옵니다.

능지탑

왕께서 유언하기를 '…지난날의 영웅도 모두 한 줌의 흙으로 돌아간다. 능을 크게 만들어도 세월이 흐르면 나무꾼과 소먹이는 아이들이 그 위에서 노래하고 여우와 토끼가 굴을 팔 것이다. 그러니 간소하게 장례를 치르고 10일이 지나면 고문외정(庫門外庭: 궁궐 대문)에서 인도의 법식대로 화장하여…'

기록대로라면 신문왕이 아버지의 유언대로 화장하고 대왕암에서 2차장을 하였습니다. 즉 궁궐 대문, 경복궁이라면 광화문 밖에서 화장(火葬)하지 않았을까요. 그런데 월성에서 능지탑이 그렇게 먼 곳인가요? 화장했다면 적당한 거리가 아닐까요.

당시는 불교 신앙이 대단하여 불교를 빼고는 설명할 수가 없습니다. 또한 왕으

능지탑 하단의 십이지신과 연꽃 받침

로는 처음으로 화장을 한 분이기도 합니다. 여기서 화장을 했다면 그냥 장소로만 기억할 리 만무합니다. 기념탑이나 절을 세웠을 것입니다. 당연히 많은 사람들이 붐비던 성지였겠지요. 지금은 오랜 세월이 흘러 외롭게 서 있지만…. 간간이 수리도 했을 것입니다. 그 증거는 탑의 1층면에 새겨진 십이지신이 모두 같은 솜씨가 아니라는 점입니다. 폐사나 왕릉 터에서 발견되는 십이지신을 가져다 수리하지 않았을까요? 아마도 고려시대까지는 가능했을 것 같습니다.

중생사(衆生寺)는 능지탑에서 250미터 정도 안쪽에 자리잡은 자그만 절입니다. 중생사 지장전에는 모자 쓴 지장보살(지옥에 있는 중생을 모두 교화시킨 후에야 해탈하겠다는 서원을 세운 보살)이 나지막한 바위에 새겨져 있고, 그 좌우에는 신장상이 새겨져 있습니다. 일제강점기에 실시했던 조사에서는 훤칠한 관세음보살과 불상 대좌, 목탑지가 있었다고 하니 상당히 큰 절이었음을 알 수 있습니다. 특히 관음보살상이 아주 영험했다는 이야기가 《삼국유사》에 전해집니다.

중생사지 지장전

바위에 새겨진 마애지장보살 (보물 제665호)

　신라가 국운을 다해갈 즈음, '최은함'이 보살께 기도하여 아들을 낳았다.
그 후, 아기가 채 백일도 되기 전에 견훤이 서울을 공격해 왔다. 온 도성이 공
포에 휩싸이자 은함이 아기를 안고 와 관세음보살께 고하였다. "어린 자식이
화를 당할까 두렵습니다. 보살님이 주신 아이니 큰 자비로 지켜주십시오. 다시
우리 아이와 만날 수 있게 해 주소서…" 그리곤 아이를 관음보살의 사자좌 아
래에 감추어 두고는 세 번 울고 세 번 고한 뒤에 돌아갔다. 보름이 지나 적군이
물러간 후에 찾아와 보니 아기는 금방 목욕을 한 듯 깨끗하고 몸에서 젖 냄새가
났다고 한다. 그 아이가 총명하고 지혜롭게 자라나 고려 건국의 기초를 닦은
'승로'다. 그의 후손들도 고려 말까지 대대로 번성했다.

　또한 중생사에 불이 나 승려들이 급히 법당에 가보았더니 관음보살은
어느새 뜰 가운데에 나와 있었다고 합니다. 이와 같은 이야기가 전해질

정도로 신통방통한 보살이었습니다. 일제강점기에는 절이 폐사되면서 보살상은 두 동강이 나서 논에 박혀 있었습니다. 세월은 보살님도 어쩔 수 없었나 봅니다. 지금은 국립경주박물관 마당에서 가장 키가 큰 보살로 중생들을 내려다보고 있습니다. 빌면 무엇이라도 들어줄 듯이.

중생사지 관음보살상은 국립경주박물관 야외전시장으로 옮겨져 있다.

황복사지

　보문들이 절 마당처럼 시원스레 펼쳐져 있는 낭산의 동북쪽에 황복사지(皇福寺址)가 있습니다. 이곳에서는 국보로 지정된 3층 석탑과 당간지주와 함께 '황복(皇福)'이라 새겨진 기와도 발견되었습니다. 창건 시기는 분명하지 않지만, 의상대사가 644년에 이곳에서 출가했다는 기록으로 보아 선덕여왕 이전에 창건된 사찰로 보입니다.

　1943년 석탑을 해체 수리할 때 사리함이 나왔는데, 그 뚜껑에는 조탑(造塔 : 탑을 세운 내력과 시주한 사람 등을 적는다) 명문이 새겨져 있었습니다. 또한 순금여래좌상과 순금여래입상, 대나무에 적은 '무구정광대다라니경'이

황복사지 3층 석탑 (국보 제37호)

황복사지 순금여래좌상
(국보 제79호, 국립중앙박물관)

황복사지 순금여래입상
(국보 제80호, 국립중앙박물관)

나왔는데, 그중 불상들은 모두 국보로 지정되어 국립중앙박물관에 모셔져 있습니다.

탑을 세운 내력을 보면 31대 신문왕이 승하하시자 아들인 32대 효소왕이 부왕의 명복을 빌기 위해 석탑을 세웠다고 합니다. 700년에 어머니인 신목부인과 702년에 효소왕도 세상을 뜨셨습니다. 그러자 33대 성덕왕이 부왕의 명복을 빌고 왕실의 안녕과 천하태평을 기원하는 내용의 사리함을 만들어 봉안하였습니다. 연대가 확실한 탑으로 아주 중요합니다.

《삼국유사》에는 "의상스님이 황복사에 머물며 스님들과 함께 허공을 밟고 올랐다"고 하는 이야기가 전해집니다. 절이 창건될 당시는 목탑이라 내부에 계단이 있었던 것으로 봅니다. 그래서 멀리서 보기에는 허공을 오르내린다고 여긴 듯합니다.

그 후 화재로 소실되어 석탑을 새로 만들고 후대에 보수하였습니다. 달 밝은 밤에 보는 황복사지 3층 석탑은 환상적입니다. 넓은 보문 들녘에 진평왕릉까지 한눈에 보여 한 번씩 밤나들이를 권해봅니다. 하지만 인적이 드물어 혼자는 위험하니 여러 명이 와서 달을 즐겨도 좋겠습니다.

찬란한 고분의 도시

걸음마다 밟히는 별이어라

고려와 조선시대까지 조성된 왕릉의 모델인 원성왕릉은 신라의 왕릉에서 빼놓을 수 없는 곳입니다. 특히 시내에서 떨어져 있어 가기가 만만치 않습니다. 그래서 불국사를 갈 때 가야 하는데 차량 없이 가기가 쉽지 않습니다. 그러나 힘들게 가도 그 수고가 아깝지 않은 아름다운 능입니다. 가장 아름답게 보려면 함박눈이 내리는 겨울과, 벼가 누렇게 익어 가는 가을이 좋습니다.

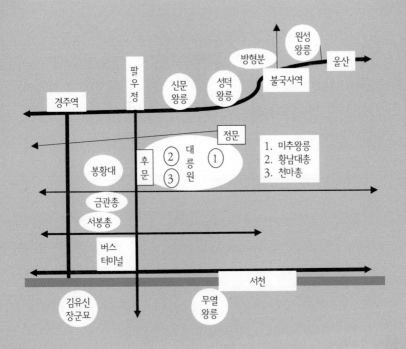

1. 미추왕릉
2. 황남대총
3. 천마총

☞ 태종무열왕릉 방향

시내버스터미널 : 60번, 61번, 300번, 300-1번

☞ 원성왕릉(괘릉) 방향

시내버스터미널, 경주역 : 600번, 605번, 607번, 608번, 609번

🚌 원성왕릉에서 하차하여 길을 건너 도보로 이동한다.

🚌 불국사에서 원성왕릉을 가려면 승용차 없이는 힘들다. 10번 버스를 타고 불국사역 앞에서 환승해도 버스가 30분 간격이라 시간이 많이 걸린다.

신라의 능묘

신라는 건국에서 멸망할 때까지 56분의 왕이 통치하던 천년 국가입니다. 그러나 건국 당시에는 국가라기보다는 부족국가, 즉 추장(족장)이 지배하던 사회였고, 고구려와 백제도 비슷했습니다. 나라가 세워지고 400년이 지난 후에야 국가로서의 모습을 갖추었습니다. 4세기 후반 고구려는 17대 소수림왕(371~384), 백제는 13대 근초고왕(346~375), 신라는 17대 내물왕(356~402)부터 고대 국가가 성립된 것으로 봅니다. 신라의 연대표를 살펴보면 왕의 명칭이 바뀌는 것도 국가의 팽창과 관련이 있습니다. 신라는 법흥왕부터 '왕'으로 바꾸어 사용하였는데, 이는 중국의 영향이 컸습니다. 그 후 조선시대까지 '왕'은 계속 사용되었습니다.

신라의 수도였던 경주에는 수많은 고분이 있습니다. '고분의 도시'라는 별칭처럼 경주에서 가장 많이 만나는 유적이 고분입니다. 고분은 기본적으로 왕과 왕비를 비롯한 왕가의 능입니다. 왕조시대에 국가가 멸망하면 왕릉이나 사당이 제일 먼저 파괴됩니다. 그러나 신라는 경순왕이 고려에 귀순하여 땅과 백성을 고스란히 내주었기 때문에 왕릉과 사당이 보존될 수 있었습니다. 그러나 경순왕을 비롯한 왕족과 관리들은 대거 개성으로 옮겨갔습니다. 그 후에도 고려는 신라 부흥운동이 일어나지 않도록 신경을 곤두세웠습니다. 당연히 능에서 지내던 제사가 사라지면서 500년의 세월이 흘렀습니다. 그래서 경주의 능들은 무열왕릉과 흥덕왕릉만 알려진 채 정확히 누가 어디에 잠들어 있는지 모릅니다. 이는 몽고의 침략으로 한반도가 불바다가 되기도 했지만 직계 후손들이 왕릉을 돌볼 수 없었던 것이 가장 큰 이유입니다.

유교 국가인 조선은 1392년에 건국되었습니다. 유교 사회에서 양반들은 조상들을 모시는 일(제사)이 가장 중요한 일이었습니다. 그래서 양반가의 할 일을 한 마디로 봉제사접빈객(奉祭祀接賓客 : 조상의 제사를 받들어 모시고 손님을 접대하는 것)이라고 합니다. 제사를 모시려면 먼저 내 조상이 누구인지를 알아야 했습니다. 그래서 족보(族譜)를 만들기 시작했는데, 맏아들(장자)을 중심으로 시조(始祖)부터 중시조(中始祖)와 파조(派祖) 등 여러 세대가 기록됩니다. 그래서 집안의 뿌리를 추적하기 시작했습니다. 특히 시조가 역사에 충신으로 남아 있는 인물이면 족하지만, 신라 왕족과 뿌리가 닿아 있다면 금상첨화입니다.

조선 초기에는 신라시대 왕릉 10기와 묘 1기만이 지정되었는데, 1700년이 되자 무더기로 왕릉이 지정되었습니다. 그래서 18세기 경주의 선비 화계(花溪) 유의건(柳宜健, 1687~1760)은 ✤나릉진안설(羅陵眞贗說)에서 "신라의 왕릉들이 고증도 거치지 않고 묘지기의 말만 듣고 임의로 지정하였다"며 개탄하였습니다. 그럼에도 1900년대에 3기가 추가되어 지금은 36기의 왕릉과 8기의 묘가 지정되어 있습니다.

✤ **나릉진안설** : 1823년(순조 23)에 출간된 《화계집》에 수록되어 있다. 이는 추사 김정희의 《신라진흥왕고》와 함께 조선 후기 고증학의 출발점으로 본다.

고분의 출토

　일제강점기에는 고분에서 금관을 포함한 유물들이 대량으로 나오면서 능들이 도굴되기 시작했습니다. 이름 없는 고총(古冢)이어도 왕릉이나 왕족, 귀족의 것임에는 틀림없습니다. 고려시대나 조선시대의 왕릉이 일정한 형식을 보이고 있는 것은 신라시대의 원성왕릉에서 완성된 형식이 계승된 것으로 보고 있습니다. 그러나 지금은 경주시가 세계문화유산으로 지정되어 정비되면서 고분이 신라가 고도임을 말없이 웅변하고 있습니다.

　이제 왕릉의 진위(眞僞) 여부를 떠나서 신라가 건국하기 이전부터 문을

칠성재 고인돌

닫기까지 긴 세월 동안 왕릉들이 어떻게 축조되고 변화했는지를 알아보겠습니다. 형식은 바뀌었지만 부모를 여읜 마음은 뉘라서 다를까요!

신라가 건국하기 이전은 부족국가시대였습니다. 경주 지역은 들 넓고 물이 많은 풍요로운 지역입니다. 그러기에 사로국 이전에도 사람들이 살았던 흔적들이 곳곳에 많습니다.

청동기시대에는 고인돌을 만들었습니다. 이는 족장(추장)의 무덤입니다. 인구가 많은 시대는 아니었지만 지도자를 잃었기에 많은 사람들이 동원되어 장례를 치렀습니다. 큰 고인돌 아래에 시신을 비롯한 여러 부장품들을 넣고 사람보다 훨씬 큰 돌을 뚜껑처럼 덮었습니다.

그 후 돌널무덤, 즉 석관묘(石棺墓)가 만들어졌습니다. 금속을 사용하여 돌을 다듬어 만들었습니다. 처음에는 널이 하나였는데, 권력이 커지면서 널이 두 개 이상 있는 석곽묘로 발전한 것입니다. 부장품으로는 권력을 상징하는 청동거울, 철제 칼과 화폐로도 쓰였던 덩이쇠도 많이 발견되었습니다.

다음으로는 적석목곽분(積石木槨墳)입니다. 김씨가 왕권을 장악한 4세기 중반부터 6세기 초까지 축조되었는데, 왕들은 마립간으로 불렸습니다. 특히 황금 유물이 많이 출토되어 신라를 '황금의 나라'로 일컫게 되었으며, 나무로 된 큰 방 안에 화려한 부장품과 생활용품까지 갖추었습니다. 값진 부장품은 왕권

석관묘

적석목곽분 천마총 내부

을 과시한 것으로 보고 있습니다. 그중에서도 금과 보석으로 만든 보검은 서역에서 들여온 것으로 보는 장식용 칼로 우즈베키스탄의 아프라시압 벽화에서 보이는 인물이 차고 있는 것과 흡사합니다. 많은 유물 중에서도 유라시아 초원지대에서 볼 수 있는 유물들이 많이 나와 당시의 국제관계를 유추할 수 있습니다. 생활용품은 돌아가신 부모님이 다시 태어나시면 (내세) 쓸 물품들로서 다음 생도 풍요롭고 영화롭기를 바라는 자식들의 마음을 담았습니다. 그래서 이런 묘제가 100년 더 계속되었다면 신라는 시작도 못하고 멸망했을 것으로 보는 학자도 많습니다. 즉, 적석목곽분은 금관으로 대표되는 화려한 부장품과 도굴이 불가능한 것이 특징입니다.

적석목곽분으로 알려진 금관총이 2015년에 재발굴되면서 지금까지 알려진 사실들이 바뀔지도 모릅니다. 역사는 새로운 사실이 밝혀지면 내용이 완전히 바뀔 수도 있으니, 혹시 개정판을 내게 되면 상세하게 다룰 것입니다.

❀ 적석목곽분에서 출토된 대표 유물

토우장식항아리, 미추왕릉 지구, 5세기 (국립경주박물관 소장)

자루솥, 금관총, 5세기 (국립경주박물관 소장)

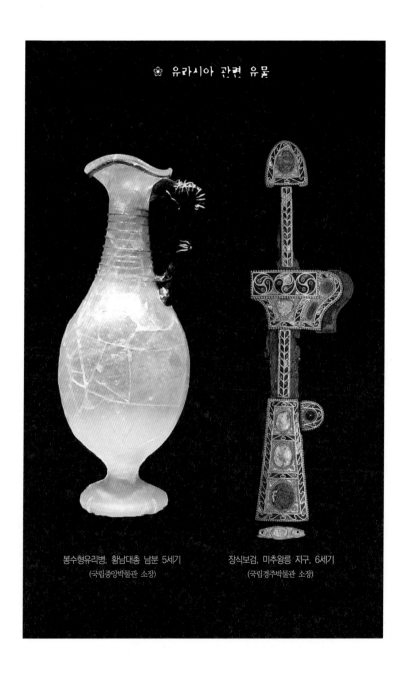

❀ 유라시아 관련 유물

봉수형유리병, 황남대총 남분 5세기
(국립중앙박물관 소장)

장식보검, 미추왕릉 지구, 6세기
(국립경주박물관 소장)

마지막으로 돌방무덤, 즉 석실분(石室墳)입니다. 앞서도 언급했지만 신라에서 가장 영향력이 큰 사건이 바로 불교 공인입니다. 이로 말미암아 사회가 정비되고 장법도 간소화되는데, 이를 박장(薄葬: 상대적으로 적석목곽분은 후장厚葬이다)이라고 합니다. 또한 고구려, 백제와의 교류가 활발해지면서 묘제도 영향을 받습니다. 적석목곽분이 석실분으로 바뀌고 크기가 현저하게 작아지면서 효율적으로 바뀝니다. 석실분은 다듬은 돌로 네 벽을 쌓아 방을 만들고 그 위에 지붕처럼 큰 돌을 얹었습니다. 그리고 흙으로 봉분을 쌓아 마무리했습니다.

　이러한 돌방무덤의 가장 중요한 특징은 문입니다. 외무덤도 있지만 문을 여닫을 수 있기 때문에 부부묘나 가족묘처럼 합장이 가능합니다. 또 불교식으로 화장하여 유골만 담은 골호(骨壺: 뼈단지)도 많이 발견됩니다. 그러다 보니 적석목곽분에 비해 값비싼 부장품이 많이 줄어들게 됩니다.

돌방무덤 양식의 장산토우총

장산토우총 내부

게다가 ✤순장(殉葬)이 사라지면서 흙으로 만든 토용(土俑: 흙인형)을 묻어 장례가 간소화됩니다. 그래서 사람이나 동물 같은 흙인형들이 많이 나옵니다. 위치도 시내가 아니라 산자락이나 외곽지로 이동했는데, 가장 큰 이유는 능을 쓸 공간이 없었기 때문입니다.

돌방무덤은 봉분의 흙이 흘러내리지 않도록 호석(護石: 둘레돌)으로 마무리했습니다. 거기에다 호석이 무너지는 것을 방지하기 위해 신문왕릉에서는 지지대로 보완했습니다. 그 다음 성덕왕릉에서는 ✤난간석을 만들

✤ **순장** : 왕을 비롯한 지배계층이 세상을 떠나면 다른 사람들을 강제로 함께 묻는 고대의 장례 풍속이다. 중국, 일본에서도 행해졌다. 《삼국사기》에는 "왕이 죽으면 남녀 각 5명씩 순장하는 풍습이 있었다"고 기록되어 있다. 황남대총의 남분에도 15세가량의 여인의 유골이 확인되었고, 가야, 고구려, 백제에서도 발견되었다.

✤ **난간석** : 인도 부처님의 무덤에는 난간석을 설치한다. 이처럼 신라의 왕릉에도 설치하여 '왕즉불(王卽佛)' 사상을 표현하였다.

고 지지대 사이에 십이지신을 추가했습니다. 그러나 왕릉의 위엄도 호석이 무너지면 모든 게 허사입니다. 그래서 호석 사이사이에 십이지신을 새긴 탱석(撐石)을 추가했습니다. 탱석이 바로 돌못입니다. 면석과 탱석으로 이루어진 호석은 오랜 세월이 흘러도 유지됨으로써 신라 고유의 능묘가 완성되었습니다. 호석에 십이지신상이 조성된 이유는 황룡사에 장육존상이 만들어진 인연에서 시작되었습니다. 이로써 신라의 왕은 부처님과 동격임을 선언했습니다. 김씨 왕족은 스스로를 부처님과 같은 석가족으로 여겨 왕릉과 탑에 사천왕, 팔부중, 십이지신을 새기거나 만들어서 묻었습니다.

신장상 문비석, 경주 서악동 돌방무덤, 통일신라
(국립경주박물관 소장)

성덕왕릉 십이지신

❀ 돌방무덤에서 출토된 대표 유물

토우, 경주 용강동 돌방무덤, 8세기 (국립경주박물관 소장)

뼈항아리, 8~10세기 (국립경주박물관 소장)

갑석

탱석: 좌우의 면석이
무너지지 않게 지탱해
주는 돌못이다.

면석

장군묘의 탱석, 갑석, 면석

　괘릉과 42대 흥덕왕릉은 능비, ✤화표석과 문무인석, 왕릉을 지키는 4
사자상과 ✤혼유석(魂遊石)까지 더해졌습니다. 그중에서도 문무인석이 도
열하는 것은 중국의 경우입니다. 중국의 서안 인근에 있는 당나라 고종의
건릉에는 장례에 참석한 신하들과 사신들의 석상을 볼 수 있습니다. 그러
다 신라 말기로 가면 왕권이 흔들리면서 왕릉은 선덕여왕릉 이전의 단순
소박한 모습으로 바뀌었습니다. 게다가 크기도 작아져 왕릉의 위엄은 찾
아볼 수 없습니다. 그 후 고려를 거쳐 조선시대까지 이어지며 우리의 능
묘제도가 완성되었습니다.

> ✤ **화표석** : 화표석부터 왕릉이라는 표식으로 성역임을 나타낸다.
> ✤ **혼유석** : 제사를 지낼 때 상을 차리는 곳으로 상석(床石)이라고도 한다. 흥덕왕릉
> 이후에는 사라진다.

태릉 : 조선 11대 임금 중종의 계비인 문정왕후의 능이다. 조선시대의 왕릉은 모두 같은 형식이다. 신라시대와는 달리 상석이 사라지고 정자각에서 제사를 지낸다. 또 둥근 담(곡장曲墻)을 두른 것도 눈에 띈다.

일제강점기 금관총 발굴 이후 경주에 있는 많은 돌방무덤과 탑이 파헤쳐졌습니다. 도굴이 되면서 값 나가는 금제품이나 잘 만든 부장품들은 많이 사라졌습니다. 그래서 석실분에는 유물이 거의 남아 있지 않습니다. 그러나 토용이나 토기 조각들이 남아 신라 사회를 이해하고 복원하는 데 훨씬 중요한 역할을 하고 있습니다.

또한 알아야 할 것은 무덤의 명칭입니다. '릉(陵)'에는 왕과 왕비가 묻혀 있습니다. 무열왕릉, 흥덕왕릉과 서울에 있는 조선시대의 능처럼 주인이 분명하면 능입니다. '총(塚)'은 부장품을 보면 분명히 왕족인데, 주인을 모르면 붙이는 명칭입니다. 그래서 경주에는 총이 많습니다. 마지막으로 신하는 '묘(墓)'라고 합니다. 무열왕의 아들이자 문무왕의 동생이 잠든 곳은 '김인문의 묘'로 부릅니다.

대릉원 지구

경주로 들어오는 길은 크고 둥근 고분들이 반가이 맞아주는 듯합니다. 가까이서 또 멀리서 어서 오라는 듯 등 굽은 할머니의 손짓처럼 반갑기도 하고 숙연하기도 합니다. 그래서 경주는 '고분의 도시'입니다.

현재 경주에는 36기의 왕릉이 전해지고 있습니다. 경남 양산에 있는 51대 진성여왕과 경기도 연천에 있는 56대 경순왕까지 포함하면 38기의 왕릉이 있습니다. 그러나 이는 56분의 왕과 그 왕비까지 감안하더라도 턱없이 모자랍니다. 그중 대릉원(大陵院)에는 김씨 왕과 왕비, 왕족, 귀족들의 능까지 23기가 있습니다. 신라가 국가로 도약하며 왕권을 강화하던 4세기 중반부터 6세기 초반까지 축조된 적석목곽분 양식입니다.

대릉원에는 무덤 구조를 밝히게 된 천마총과 미추왕릉, 황남대총 등이 유명하고, 후문을 나가 길을 건너면 좌우로 노동동, 노서동 고분군이 있습니다. 경주의 중심가로 많은 사람들이 붐비는 곳에 오래된 고분이 의젓하게 자리해 경주만의 색깔을 보여줍니다. 지금은 공원으로 조성하여 많은 사람들이 산책과 사색을 즐기며 시공을 넘나드는 곳이기도 합니다.

이곳 대릉원에서는 금관을 비롯한 많은 유물들이 쏟아져 나와 그 시대의 금속공예기술, 삶과 죽음을 대하는 방식, 그리고 신라가 활발한 대외교류를 펼친 흔적까지도 생생하게 볼 수 있습니다. 특히 많은 능에서 시신들의 머리가 동쪽으로 향한 것도 확인되었습니다.

대릉원 지구 전경 (사적 제512호, 사진 ⓒ 오세윤)

자, 이제 대릉원으로 들어가 좀 더 자세히 살펴보겠습니다. 정문부터는 그윽한 솔향 사이로 불어오는 바람소리에 귀 기울여보세요. 그 사이사이로 아이들의 해맑은 웃음소리, 새들의 청아한 노래와 다람쥐들의 재롱으로 별천지에 온 듯 몸과 마음이 가뿐해집니다.

미추왕릉

바람소리에 젖어 왼쪽으로 길을 잡으면 담장 너머로 보이는 능이 바로 13대 미추왕릉입니다. 경주 김씨의 시조인 알지의 7대손으로 김씨로는 처음으로 왕이 되신 분입니다. 11대 조분왕의 사위로 돌아가신 후에는 대릉에 장사지냈습니다. 1973년 천마총과 황남대총의 발굴 이후 현재의 모습으로 정비될 때 그 상징성 때문에 '대릉원'이라 이름 지었습니다. 그 후 17대 내물왕부터는 김씨들이 왕위를 이으면서 시조묘로 받들었습니다. 《삼국유사》 14대 유리왕조의 '미추왕 죽엽군' 편을 보면 신라인들이 미추왕을 얼마나 의지했는지를 말해주는 전설 같은 얘기가 하나 전해집니다.

미추왕릉 입구

미추왕릉 (사적 제75호)

이서국(현재의 청도)이 서라벌을 공격하였다. 온 도성은 어찌할 줄 몰라 큰 혼란에 빠졌다. 그 때, 어디선가 귀에 대나무를 꽂은 병사들이 나타나 적을 물리치고는 흔적도 없이 사라졌다. 큰 위기를 넘긴 후 그 병사들이 어디서 왔는지를 조사해 보았지만 어디에서도 단서를 찾지 못하였다. 다만 미추왕릉 앞에 댓닢이 수북이 쌓인 것을 보고는 선왕이 도왔다는 것을 알았다. 그 후로는 이곳을 대(竹)릉으로도 부르며 나라를 지켜주는 정신적 지주로 받들었다.

최근에는 능 앞에 혼유석과 의자까지 갖추어 놓았습니다. 햇살 좋은 날에 왕께서 나와 편안하게 앉아 오가는 사람들을 살필지도 모르겠지요.

황남대총

미추왕릉을 지나 천마총으로 오다 보면 연못 오른쪽에 낙타의 등처럼 생긴 거대한 능이 바로 황남대총(皇南大塚: 98호분)입니다. 이는 황남동에서 가장 크기 때문에 붙여진 이름입니다.

황남대총은 남북으로 두 개의 능이 이어져 있는 쌍릉(雙陵)입니다. 남분은 왕이 잠들어 계십니다. 30년 후에 왕비가 돌아가시자 능의 뒷부분을 제거하고 이어서 만들었습니다. 황남대총은 1973부터 1975년까지 3년

황남대총

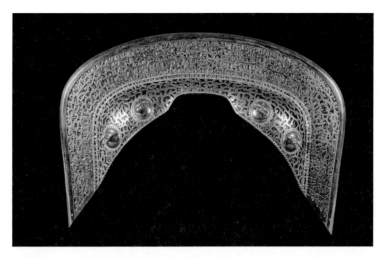

비단벌레 날개 장식 말안장 뒷가리개 (복원품, 국립경주박물관 소장)

에 걸쳐 발굴되었습니다. 당시 금관을 비롯하여 5만 8천 점의 유물이 쏟아져 나와 세상을 떠들썩하게 하였습니다. 곧 국립경주박물관에 새 부지를 마련하여 '황남대총관'을 새로 짓는다고 하니 기대하고 있습니다.

유물을 살펴보면 남분에서는 금동관과 은관, 금제 허리장식을 비롯하여 많은 무기류와 마구류 등 2만 5천여 점의 유물이 나왔습니다. 특히 15세가량의 여자아이의 유골이 나와 순장이 행해진 것을 알 수 있었습니다. 또한 비단벌레 날개로 장식한 금동제 말안장이 나와 그 화려함에 모두들 입을 다물지 못했습니다. 금동으로 만든 맞새김판 안에 비단벌레의 날개를 촘촘하게 깔아 만들었습니다. 황금빛과 비단벌레 특유의 영롱한 초록빛이 어우러진 최상의 공예품입니다.

비단벌레는 이름처럼 날개가 아주 화려합니다. 금동제 말안장의 뒷가리개에 그 날개를 떼어서 넣었습니다. 그 수고로움은 상상이 되지 않습니다. 비단벌레의 날개를 떼어서 하나씩 안장 사이로 넣는다구요? 날개는 만지기만 해도 바스라질 텐데요. 그런데 이렇게 화려하게 장식한 이유가 무엇일까요?

남분은 왕이 잠든 곳입니다. 그런데 금관이 아니라 금동관과 은관이 나왔습니다. 왕비의 능에서는 금관이 나왔다는데 말입니다. 장례를 치르는 동안에는 금관과 금동관은 별반 다르지 않습니다. 오랜 세월이 흐른 지금은 차이가 있지만 능을 조성할 당시는 똑같았을 것입니다. 그렇지만 재료의 차이는 자존심 문제입니다. 그 이유는 왕이 왕비보다 신분이 낮았기 때문일 수 있습니다. 고대에는 신분에 따라 장신구에 제한을 두었습니다. 왕이지만 왕비보다 신분이 낮다면, 이는 공주에게 장가든 왕일 수 있습니다. 4대 석탈해왕, 13대 미추왕과 17대 내물왕, 48대 경문왕이 공주를 아내로 맞은 왕들입니다. 왕비와 함께 참석하는 행사에서 왕비는 우아하게 금관을 착용했습니다. 자존심이 상했겠지요. 금관과 비견되는 장신구가 무엇일까요? 바로 말입니다. 예나 지금이나 남자들은 속도를 좋아합니다. 오늘날의 자동차가 바로 고대의 말입니다. 그래서 마구가 상당히 많이 출토되고 말이 순장되기도 했습니다. 당연히 왕이 타고 다니는 말에도 많은 투자를 했을 것입니다. 멀리서 봐도 왕의 행차임을 알 수 있도록 말이지요. 그 결과가 비단벌레장식 말안장 뒷가리개입니다. 햇볕 좋은 날엔 그 화려함에 눈이 부셨을 것입니다.

이제 왕비가 잠드신 북분을 살펴보겠습니다. 부인대(夫人帶)라는 글이 새겨진 은제 허리띠가 나와 여자의 무덤인 것으로 판명되었습니다. 부장품으로는 금관을 비롯하여 반지, 목걸이, 팔찌, 곡옥 등 장신구가 많이 나왔습니다. 특히 남분에도 나오지 않은 금관이 출토되어 '17대 내물왕과

황남대총 뒤편 산책길

왕비가 아닐까'라고 조심스럽게 추측합니다. 이는 "선왕인 흘해왕에게 아들이 없어서 사위로 왕위를 이었다"는 《삼국사기》에 근거한 것입니다.

2010년 국립중앙박물관과 이듬해 국립경주박물관에서 열린 '황남대총 특별전'은 축조 당시의 모습을 재현하였습니다. 발굴된 유물의 90퍼센트를 전시하였는데, 모두들 그 규모에 벌린 입을 다물지 못했습니다. 지금도 국립경주박물관 역사실에는 특별전만큼은 아니지만 장례를 재연하여 당시의 경제력도 가늠케 합니다. 왕과 왕비가 금관을 비롯한 유물들을 착장하고 누워 있습니다. 실제로 왕릉 내부로 들어가는 듯 조심스럽기만 합니다. 그러니 이런 식으로 100년 동안 장례를 더 치렀다면 국고가 탕진되어 통일전쟁커녕 신라는 역사 속으로 사라졌을지도 모릅니다.

천마총

천마총(天馬塚: 155호분)은 황남대총 건너편에 있는 작은 능으로 1973년에 우리나라 학자들이 처음으로 발굴 조사했습니다. 본디 황남대총을 발굴하려고 만반의 준비를 했습니다. 그런데 막상 삽을 뜨려고 보니 경험 있는 연구원들이 아무도 없어서 많이 주저했다고 합니다. 그래서 앞에 있는 작은 능(155호분)을 연습 삼아 발굴했습니다. 그런데 예상치도 못했던 유물들이 쏟아져 나왔습니다. 가장 크고 잘 만든 금관을 비롯해서 천마도, 금제 허리띠 등 1만 천 점 가량의 유물이 쏟아져 나왔습니다. 그중에서 국보가 4점(천마도, 금관, 관모, 허리띠), 보물이 6점이 나온 대단한 발굴이

천마총

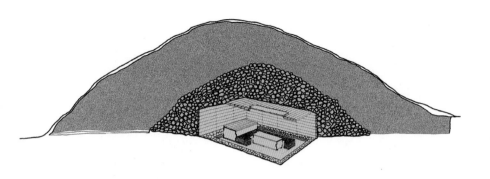

돌무지덧널무덤 구조도 (국립경주박물관 소장)

었습니다. 신라가 '황금의 나라'로 불리던 이유를 눈으로 확인시켜주었습니다. 또한 내부 구조와 축조 방법, 도굴하지 못했던 이유까지 밝혀준 중요한 발굴입니다.

천마총 발굴 이후 시내 고분들의 구조가 적석목곽분(積石木槨墳)으로 밝혀졌습니다. 그 구조를 보면 먼저 땅을 넓게 다진 후 찰흙을 깔고(물이 내부로 들어오는 것을 방지한다) 그 위에 냇돌(바닷가나 강가에서 매끈하게 닳은 돌로 강자갈)을 깔았습니다. 그 위에 큰 목곽을 설치한 다음 시신이 든 관을 설치했는데, 머리가 동쪽으로 향하게 했습니다. 머리맡에는 부장품관을 따로 두었습니다. 다시 태어나도 생활하기에 부족하지 않게 물품을 갖춘 것으로 보입니다. 요즘처럼 땅속에 묻은 것이 아니고 지상에서 1미터 정도 위에 큰 방을 만들었습니다. 그런 다음 단단하게 나무로 봉하고 그 위에 사람 머리만한 호박돌(건축할 때 바닥을 단단히 하는데 쓰이는 둥글고 큰 돌로 알돌)을 6미터가량 쌓았습니다. 그리고 물이 들어가지 않도록 목곽부분만 점토를 바른 후 흙으로 봉분을 쌓았습니다. 혹시 도굴을 하더라도 엄청나게 많은

천마총

알돌을 제거하지 못해 실패할 것은 뻔합니다. 그래서 적석목곽분은 도굴이 불가능한 고분입니다.

그러면 "일제시대에 출토된 금제품들은 뭐야?"라는 질문이 나오기 마련입니다. 여기에서 경주에 있는 유물들이 어떻게 도굴되기 시작했는지 살펴보겠습니다.

일제강점기가 되자 경주는 도시계획을 세웠습니다. 길과 학교, 철길과 기차역 등을 짓기로 했습니다. 그런데 막상 실행하려고 보니 모두 건축사업이라 엄청나게 많은 자재들이 필요했습니다. 당시는 교통이 발달하지 않았던 시대라 운송 수단이래야 리어카나 지게가 고작이었습니다. 궁리하던 중에 시내의 많은 고분들이 관리들 눈에 들어오면서 무릎을 쳤습니다. '저거야!' 한 순간에 그 많은 고분들이 토목건축에 필요한 자재로 보였습니다. 그래서 시내의 많은 고분들이 자재 조달로 인하여 파헤쳐지기 시작했습니다. 금관총을 시작으로 서봉총, 금령총, 황남대총 등이 파헤쳐졌습니다. 특히 황남대총은 북분의 동쪽 부분이 30센티미터 앞까지 파이는 아찔한 상황이 되기도 했습니다. 그렇게 방치된 흙무더기에서 금반지나 도자기 등이 발견되기 시작하였습니다.

지금은 대릉원 담장 안에 사람들이 살지 않지만 천마총을 발굴할 때만 해도 사람들이 살았습니다. 그래서 아이들이 학교 갔다 돌아오면 집안에 가방을 휘딱 던져두고는 바깥에 나가 놀았습니다. 예나 지금이나 흙장난은 아이들이 가장 좋아하는 놀이입니다. 장난감이 귀했던 시절이니 말할 것도 없지요. 금관총이 발굴되던 일제강점기도 마찬가지였습니다. 그렇게 놀던 아이들이 반짝이는 반지 등을 발견하고는 손가락에 끼고 학교에 갔을 것입니다. 아이들의 얼굴에도 빛이 나고 의기양양하던 모습을 선생님이 보았을 테고 결국 관에 보고합니다. 그 후 아이들의 놀이터는 사라지고 고분엔 붉은색 '출입금지' 팻말이 큼직하게 붙었을 것입니다. 그렇게 관의 주도로 금관총이 새로이 파헤쳐졌습니다. 도굴인지 발굴인지 이름 붙이기도 애매한 작업을 나흘 만에 해치웠습니다. 그러나 눈 밝은 사람들은 일찌감치 돈이 될 만한 물건들은 찾아냈을 것입니다. 여기서 처음으로 금관이 나왔기 때문에 '금관총'으로 부릅니다. 그 후부터는 신라는 '황금의 나라'로 불리며 경주 전역의 고분과 탑들이 도굴되었습니다.

천마총 유물들

천마도(天馬圖塚)는 신라의 그림 수준을 알려주는 유물입니다. 하늘을 향해 날아가는 듯, 힘차게 달리는 백마로 인해 '천마총'이라 이름 지었습니다. 재료는 북쪽 추운 지방에서 자라는 자작나무 껍질로 만들었습니다. 그것을 여러 겹 덧대어 가죽으로 마감하고 표면을 다듬었습니다. 그 위에 숨 가쁜 듯 내민 혀와 하늘로 치켜든 꼬리와 갈기 등 달리는 순간을 잘 포착해 묘사한 아주 솜씨 좋은 그림입니다. 그래서 생동하는 모습의 말은 '천마', 그림은 '천마도', 고분은 '천마총'으로 불립니다. 또한 유일한 고

천마도 (국보 제207호, 국립경주박물관 소장)

대 신라 회화로 물감의 재료와 제조 방법 등을 알게 된 것도 큰 성과입니다. 그런데 사람들은 천마도를 벽화로 잘못 알고 있는 경우가 많지만, 실제로는 장니(障泥)나 말다래로 부릅니다. 쉽게 말하면 '흙받이'로 말을 탈 때 흙이 튀어 비단 옷에 묻지 않게 하는 마구의 하나입니다. 그런데 우리나라는 산이 많아서 말을 타기에는 적당치 않은데 왜 서역의 천리마들이 나타나는 걸까요?

천마총 금관 (국보 제188호, 국립중앙박물관 소장)

이번엔 금관을 살펴보겠습니다. 천마총 금관은 전형적인 신라의 금관으로 경주에서 출토된 6개 중 가장 크고 잘 만들었습니다. 둥근 머리띠 위로 3개의 나무에 산(山) 자 모양의 장식이 4단이고, 뒤에는 사슴뿔 장식이 있습니다. 사슴이나 순록은 하늘이나 왕을 상징합니다. 금관 전체에는 10원짜리 동전만한 떨개가 달려 있습니다. 바람이 불면 나뭇잎처럼 흔들리고, 착용하고 걸으면 파르르 떨리기도 합니다. 또한 군데군데 달려 있는 곡옥은 하늘의 달, 태아(생명), 동물의 어금니를 상징합니다. 이렇게 해석하는 이유는 첫째, 달은 자체만으로도 신성한 고대의 자연숭배를 대변합니다. 둘째, 태아로 봅니다. 흔히 아이를 가진 엄마라면 병원에서 찍은 초음파 사진 속 태아가 곡옥과 흡사한 것을 알 수 있는데, '까마득한 옛날에 태아의 모습을 알았다?!'라는 감탄을 자아내기도 합니다. 즉 생명, 자손을 상징하는 왕의 생식 능력과 자손의 번성을 뜻합니다. 마지막으로 어금니는 국민을 배불리 먹일 수 있는 왕의 능력을 상징합니다.

국가가 생기기 이전은 부족국가였습니다. 부족장(추장)은 부족민을 동원한 사냥을 통해 음식과 의복 등을 마련했습니다. 큰 동물들을 잡으면 요긴하게 잘 쓰고 별 쓸모없는 어금니를 몸에 지녔는데, 그 수가 많을수록 능력을 인정받았습니다. 후일 국가로 바뀌면서 왕이 직접 사냥을 나가 먹거리를 구하지 않아도 되자 장신구로 발달한 것으로 봅니다. 그래서 금관은 당대뿐만 아니라 청동기시대의 생활상까지도 담은 것으로 보고 있습니다. 특히 제사와 정치가 분리되지 않았던 제정일치 사회에서 수장의 차림이 신라에서는 금관으로 남은 것입니다. 금관을 쓰고 걸으면 그 진동으로 떨릴 수밖에 없습니다. 이를 사람들은 하늘의 계시가 내려온 것으로 생각했습니다. 그래서 동서양을 막론하고 근세까지도 왕들이 많은 장신구를 착용하고 있는 것을 그림과 영화에서 많이 볼 수 있습니다.

흔히 금관은 왕관으로 알고 있습니다. 그런데 천마총 안에 출토 당시 목곽 내부를 재현해 놓은 현장을 가만 보면 금관과 가슴걸이의 간격이 너무 짧습니다. 왕관이라면 눈을 덮지 않아야 하는데 금관은 턱 위에서 시작하여 얼굴을 감싸고 있습니다. 그래서 금관을 '데드 마스크'로 보는 학자도 있습니다. 어쨌든 적석목곽분이 축조되던 시기에 왕가의 장례는 시신을 머리부터 발끝까지 황금색으로 감싼 것으로 보입니다. 황금은 지구상에 있는 많은 금속 중에서 유일하게 변하지 않습니다. 우리 부모님이 영원히 부귀와 영화를 누리시라는 후손들의 염원을 담은 것이라고 봅니다.

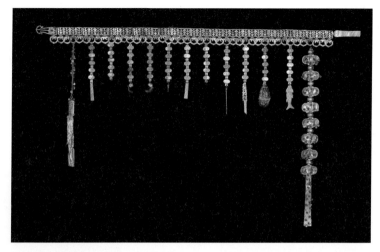

천마총 금제 허리띠 (국보 제190호, 국립중앙박물관 소장)

　왕이나 왕비를 위시한 왕족과 귀족들은 국가적인 경사나 행사가 있을 때는 성장(盛裝)을 했습니다. 이때 옷을 다 차려입은 후에 허리에 두른 위세품(威勢品)이 바로 허리 장식입니다. 신분에 따라 금, 금동, 은으로 만들어 사용했는데, 왕릉마다 드리개가 비슷한 듯하지만 조금씩 다릅니다. 한마디로 허리 장식은 기마민족의 생필품이자 휴대품입니다. 한반도의 동쪽 지역인 신라에 서역 초원지대 사람들의 장비가 나타났습니다. 말을 타고 다닌다는 건 먼 거리를 이동한다는 의미입니다. 당연히 식량이나 장비 등 생필품을 가지고 다녀야만 합니다.

　드리개 중에서 석류와 물고기는 자손을 의미하고 곡옥은 생명을 뜻합니다. 특히 곡옥은 먼 길 떠나는 남편이나 아들의 안전을 기원한 것입니다. 국립경주박물관에 가면 곡옥틀을 볼 수 있습니다. 재료는 신분에 따라 다르지만 망자(亡者)의 심장 부분에 얹어 다음 생을 기원한 것으로 봅니다. 이처럼 많은 부장품을 보면 죽음을 대하는 당시 신라 사람들의 생각을 읽을 수 있습니다.

천마총에서만 나온 중요한 유물 중 하나가 계란입니다. 알에서 병아리가 태어나고 자라면 또 알을 낳아 다시 생명을 품습니다. 즉, 환생의 의미를 담았습니다. 또한 김씨 왕족의 시조인 알지가 닭의 울음으로 출현을 알렸듯이 같은 핏줄인 것을 표현하지 않았을까요!

그런데 기마민족들의 생필품이 경주 땅에 왜 나타날까요? 앞에서도 언급한 바 있지만 신라의 시조이신 박혁거세는 말 문화와 철기문화를 가지고 이 땅에 나

계란과 장군 토기 (국립경주박물관 소장)

타났습니다. 석탈해는 철기 문화와 해양 문화를 가지고 바다를 건너왔습니다. 김알지는 닭 토템과 금 문화를 가지고 이동한 외래인입니다. 즉 신라 왕족의 시조는 우리 이웃에 살던 뉘집 아들이 아니라 말을 타고 다니며 금속과 철기를 능숙하게 다루던 외래인(外來人)입니다.

시내의 적석목곽분의 주인은 김씨 왕족으로 알지의 후손입니다. '金'은 성씨를 말할 때를 빼곤 '금'으로 읽습니다. 그래서 신라인의 뿌리는 첨단 기술인 철기 문화와 금 문화를 가진 기마민족으로 보는 것입니다. 그들이 정치적인 이유로 망명하여 신라 땅에 들어와 김씨 왕족의 시조가 된 것으로 보입니다. 그래서인지 서역 알타이 산맥 근처에는 적석목곽분과 비슷

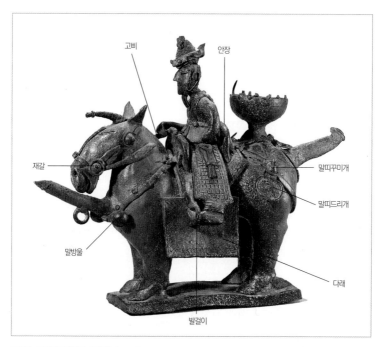

고삐 안장

재갈 말따꾸미개

말띠드리개

말방울

다래

발걸이

금령총 기마인물형토기-주인형 (국보 제51호, 국립중앙박물관 소장)

한 구조의 능이 있습니다. 신라의 능들이 그보다 500년 후에 조성되어 연관짓기에는 무리가 있지만 '알타이'의 뜻이 금(金)이라고 합니다.

또한 인구에 비해서 휴대폰을 가장 많이 가진 나라가 우리나라입니다. 그 이유를 분석한 칼럼이 신문에 게재된 적이 있어서 흥미롭게 읽은 기억이 있습니다. 요지는 '기마민족의 후예'이기 때문이라는 내용입니다. 지구의 어느 구석에도 우리의 발길이 닿지 않는 곳은 없다는 얘기와 함께…. 지금도 우리나라 고고학자들에게 '한국인은 어디서 왔을까'는 오래된 주제입니다.

노서동 고분군

대릉원 후문을 나와 왼쪽으로 가다가 길을 건너면 좌우로 고분군이 있습니다. 길의 왼쪽은 노서동, 오른쪽은 노동동 고분군입니다. 역시 적석목곽분이며, 4세기 중반부터 6세기 초까지 조성되었습니다.

먼저 노서동을 살펴보면, 금관총과 쌍분인 서봉총이 비석만 덩그러니 서서 아픈 역사를 몸으로 말하는 듯 눈물겹습니다. 이외에도 호우총과 이름도 없이 번호만 매겨진 고분들도 많습니다. 그래서 더 가슴 저리게 다가옵니다.

노서동 고분군의 초입에는 금관총이 길게 누워 있습니다. 일제강점기 때 처음으로 금관이 나와 얻은 이름입니다. 이로부터 경주 전역에 도굴이

금관총

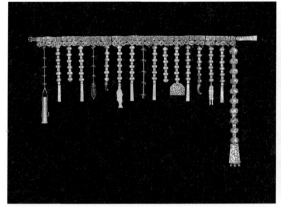

금관총 금제 허리띠 (국보 제88호, 국립경주박물관 소장)

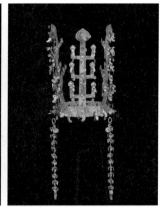

금관총 금관 (국보 제87호, 국립경주박물관 소장)

판치게 된 시발점이기도 합니다.

1921년, 행해진 발굴은 단 나흘 만에 끝났습니다. 발굴이 아니라 비전문가에 의해 행해진 도굴 수준의 유물 수습이었습니다. 봉분도 봉황대와 동쪽 끝자락이 이어져 있었는데 도로가 나면서 끊겼습니다. 당시에도 봉분의 지름이 45미터 정도로 기록되어 있습니다. 구조와 호석의 규모를 추정하여 그 신분도 추정하고자 2015년 2월 23부터 6월 30일까지 국립중앙박물관과 국립경주박물관에서 금관총을 다시 발굴했습니다. 전체적인 구조는 지상부에 만든 적석목곽분으로 천마총이나 황남대총과 같지만 세부적으로는 조금씩 차이를 보입니다. 새로 확인한 사실들만 살펴보도록 하겠습니다.

첫째, 목곽의 하부시설을 확인했습니다. 즉 지상을 파서 큰 강돌로 두껍게 채운 후 그 위에 자갈층을 깔았습니다. 이를 기초로 해서 봉분을 높이 쌓을 수 있었습니다. 또한 내곽과 외곽으로 이루어진 이중구조를 확인할 수 있었습니다.

둘째, 적석부의 전체 범위와 내부의 목조 가구를 확인했습니다. 이는 돌이 흘러내리지 않게 고정하는 장치입니다. 천마총처럼 목곽을 전체적으로 감싼 것이 아니라 둘레에 집중적으로 쌓았습니다. 황남대총에서도 확인되었지만 천마총과는 달라서 그냥 넘어갔습니다.

셋째, 금관총의 봉토분의 구조를 확인했습니다. 적석부를 점토로 밀봉한 후, 그 위를 점도가 다른 3종류의 점토로 교대로 쌓아 다져 물이 들어올 수 없도록 만들었습니다.

넷째, 은제 허리띠 장식과 코발트색 유리그릇 파편이 나와 가야와 관계가 있었을 것으로 짐작합니다.

다섯째, 목곽 안에서 발견된 큰 칼에 이사지왕(尒斯智王)이란 글이 새겨져 있습니다. 그래서 금관총의 피장자는 능의 크기로 보아 마립간이 아니라 육부의 최고위층 귀족 중 한 명으로 보고 있습니다.

금관총 재발굴

서봉총 금관 발굴 당시

금관총 서쪽에 있는 서봉총(瑞鳳塚)은 1926년 스웨덴의 황태자이자 고고학자인 구스타프가 방문하여 금관을 들어낸 사진으로 많이 알려져 있습니다. 스웨덴의 서(瑞)와 금관에 봉황(鳳凰)이 있어 지은 이름인데, 북분과 남분 2개의 고분을 이어 만든 쌍분입니다.

서봉총은 금관총 발굴이 마무리된 후 1926년에 경주역 기관고 증설에 필요한 매립토를 제공한다는 명목으로 발굴되었습니다. 보물인 금관을 비롯해 금제 허리띠, 금팔찌 등과 각종 금속 제품, 유리 제품, 무기가 출토되었습니다. 특히 북분에서 출토된 은합에는 연수원년(延壽元年: 451년 또는 511년)이란 명문이 나와 연대를 추정할 수 있습니다. 남분에서는 금귀고리 한 쌍만 출토되었습니다. 그러나 전체적인 보고서 하나 제대로 작성되지 않은 졸속 발굴이었습니다. 그래서 금관총에 이어 2016년에 다시 발굴이 진행되었습니다. 북분을 축조한 후에 남분을 축조하면서 북분의 남면을 많이 깎아내고 만들었습니다. 전체적으로는 북분이 크고 남분은 작아서 마치 눈사람 같습니다.

서봉총 남쪽에는 호우총(壺杅塚)이 몸을 잃고 동그마니 남아 있습니다. 일제강점기에 훼손된 것을 1946년 우리나라 학자들이 처음으로 발굴하였습니다. 천마총이나 황남대총처럼 체계적으로 발굴한 것은 아니지만 해방 후 최초의 발굴이라는 데 의미가 있습니다. 발굴 당시 높이 24센티

'호우' 글자가 있는 청동 그릇 (국립중앙박물관 소장)

미터의 뚜껑 있는 그릇이 나왔는데, 바닥에는 글이 새겨져 있습니다. '을
묘년국강상광개토지호태왕 호우십(乙卯年國岡上廣開土地好太王 壺扞十)'이란 명
문으로 이 그릇의 가치를 보여주는 글입니다. 이 명문 16개 글자 중 끝
글자를 따서 '호우총'이라 이름 지었습니다.

이 그릇이 어떠한 경로로 들어왔는지는 분명치 않지만, 신라의 사신이
고구려 영웅인 ❖광개토대왕(374~413)의 제사에 참석하고 받아온 기념품
으로 보고 있습니다. 그 명문으로 인해 당시 신라는 고구려와 형제처럼
긴밀한 관계를 유지했던 것을 알 수 있습니다. 신라는 한반도 동남쪽 외

❖ **광개토대왕** : 고구려의 19대 왕으로 고구려의 기개를 한껏 펼친 정복 왕이다. 특
히 신라 17대 내물왕 때 왜가 백제와 연합하여 신라 국경을 침략할 때도 신라를 도
운 기록이 있다. 그 내용이 새겨진 비석이 중국 지린성에 있는 '광개토대왕비'다.
고대의 국제관계를 알려주는 아주 중요한 비석이다.

진 곳에 위치하기 때문에 중국을 가려 해도 육로가 모두 백제와 고구려 땅이라 마음대로 다닐 수도 없었습니다. 그래서 고구려와의 외교관계를 통하여 외부로 나가는 통로로 이용한 것으로 보입니다.

또한 국립경주박물관에는 잘 만든 고구려 향로가 있습니다. 당시만 해도 신라는 고구려나 백제에 비해 문물이 뒤쳐져 있었습니다. 백제는 바다를 주름잡았으며 고구려는 중국의 연나라와 맞장 뜨던 대국이었습니다. 기대지 않으면 쓰러질 수밖에 없는 현실을 누구보다 처절하게 깨달았을 것입니다. 그래서 신라는 발톱을 감추고 고구려를 형님처럼 대하며 힘을 축적했음에 틀림없습니다. 그랬기에 삼국통일이 가능하지 않았을까요!

노동동 고분군

이젠 우측에 있는 노동동 고분군을 보겠습니다. 여기에는 경주에서 가장 큰 능인 봉황대(鳳凰臺)가 고목을 품고 말없이 지키고 있습니다. 폭이 가장 긴 쪽이 82미터가 넘어 신라의 고분 중 가장 큰 고분입니다. 정상은 오랜 세월 동안 돌과 흙의 무게를 이기지 못해 나무널(목곽)이 내려앉아 움푹 파여 있습니다. 아마 인근의 고분들도 거의 비슷할 것입니다. 그래서 고분에 대해 공부할 때는 궁금해서 뛰어 올라간 적이 많습니다. 눈으로 확인하고 잠깐 머물라치면 내려오라는 고함 소리에 미끄럼타고 내려온 적도 있습니다.

그 외에도 금방울과 기마인물상이 나온 '금령총(金鈴塚)'도 있습니다. 기마인물상은 당시의 마구 일체를 파악할 수 있는 아주 중요한 유물입니다. 자세히 보면 말을 탄 인물이 서역인임을 알 수가 있습니다. 그 시절에도 서라벌 거리에서는 외국인들도 간간이 볼 수 있었을 것입니다. 여기에서도 금관이 출토되었는데, 다른 것에 비해 크기가 작아서 10세 전후 어린 왕자의 것으로 보고 있습니다.

그 세월을 뒤로 하고 봉황대에서는 봄부터 가을까지 금요일 저녁에 '봉황대뮤직스퀘어'가 열립니다. 우리 눈엔 보이지 않지만 왕들도 나와 '요즘엔 이렇게 신나게 노는구나. 옛날엔 아무도 찾아주지 않아 심심했는데…' 하시며 그 날만 기다리시는 건 아닌지 모르겠습니다. 같이 춤추고 노래하실 것 같습니다. 큰 소리로 웃고 장단 맞추는 모습이 눈에 선합니다.

봉황대는 신라의 고분 중 가장 큰 고분입니다.

신라 29대 왕인 무열왕이 잠드신 곳입니다. 경주에 있는 많은 능묘 중에서 주인이 분명한 2기 중의 하나(또 하나는 안강에 있는 42대 흥덕왕릉)입니다. 입구의 비각에는 잘생긴 귀부 가운데에 태종무열대왕지비(太宗武烈大王之碑)라는 글이 새겨져 있는데, 주인을 알린 이 비석이 국보입니다. 비록 비석은 사라졌지만 잘생긴 귀부와 6마리 용이 여의주를 받들고 있는 이수만으로 가장 잘 만든 비석으로도 평가받고 있습니다. 깨어진 이수의 양쪽에 새긴 글은 둘째아들 김인문의 글씨로 당시 명필로 이름이 높았습니다.

또한 능이 있는 곳은 서악 또는 선도산으로 불리는데, 통일 이전 신라의 5악 중 하나로 월성의 서쪽에 있습니다. 불교에서는 세상을 떠나면 서

태종무열왕릉 (사적 제20호)

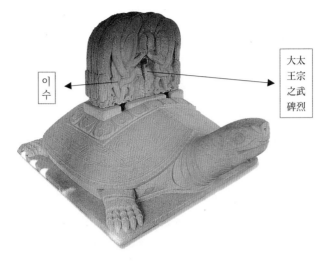

이수

大太
王宗
之武
碑烈

태종무열왕릉 귀부와 이수 (국보 제25호, 국립경주박물관 소장)

방 극락에 가기를 원합니다. 그래서 당시의 사람들은 선도산과 김유신장
군묘가 있는 송화산을 극락이라 여겼습니다. 두 산에는 고려시대와 조선
시대까지도 많은 묘가 조성되었습니다. 선도산을 오르면 좌우로 많은 능
묘들을 볼 수 있습니다. 또한 무열왕릉 뒤에는 큰 고분 4기가 줄지어 있
습니다. 피장자는 잘 모르지만 길 건너 아래쪽에 무열왕의 아들인 김인문
의 묘가 있는 것으로 보아 직계조상, 즉 아버지와 할아버지, 진흥왕의 능
으로 보고 있습니다.

이제 태종무열왕이 누군지 자세히 알아보겠습니다. 우리는 역사 시간
에 신라는 ❖'골품제(骨品制)'라는 신분제가 있었다고 배웠습니다. 부모가
다 왕족이면 성골, 한쪽만 왕족이면 진골, 그 이하는 육두품입니다. 당시
는 성골이었던 선덕여왕, 진덕여왕이 있었으나 그들에게 자손이 없었습

니다. 28대 진덕여왕이 운명하자 선덕여왕의 언니인 천명부인의 아들 김춘추가 왕위에 올랐습니다. 그 춘추가 바로 무열왕인데, 진골로서 최초로 왕이 되었습니다. 그런데 선덕여왕이 성골이면 당연히 언니인 천명공주도 성골일 텐데 왜 김춘추는 진골일까요?

신라의 56분의 왕 중에 폐위된 유일한 분이 25대 진지왕인데, 그의 손자가 바로 무열왕 김춘추입니다. 만약에 할아버지가 폐위되지 않았다면 당당한 성골로서 아버지에 이어 당연히 왕이 되었을 것입니다. 김춘추는 이모인 두 분의 여왕을 성실히 모시며 때를 기다렸습니다. 게다가 당나라를 오가며 뛰어난 외교 수완과 국정 능력을 인정받아 제자리로 돌아갈 수 있었습니다. 또한 멸망한 가야 왕족의 후예로 비범한 능력에도 불구하고 도외시되었던 김유신과 손을 잡으면서 삼국통일을 이룬 세 주역 중 한 분입니다.

✤ **골품제** : 출신 성분에 따라 골(骨)과 품(品)으로 등급을 나누는 신라의 신분 제도다. 《화랑세기로 본 신라인 이야기》에서 이종욱 교수는 성골과 진골의 구성원에 대해 주로 왕궁에서 생활하는 성골은 왕과 그 형제의 가족으로 알지의 후손인 김씨 일부, 박씨 일부로 보며, 진골은 성골을 제외한 세력과 귀순한 가야의 왕족들(김유신 장군 일족), 안승의 가족(고구려의 유민들이 전북 익산에 보덕국을 세워 안승을 왕으로 옹립)과 중앙정부의 관리로 보고 있다.

김유신장군묘

　　이곳은 김유신(593~673) 장군의 묘로 알려져 있습니다. 장군은 멸망한 가야 왕족의 후예로 제매인 태종무열왕과 함께 삼국통일을 이룬 주역 중 한 명입니다. 묘 둘레는 평복을 입고 무기를 든 십이지신이 새겨진 호석이 있습니다. 왕도 아닌데 왜 호석을 세웠을까요?

　　당시의 상황을 살펴볼까요. 태종무열왕이 돌아가시고 문무왕은 백제와 고구려를 정복하여 통일을 이루어냈습니다. 그러나 한반도를 통째로 삼키려는 당나라군을 몰아내기까지는 8년의 시간이 더 걸렸지만, 김유신은 조카인 문무왕을 도와 기어코 통일을 이루었습니다. 숙원이었던 통일은

김유신장군묘 (사적 제21호)

이루었지만 매부이자 지기인 춘추도 없었으니 얼마나 허전했을까요! 평생을 전장에서 보내다 보니 이제는 모든 자리에서 물러나 쉬고 싶은 마음뿐이었을 것입니다. 그러나 문무왕은 태대각간을 하사하며 곁에 있어 달라고 간청했지만, 영웅의 끝도 어쩔 수 없는 노인이었나 봅니다.

36대 혜공왕 때 장군의 후손들이 핍박을 받자 "장군이 미추왕릉에 나아가 울면서 나라를 떠나겠다"고 했다는 얘기가 《삼국유사》에 전하고 있습니다.

혜공왕 14년(779)에 회오리바람이 유신공의 무덤에서 일어났다. 바람 속에서 준마를 타고 있는 사람이 장군과 흡사했다. 장군을 따라 군사들이 미추왕릉으로 들어가더니 통곡하며 하소연하는 듯한 소리가 들렸다. "왕이시여, 신은 평생 나라를 위해 온 힘을 다했습니다. 죽어서도 나라를 지키고 재앙을 물리치는 마음은 변함이 없습니다. 그런데 근래에 신의 후손이 죄 없이 죽었습니다. 이는 나의 공적을 생각하지 않는 것입니다. 이제 신은 신라를 떠나려 하니 왕께서 허락해 주십시오." 그러자 미추왕이 "그런 말은 하지도 마오. 나와 공이 나라를 지키지 않는다면 백성들은 어찌 한단 말이오?"라며 간곡히 말렸다. 장군이 세 번 청했지만 왕이 허락하지 않자 울면서 돌아갔다.

이 말을 들은 혜공왕이 장군의 문중에 토지를 하사하고 묘를 수리하였고, 헌덕왕 때에는 장군의 후손이 왜적을 물리쳤다는 기록이 《삼국사기》에 보입니다. 이로써 다시 문중이 재기하여 국가의 중추로 활약한 것을 알 수 있습니다. 이처럼 후손들의 활약에 힘입어 42대 흥덕왕에 이르러 흥무대왕(興武大王)으로 추존(追尊)되었습니다. 그래서 호석을 설치한 것으로

곱돌십이지상(돼지), 김유신장군 무덤, 7~8세기
(국립경주박물관 소장)

십이지 청동 저울추, 김유신장군 무덤, 7~8세기
(국립경주박물관 소장)

보고 있습니다.

현재 장군묘 앞에는 두 개의 비석이 서 있습니다. '신라 태대각간 김유신묘'의 글자가 새겨진 비석은 조선시대 숙종 36년(1710) 경주부윤 남지훈이 세웠습니다. 1934년에는 김해김씨 문중에서 '개국공순충장렬흥무왕릉(開國公純忠壯烈興武王陵)'도 오른편에 세웠습니다. 제사는 1년에 두 번, 춘분과 추분에 대제를 지내고 있습니다. 전국의 김해김씨 문중에서 참여하는 아주 큰 행사로 일대가 장사진을 이룹니다.

원성왕릉

괘릉으로도 불리는 원성왕릉(元聖王陵)은 38대 왕(김경신)이 잠든 곳으로 신라에서 능묘제가 완성된 최초의 능입니다. 입구부터 화표석, 관검석인 (문무인석), 4사자상, 혼유석(魂遊石), 난간, 호석(護石)이 갖추어져 있습니다. 그래서 원성왕릉은 고려와 조선시대까지 조성된 왕릉의 모델입니다. 석물 전체가 보물 제1427호로 지정되어 있습니다.

왕이 돌아가시자 봉덕사 남쪽에서 관 채로 화장하여 유골함을 이곳에 안장하였습니다. 본디 여기는 ✤곡사(鵠寺)란 사찰이 있었습니다. 왕은 생전에 능 자리를 여기로 점찍고 사찰을 현재의 숭복사지로 옮겼습니다. 왕이 돌아가시자 능을 쓰기 위해 땅을 파보니 샘이 솟고 있었습니다. 할 수 없이 샘 위에 유골함을 거는 장치를 한 후에 능묘를 조성하여 괘릉(掛: '걸다'란 의미)으로도 부릅니다. 지금도 능 주위는 항상 축축하고 한여름에도 물기가 마르지 않는 것을 보면 빈 말은 아닌 듯합니다.

이제 원성왕이 누구인지 알아보겠습니다. 신라는 36대 혜공왕 때 다섯 번의 큰 반란이 있었습니다. 그중 ✤김지정의 반란이 일어나자 김양상과

✤ **곡사** : '곡'은 흰 고니를 뜻한다. 부처님께서는 사라쌍수 아래서 돌아가셨다. 그래서 쌍림(雙林: 나무 두 그루)으로 부른다. 그 쌍림이 부처님이 열반에 드시던 순간에 흰색으로 변하여 '곡림'으로도 부른다.

✤ **김지정의 반난** : 신라가 중대에서 하대로 넘어가는 상징적인 사건이다. 35대 경덕왕이 전제정권을 강화했지만, 36대 혜공왕 때에는 귀족들의 세력이 더 커졌다. 결국 귀족들의 반란으로 왕은 피살되었다.

원성왕릉 (사적 제26호)

김경신이 진압했는데, 그 와중에 왕과 왕비가 피살되었습니다. 그리곤 김
양상이 37대 선덕왕으로 즉위하고 김경신은 상대등이 되었습니다. 선덕
왕도 후사가 없어 조카인 김주원을 후계자로 지명했습니다. 그러나 김경
신은 그를 제치고 왕위에 오르니 바로 원성왕입니다. 38대 원성왕부터 신
라의 하대로 보는데, 왕위 계승이 아닌 왕족들끼리 피비린내 나는 권력
싸움으로 점철되었기 때문입니다. 그 후 150년 동안 20명의 왕들이 교체
되면서 신라는 역사의 뒤안길로 사라져 갔습니다.

그러면 어떻게 김경신이 왕이 되었을까요?《삼국유사》에는 혜공왕이
피살되고 김주원은 시중(지금의 국무총리), 김경신은 귀족회의 의장격인 상
대등이 되었다고 전합니다.

어느 날 '복두(幞頭: 신하들이 쓰는 관)'를 벗고 흰 갓을 쓰고 가야금을 들고 천관사 우물로 들어가는' 꿈을 꾸고는 두문불출(杜門不出)하였다. 그때 '여삼'이 찾아와 해몽하기를 '아주 좋은 꿈입니다. 복두를 벗었다는 것은 윗자리에 앉을 사람이 없다는 것이고 흰 갓을 쓴 것은 ❖면류관을 쓸 징조이며 12줄 가야금은 12대손까지 왕위가 이어지고 천관사의 우물로 들어간 것은 궁궐로 들어간다는 뜻입니다. 그래서 꼭 ❖북천(北川)의 신에게 제사를 지내면 꿈이 이루어질 것이오'라며 큰 절을 올리고 물러갔다. 얼마 후, 선덕왕이 돌아가시자 유언대로 조정에서는 주원을 왕으로 모시려고 하였다. 그런데 큰 비가 와서 궁궐 북쪽에 사는 주원이 내를 건널 수 없었다. 그러자 경신을 따르는 사람들이 '왕의 자리는 하루라도 비울 수 없다'며 왕으로 추대하였다.

당시 상황은 '일촉즉발(一觸卽發)'의 위기 상황이었을 것입니다. 결국 왕위를 빼앗긴 김주원은 강릉으로 도피하였습니다. 9세기가 되면서 일어나는 지방의 반란은 원성왕의 왕위 찬탈사건에서 비롯된 왕권의 약화를 원인으로 봅니다.

이런 약점에도 불구하고 원성왕은 독서삼품과라는 과거제도를 실시하여 가문이 아닌 능력으로 관리를 선발하는 등 국가 경영에 힘썼습니다. 즉위한 지 14년 만에 돌아가시고 여기에 묻히고 싶다는 유언에 따라 쓴 능입니다. 당시 석굴암과 불국사 등을 지어내던 문화 전성기인지라 호석

❖ **면류관** : 왕이 등극할 때 쓴다.
❖ **북천** : 분황사에서 보문단지 가는 길의 왼쪽에 있는 큰 내로 월성의 북쪽에 있다. 경주는 물이 풍부한 곳이다. 그래서 큰 비가 오면 범람이 심하여 피해가 극심했다. 그래서 덕동댐과 보문호수를 만들면서 경주는 비로 인한 피해는 많이 줄었다.

괘릉 관검석인

을 비롯한 석물들이 최고의 솜씨를 보여주는데, 좀 더 자세히 살펴보겠습니다.

먼저 무인석으로 불리는 인물상은 눈은 깊고 코가 큰 서역인의 모습을 완벽하게 보이고 있습니다. 뒤쪽에는 복주머니 같은 것을 차고 있는데, 바로 산낭(算囊)입니다. 즉 계산기를 가진 상인인데, 이들을 ✤소그드(sogd)인으로 보고 있습니다. 그 옆에 있는 모자를 쓴 인물이 무인입니다. 앞으로 칼을 짚고 갑옷을 안쪽에 입은 모습이 표현되어 있습니다. 날카로운

✤ 소그드 인 : 이란계 중앙아시아 사람으로 실크로드를 중심으로 동서 무역을 장악했다. 특히 5~9세기까지 왕성하게 활동했다.

눈매지만 진중한 모습인데 구레나룻 수염으로 보아 서역인입니다. 그래서 이들을 관검석인(冠劍石人)이라 부릅니다.

이번에는 사자상이 귀엽게 다가옵니다. 4마리의 사자가 동서남북을 보며 왕릉을 지키고 있습니다. 더욱이 한반도에 살지도 않는 사자가 석상으로 나타났는데, 그중에서도 괘릉의 사자상은 경주에서도 첫 손에 꼽히는 걸작입니다. 그렇다고 겁을 주는 게 아니라 웃음 띠며 다가와 애교를 떨면서 같이 놀자고 유혹하는 것 같습니다. 사자들이 모두 개성적이고 해학적이기도 하지만 꼬리가 모두 달라 보는 맛이 일품입니다. 석공이 사자들을 아주 매력적으로 만들어 놓아 사람들이 스스로 다가오게끔 손짓하고 있습니다. 이렇게 원성왕릉은 석물들을 보는 맛으로도 찾아옵니다.

괘릉 사자상

괘릉은 당시 자유로운 사회 분위기와 해학, 국제성을 단적으로 보여주는 중요한 유적입니다. 하기야 사람이 견문이 넓고 자신감이 있으면 자유로워집니다. 그래서 9세기 서라벌은 세계 10대 도시로 꼽히던, 세계와 같이 호흡하던 신라의 수도였습니다.

현재 원성왕릉은 공원으로도 손색이 없습니다. 곳곳에 벤치도 설치해 놓아 여유로운 시간을 즐기기에 좋은 곳입니다.

괘릉 사자상 뒷면

경주의 유교문화 둘러보기

경주의 추로지향

鄒 魯 之 鄕

추로지향: 공자의 고향인 노나라와 맹자의 고향인 추나라를 이르는 말로, 학문이 왕성하고 예절이 반듯한 곳을 말한다.

경주는 신라의 수도로서 불교문화의 보고로만 알려져 있는데, 조선시대의 유교문화도 산재해 있습니다. 삼국시대에 이미 유교가 들어와 관료 사회에 영향을 주었고, 고려시대에는 불교국가였지만 행정은 유교의 영향을 많이 받았습니다. 고려시대 3경의 하나인 동경(東京)으로 지방행정의 중심이었습니다. 조선시대 전기에는 경상도 관찰사가 있는 도청 소재지였습니다. 당연히 경주는 뿌리 깊은 불교문화의 전통 위에 수준 높은 유교문화를 꽃피워 양반과 선비문화가 잘 남아 있습니다. 그 중에서도 양동마을과 독락당, 옥산서원과 동강서원이 2010년 7월에 세계문화유산으로 지정되었습니다. 이들은 안강들을 중심으로 동서로 자리 잡은 신라의 곡식 창고이기도 했습니다.

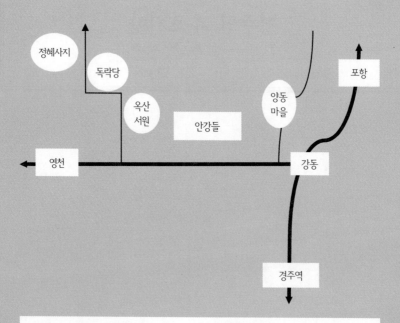

시내버스터미널 : 203번

경주역을 경유해서 양동마을까지 40분, 옥산서원까지는 1시간 걸린다.

시간 : 6시 20분, 7시 30분, 9시 15분, 10시 30분, 12시 30분, 13시 45분, 15시 30분, 16시 50분, 18시 45분, 19시 50분

양동마을

양동(良洞)마을은 경주 손씨와 여주 이씨가 같이 살았던 조선시대 가장 큰 양반마을입니다. 지금은 130호의 집에 300여 명의 주민이 사는 이름 그대로 마을입니다. 전체 주민 중에서 이씨가 80퍼센트, 손씨가 20퍼센트 가량 됩니다. 입구에서는 마을 전체의 30퍼센트 정도만 보여 큰 마을로 보이지 않습니다. 안으로 들어가면 설창산 자락을 따라 집들이 자리하고 있는데, 마을 어디를 가더라도 전체를 볼 수 있는 곳은 없습니다. 조선시대 이중환의 《택리지》에서는 우리나라 4대 명당으로 안동의 물돌이동(하회河回)과 내앞(천전川前)마을, 봉화의 닭실(유곡酉谷)마을과 여기 양동

성주봉에서 보는 양동마을과 안강들

양동마을 전경

마을을 꼽는데, 그중에서도 양동마을을 최고의 명당으로 봅니다. 또한 마을의 모습이 물(勿) 자 형태를 이루고 있습니다. 안산(案山: 앞산)인 성주봉에 올라보면 한자 지형을 선명하게 볼 수 있습니다. 주산(主山: 뒷산인 설창산)과 그 자락이 한자처럼 생긴 경우는 아주 드물고 좋다고 합니다. 왜 좋을까요?

조선시대는 유교사회입니다. 유교는 공자의 가르침을 배우고 익혀서 실천하는 것을 목표로 합니다. 사서삼경(四書三經)을 비롯한 많은 책들이 있지만 논어(論語)는 공자의 가르침이 가장 생생하게 남아 있는 고전입니다.

그중에서 금과옥조로 여기는 문구가 바로 ✤물시어인(勿施於人)입니다. 바로 실천을 강조하는 말입니다. 조선시대는 신분사회라 모든 사람에게 적용되는 말은 아니었겠지만 친구나 동료들끼리 실천할 수 있는 부분은 분명히 있었을 것입니다. 그러나 이 문구는 현대사회에 더 적합한 문구가 아닐까요! 2500년 전 공자의 가르침이 지금도 통하는 이유입니다.

> ✤ **물시어인** :《논어》'안연(顔淵)' 편을 보면 중궁이 스승인 공자에게 인(仁)이 무엇이냐고 묻자 공자는 "기소불욕 물시어인(己所不欲 勿施於人)"이라 답하셨다. '내가 하고 싶지 않은 것을 남에게 시키지 말라'는 뜻으로 유교의 핵심으로 평가된다.

자, 이제 성주봉에 올라보겠습니다. 이곳에서만 마을의 전체 모습을 볼 수 있는데, 시원하게 펼쳐지는 안강들을 보면 가슴이 탁 트입니다. 성주봉 정상에서 인동마을로 이어지는 오솔길 근처에는 청동기시대의 묘제인 석관묘가 100여 기 확인되었습니다. 또한 안강들 근처에는 크고 작은 고분들과 고인돌도 확인되고 있습니다. 이를 보면 유사 이전부터 많은 사람들이 거주했던 풍요로운 땅임을 알 수 있습니다.

문화재로는 국보 1점, 보물 4점(손소 영정 · 관가정 · 무첨당 · 향단), 중요민속자료 12점(서백당 · 수운정 · 수졸당 · 심수정 · 사호당 · 상춘헌 · 두곡고택 · 낙선당 · 안락정 · 이향정 · 강학당 · 근암고택), 도지정 문화재 7점을 포함하여 정자 10채(관가정 · 수운정 · 심수정 · 영귀정 · 설천정사 · 내곡정 · 육위정 · 양졸정 · 동호정 · 안락정), 서당 3개소(안락정 · 강학당 · 경산서당)가 남아 있어 양반의 생활상을 잘 보여주고 있습니다. 그래서 세계문화유산의 기준 중 '현존하거나 이미 사라진 문화적 전통이나 문명의 독보적이거나 특출한 증거'와 '인류 역사에서 중요 단계를 예증하는 건물, 건축이나 기술의 총체이거나 경관 유형의 대표적 사례'에 해당합니다. 또한 '아시아 유교문화권 국가에서 정주(定住 : 일정한 곳에 자리 잡고 사는 것) 형식이 가장 빼어나다'라는 평가를 받았습니다.

두 가문에서 ❖국불천위(國不遷位)가 한 분씩 배출된 것이 지금까지도 마을이 유지되는 가장 중요한 근거입니다. 그 결과 격식 있는 유교문화

❖ **국불천위** : 전통적으로 4대까지 제사를 모신 후에는 위패를 산소에 옮겨 묻고 제사를 폐하고 시제를 지낸다. 그러나 나라에 공로가 있어 사당에 모신 위패를 산소에 묻지 말고 대대손손 제사를 지내라는 어명이 내리면 국불천위다.

유산이 보존되었습니다. 게다가 양반집과 노비집들이 잘 보존되어 있기 때문에 주택의 구조에 나타난 질서와 신분제도까지 엿볼 수 있습니다. 지금도 불천위 제사는 종갓집에서 문중 사람들이 함께 모시고 있습니다.

양동마을은 본디 넓은 안강들의 중소 지주들이 사는 부촌이었습니다. 입향조(入鄕祖)인 양민공 손소(孫昭, 1433~1484) 선생이 양좌촌(양동마을의 옛 이름) 류복하의 무남독녀 외딸에게 장가들어 자리잡았습니다. 선생은 5남 3녀의 자제들을 두었는데, 그 자손들이 번성한 마을입니다.

손소 선생의 둘째 아들인 우재 손중돈(孫仲暾)이 과거급제하여 종1품 우찬성까지 올랐고, 청백리로 선정되어 선비로서의 명성을 드높였습니다. 또 선생의 둘째딸에게 찬성공 이번(李蕃, 1463~1500)이 장가들어 정착하였습니다. 찬성공은 2남 1녀를 두었는데 맏이인 이언적이 ❖동방 5현으로 문묘와 종묘에 배향되었습니다. 이처럼 외손들이 번성하여 외손(外孫)마을이라고도 합니다. 그 후부터 경주의 대표적인 명문가로 그 명성이 알려지기 시작했습니다. 또한 후손들이 선조의 명예를 이으면서 경주부 대과급제자의 절반이 양동마을 출신일 정도로 학문이 빼어난 대표 명문으로 성장했습니다.

이렇게 마을이 번성하게 된 이유는 양민공과 찬성공이 처가입향한 결과입니다. 200년 전만 해도 남자가 장가들어 처가 동네에 정착하여 사는 게 낯설지 않았던 시대였습니다. 게다가 양민공이 명석하여 과거급제하

❖ **동방 5현** : 김굉필, 정여창, 조광조, 이언적, 이황을 말한다. 학문이 깊을 뿐 아니라 백성을 위해 실천했다는 평가를 받는다.

고, 세조 13년(1467), ✤ '이시애의 난'을 평정하여 ✤ 적개공신이 되었습니다. 많은 토지와 노비를 부상으로 받고 처가의 재산을 물려받아 양동마을의 기틀을 다졌습니다. 다음으로는 계천군의 둘째 아들인 손중돈과 외손자인 이언적이 대과에 급제하였습니다. 이들이 문중의 이름을 드높였고, 그 후손들이 번창하면서 지방사회를 주도해 왔습니다. 이 후 1993년에 영국 찰스 황태자가 양동마을을 방문하면서 세계에 알려졌고, 마침내 2010년 세계문화유산으로 지정되었습니다. 수많은 사람들의 방문이 이어지며 경주관광의 중심으로 부상하고 있습니다.

이제 양동마을이 세계유산으로 지정된 이유를 살펴보겠습니다.

첫째, 양민공 이후부터 현재까지 600년의 역사가 잘 보존되어 있습니다. 그 예로 우리나라에서 가장 오래된 주택인 서백당을 비롯한 임진왜란(1592) 이전의 집이 4채가 남아 있습니다.

둘째, 품격 있는 유교문화유산을 많이 가지고 있습니다. 유교의 종주국인 중국은 오랜 세월 동안 우리나라에 많은 영향을 끼쳤습니다. 특히 조선은 유교 국가였기에 그 이념이 건축과 생활에 고스란히 배어 있습니다. 관혼상제(冠婚喪祭)로 대표되는 유교 문화 중에서도 제례, 즉 불천위 제사, 묘사, 차례 등이 문중과 집집마다 행해지고 있습니다.

> ✤ **이시애의 난** : 세조 13년(1467), 중앙집권을 강화하기 위해 북도(北道) 출신 수령의 임명을 제한하는 정책을 폈고, 이에 이시애가 반발하여 난을 일으켰다.
> ✤ **적개공신** : 조선시대에 공신 작위를 받으면 부상이 대단했다. 적개공신은 1등 10명, 2등 23명, 3등이 있다. 양민공이 2등 공신이 되면서 받은 부상은 전답 100결(1결은 3000천 평으로 현재의 1정보), 반당(심부름꾼) 8인, 노비 10구, 구사(지방관청 노비) 5구와 은 20냥, 옷 1벌, 과하마(왕실에서 쓰는 말) 등이었다.

그런데 유교의 종주국인 중국에서도 제례는 남아 있지 않습니다. 1960년대의 문화대혁명으로 수천 년 동안 내려온 전통과 문화가 깡그리 사라져 버렸기 때문입니다. 최근에는 미국 하버드대학에서 공자의 《논어》를 개강했는데 10분 만에 수강 신청이 끝났다고 합니다. 이처럼 동양문화가 서양 사회에서 주목받고 있습니다. 세계적으로 중국의 영향력이 커지면서 당연히 서양에서 중국을 방문하는 일도 잦아졌습니다. 하지만 유교의 시조인 공자의 고향인 곡부에는 어떤 유적도 남아 있지 않았습니다. 급하게 공자의 묘소와 사당을 세웠지만, 제사를 지내는 방법을 아는 사람들은 없었습니

경주 향교의 석전대제 : 공자와 중국의 성현 7분, 동방 18현을 모시고 드리는 제사

다. 결국 몇 년 전에 공자 문중에서 우리나라를 방문하여 종묘제례를 참관하고 종갓집의 제례를 배워갔다고 합니다. 이처럼 유교는 우리나라의 전통으로 자리매김하고 있습니다.

셋째, 양동마을은 자연친화적입니다. 자연 그대로의 환경에 터를 잡아 집을 짓고 살아온 마을입니다. 지금은 기술문명시대로 도시화가 진행되면서 자연을 훼손하는 것을 개발인 양 자랑스레 여겼지만, 이제는 그 폐해가 많이 나타나고 있습니다. 하지만 이곳에서는 있는 그대로의 자연에 집과 사람들이 어우러져 있습니다. 누구나 이곳에서는 자연의 일부가 된 것처럼 느끼고 고향에 온 듯한 편안함 때문에 외국인들조차도 매료되곤 합니다.

지금도 전국에 남아 있는 집성촌들이 거의 다 명당에 자리 잡았지만, 왜 양동마을을 최고의 명당으로 꼽는지 알아보겠습니다.

첫째, 단일마을로는 인재(과거급제자)가 가장 많이 배출되었습니다.

둘째, 배산임수(背山任數) 지형입니다. 먼저 배산, 즉 산이 뒤에 있으면 찬 북풍을 막아주고 햇빛이 잘 들며 배수가 잘 되고 홍수가 났을 때 피해를 최소화할 수 있습니다. 임수, 즉 물(강)이 있으면 식수나 생활용수를 구하기 좋고 교통이 편리합니다. 요즘처럼 교통이 편리하지 않았던 시대에는 강이나 바다가 고속도로였습니다. 여기도 마을 앞까지 배가 드나들었고, 인근에는 큰 장이 섰습니다. 마지막으로, 들(논)이 있는데, 이는 일자리였습니다. 특히 쌀농사는 물도 많아야 하지만 사람들이 모여야 할 수 있습니다. 그러다 보니 다양한 사람들이 모여 문화를 만들었습니다.

셋째, 전착후광(前窄後廣), 즉 입구는 좁고 안은 넓습니다. 우리나라는 많은 난리와 전쟁을 겪었습니다. 크고 부유한 집이 보이면 약탈될 수밖에 없습니다. 하지만 양동마을은 입구에서는 작아 보이기 때문에 피해가 별로 없었습니다.

양동마을에는 집도 있고 사람도 살지만 이들을 연결하는 것은 길입니다. 걸으면서 보고 느끼는 것이 최고의 답사 방법입니다. 양동마을에는 임진왜란(1592) 이전의 집이 4채가 있습니다. 손씨 종가집이자 우리나라에서 가장 오래된 서백당, 이씨 종가집 무첨당, 회재와 동생인 농재가 어머님을 모시고 살았던 향단, 그리고 입구에 은행나무를 앞에 두고 마을을 내려다보는 관가정까지 둘러보겠습니다. 이곳은 급하게 다니면 진면목을 보여주지 않습니다. 고향에 온 듯 여유롭게 돌아봐야 합니다. 마을은 경사가 심하고 넓어서 특히 여름은 권하고 싶지 않습니다.

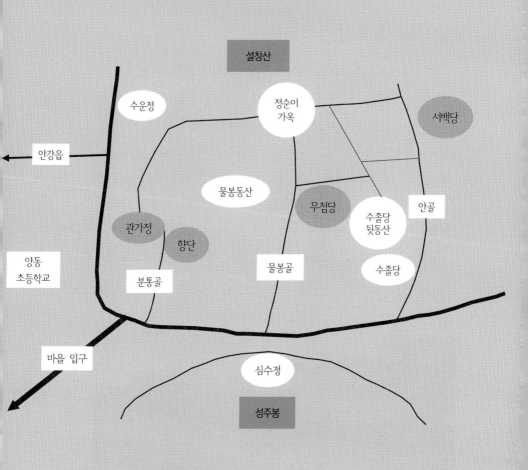

설창산

수운정

정순이
가옥

서백당

안강읍

물봉동산

무첨당

수졸당
뒷동산

안골

관가정

향단

양동
초등학교

분통골

물봉골

수졸당

마을 입구

심수정

성주봉

관가정

관가정(觀稼亭)은 손소의 둘째 아들 우재 손중돈이 분가하면서 지은 살림집이지만 지금은 마을에서 사람이 살지 않는 유일한 집입니다. 형인 손백돈이 후사 없이 젊은 나이에 세상을 떠나 우재 선생이 종손(宗孫)이 되었습니다. 부친이 봉작을 받고 사후에 불천위가 되자 영당(影堂: 영정을 모신 사당)을 지어 영정을 모셨고, 그후 대종가로 오랫동안 내려오다가 1924년 서백당에 사당을 짓고 위패를 모셔갔습니다. 지금은 매년 단옷날, 영당(影堂)에서 차례(茶禮)를 지냅니다.

은행나무 앞에서 집으로 올라가면 잠깐 걸었어도 숨이 찰 정도로 가파

관가정 전경

관가정 (보물 제442호)

르지만, 대문 안으로 들어가서 안강들을 내려다보면 시원한 조망에 스트레스가 확 날아가는 듯합니다. 남쪽으로는 성주봉과 형산강을 볼 수 있는 아주 전망 좋은 곳에 자리 잡았습니다. 그래서 당호는 볼 '관(觀)', 농사지을 '가(稼)'를 써서 '곡식이 자라는 것을 보듯 자손의 성장을 지켜본다'는 의미로 교육의 중요성을 강조한 우재의 뜻이기도 합니다.

관가정은 영남지방 반가의 전형적인 'ㅁ' 자 구조의 집입니다. 본채를 중심으로 위쪽은 사당, 아래쪽은 행랑, 그리고 외거 노비가 사는 가랍집이 있습니다. 날개달린 'ㅁ' 자 구조로 유일하게 본채에 정자를 이어지었습니다. 왜 이런 구조로 집을 지었는지는 분명하지 않습니다. 풍수가들에게서 귀동냥으로 들은 이야기에 의하면 관가정은 횡액(橫厄: 예상치 않았던 불행)을 피하기 위한 구조라고 합니다. 관가정에서 형산강을 보면 그 뒤에 튀어나온 곳이 호명(虎鳴)이란 동네인데, 호랑이가 마을을 향해 내달리기 직전의 웅크린 자세라고 합니다. 그래서 호환을 막기 위해 대문 칸을 성채처럼 넓게 짓고, 입구에는 은행나무를 심어 집을 가렸다고 합니다. 관가정은 마을에서는 유일하게 빈집이기 때문에 닫힌 문을 억지로 열다가 망가지면 대문마저 잠길 수 있으니 방문객들은 조심해서 들어가야겠습니다.

집 뒤를 돌아 영당 앞을 지나 작은 협문으로 나오면 또 다른 풍광을 보여줍니다. 기와집과 초가집들이 어우러져 포근하고 이곳에서 보는 향단은 그나마 가장 가까이 보입니다.

관가정을 뒤로 하고 오솔길을 따라 가면 물봉동산에 이르게 됩니다. 입구에서는 볼 수 없었던 집들이 나타나 '정말 넓다!'란 감탄사가 절로 나옵니다. 왼쪽으로 내려가면 영귀정과 설천정사가 자리하고 있어 여유롭게

관가정에 앉아서 바라본 풍경

관가정의 은행나무

둘러보아도 좋습니다. 특히 설천정사 마루에 앉으면 배롱나무 사이로 멀리 들과 산이 눈에 아른거립니다. 이곳에서 옛사람들은 차 한 잔으로 마음을 씻었을 것입니다. 또 과거를 앞둔 젊은 선비들은 책에다 몸과 마음을 묻었겠지요.

다시 아름다운 길을 따라 고향마을 걷듯 여유롭게 가면 왼쪽으로 안강 들이 따라오는 듯합니다. 양동마을을 키운 젖줄, 이 넓은 논이 없었다면 인재도 집도 없었을 것입니다. 지금은 '들'에 대한 경제적 가치가 피부에 와 닿지 않지만, 1970년대만 해도 부모님들이 논 팔고 소 팔아서 도시로 나와 공부하던 친구들이 꽤 많았습니다.

정순이 가옥

걷다 보면 어느새 시간 속으로 들어간 듯 아담한 정순이 가옥이 눈앞에
서 있습니다. 초가삼간이면서 광채(창고)와 잿간(화장실)을 갖춘 온전한 살
림집입니다. 특히 방 앞의 기단을 확장하여 처마 밑을 생활공간으로 활용
한 지혜가 엿보입니다. 마치 외갓집 사립문을 열고 들어가는 듯 정겹기
그지없습니다. 지금은 할머니가 안 계시지만 고추며 호박, 깻잎을 심고
돌보시던 모습이 눈에 선합니다. 지붕 위의 보름달 같은 하얀 박도.

무첨당(無添堂)은 여주 이씨의 종갓집입니다. 회재의 부친이 손씨 부인에게 장가들며 지은 살림집으로 1490년대에 건축되었습니다. 대문을 들어가며 마주 보이는 집이 본디 있던 살림채입니다. 회재 선생이 불천위가되면서 위쪽에 사당도 지었습니다. 그 후 회재의 손자들도 과거급제를 하는 등 인재가 나면서 많은 사람들이 드나들게 되었습니다. 그래서 회재의맏손자이자 종손인 '의윤'이 사랑채를 새로 지어 자신의 호를 '무첨당'으로 지었습니다. 즉, 조상에게 누가 되지 않겠다는 각오를 담았습니다. 그후 지금까지 제청이자 사랑으로 쓰이고 있습니다. 특히 기역 자로 꺾인

무첨당 (보물 제411호)

정자 부분은 날렵한 지붕선이 볼수록 매력적인데, 마치 날개 달고 하늘을 날아가는 듯 경쾌함이 압권입니다.

대청마루에는 편액이 많이 걸려 있습니다. 그중에서 '좌해금서(左海琴書)'는 '영남의 풍류와 학문'이란 뜻으로, 흥선대원군의 죽필(竹筆)로 유명합니다. 흥선대원군은 고종의 아버지로 아들이 왕위에 오르기 전에는 전국을 유람하였습니다. 조선 말기가 되면서 왕권은 땅에 떨어져 왕족들은 세도가들에게 망신을 당하기 일쑤였습니다. 어느 날 대원군이 양동마을을 방문했는데, 극진한 대접을 받고 써준 현판입니다.

'물애서옥(勿崖書屋)'은 '물봉골에 있는 선비의 집'이란 뜻입니다. 청나라의 문인 용방 조광(趙光, 1797~1865)이 한양에서 회재의 후손을 만난 후 쓴 것으로 보고 있습니다. 또 하나 오체서실(五棣書室)은 회재의 손자가 5명인데 그들이 우애롭게 잘 자라나기를 바라며 쓴 편액입니다. 무첨당 앞의 넓은 마당은 불천위 제사를 포함한 집안의 대소사를 치르기 위해서 널찍하게 조성되었습니다. 무첨당 뒤로 올라가면 사당이 있는데, 그 앞에서 보는 성주봉 정상과 하늘은 일품입니다.

'좌해금서' 편액

서백당

서백당(書百堂)은 ✤월성 손씨 대종가이자 현재 우리나라에서 가장 오래된 살림집입니다. 1460년대에 입향조인 양민공(손소)이 장가들며 지어졌습니다. 당호는 '참을 인(忍)을 하루에 백 번 쓴다'는 의미입니다. 당연히 종손은 마을의 최고 어른입니다. 많은 사람들이 오가며 하는 말들에 마음 상하는 일도 많았을 것입니다. 들은 것을 그대로 내뱉으면 마을은 분란이 끊이지 않을 것입니다. 그래서 종손과 종부는 들어도 못 들은 척 삭이고 참아야 한다는 뜻입니다. 이는 당나라 고종 때 ✤'장공예' 고사에서 유래되었습니다. 서백당 현판 뒤에는 '송첨(松簷: 소나무처럼 맑고 올곧은 의지)', 옆에는 '식와(息窩: 학문을 통해 자신을 연마할 것)' 현판이 걸려 있습니다. 모두 사람의 도리와 가문의 일원으로서 새겨야 할 의무가 담겨 있습니다.

서백당은 최고 명당인 양동마을에서도 주산인 설창산의 기가 모이는 명당입니다. 집터를 보던 풍수가는 ✤'삼현지지(三賢之地)' 즉 현자가 세 분

✤ **월성 손씨** : 경주는 예전에 월성군이었다. 그래서 경주와 월성은 같은 의미다. 월성 손씨는 경주 손씨, 경주 이씨는 월성 이씨로 말하기도 한다.

✤ **장공예** : 구세동거(九世同居)라는 고사에 의하면. 장공예는 9대가 한 집에서 화목하게 살았다고 한다. 이를 신통하게 여긴 당나라 고종 황제가 그 비결을 묻자 장공예는 아무 말 없이 참을 인(忍) 자를 백 번 썼다고 해서 유래된 당호다. 백인당(百忍堂)도 같은 뜻이다.

✤ **삼현지지** : 입향조의 둘째 아들인 우재 손중돈, 외손자 회재 이언적, 그리고 또 한 분의 인재를 문중에서는 기다리고 있다는 것을 말한다.

서백당 (중요민속자료 제23호)

이 태어날 것이라고 예언했습니다. 대청마루를 사이에 두고 안방과 마주
보는 방이 바로 산실(産室)입니다. 이 방에서 계천군의 둘째 아들인 우재와
외손자인 회재가 태어났습니다. 이들이 양동마을의 문명(文名)을 드높였
고, 지금은 또 한 분의 현인이 태어나기를 고대하고 있습니다. 또한 우리
나라의 많은 종가 가운데 유일하게 자손이 끊이지 않았다고 하니 가히 최
고의 종가가 아닐까 싶습니다.

　그러나 개인적으로 '명당'이라 보는 이유는 따로 있습니다. 추운 겨울,
휘몰아치는 바람에 움츠리고 들어간 마당엔 바람도 없이 따뜻합니다. 또
한 서백당은 조선 초기의 대갓집으로 당시 법속이 제대로 남아 있습니다.
사당과 본채, 행랑채가 안에서 또 위에서부터 위치해 신분을 나타냅니다.

본채도 안채와 사랑채로 분리하여 '부부유별'을 나타냅니다. 조선시대 기록을 보면 왕가나 대갓집에서는 15세가 되기 전에 혼례를 올렸습니다. 색시보다 나이 어린 '꼬마신랑'이 실제로 있었던 시절이었습니다. 15세가 지나면 날을 받아서 합방하게끔 하였습니다. 그렇게 귀하게 자손을 보아 대를 이어 내려왔습니다.

　서백당 사랑마루의 왼쪽에는 앙증맞은 담이 보입니다. 이는 '내외담'으로 출입하는 남자들이 아녀자들의 움직임에 눈 돌릴 수 없게 '남녀유별'을 실천한 장치입니다. 조선시대는 '남녀칠세부동석(男女七世不同席)'이라 하여 가족이 아닌 외부 남자와는 한 자리에 같이 있지 못하게 했습니다. 사랑채는 사대부가의 남자들이 오가는 곳이고, 음식상 등으로 시중 드는 여인네들의 발걸음도 잦을 수밖에 없었습니다. 그래서 이들의 시선을 차단

안채의 대청마루와 영쌍창

서백당 향나무

하는 장치입니다.

　이제 서백당 안채를 보겠습니다. 대청마루는 여름이면 꽃들이 만발하여 마루문(✤영쌍창靈雙窓)을 열면 그야말로 꽃천지입니다. 안마당 한 쪽에 꽃 한 송이 심지 않아도 바람 한 자락, 한 뼘의 하늘만으로도 부러운 집. 그러나 마루 위 시렁(선반)에 불천위 제사를 비롯한 대소사에 쓰이는 많은 상들을 보면 종부의 가녀린 어깨가 새삼 안쓰럽습니다. 이들을 모두 감싸 안고 오래된 향나무가 바깥마당에 의젓합니다.

> ✤ **영쌍창** : 주로 열기만 하는 두 개로 이루어진 창문이다. 창호를 바르거나 판문으로 된 것도 있다. 중간에 막대가 세워져 있는데, 아주 오래된 집에서만 볼 수 있다.

향단(香壇)은 회재 선생이 경상도 관찰사로 재직하면서 지은 집으로 젊어 혼자 되신 어머니를 모시기 위함이었습니다. 그러나 나랏일에 바빠 맏이면서도 모친 봉양을 제대로 하지 못해 동생인 농재공이 대신하였습니다. 그래서 동생의 집으로 되어 있고, 역시 그 후손이 살고 있습니다. 그래서 '향단'은 농재(籠齋)의 맏손자 호입니다. 향단은 마을 입구에서 보면 화려하면서도 가장 눈에 띄는 아주 큰 집입니다. 특히 사랑채와 앞마당에선 허튼 짓을 할 수 없도록 트여 있습니다. 이를 보면 양반들은 집에서도

향단 (보물 제412호)

향단 안마당에서 바라본 하늘

흐트러진 모습을 보이지 않도록 노력한 마음가짐이 아니었을까요. '지체가 높다'는 건 지킬 것이 많다는 뜻입니다. 보는 눈도 많아서 매사 조심해야 합니다. 품위가 저절로 생기는 게 아니겠지요.

그러나 여인들이 움직이는 안채로 들어가면 숨쉬기도 어려울 만큼 폐쇄적입니다. 중대문을 들어가면 손바닥만한 마당의 왼쪽 방에서 모친이 거처하신 것으로 보입니다. 향단은 어머니가 계시던 안방이 가장 중심입니다. 안채 마루를 앞에 두고 안방에서 집안 대소사를 관리하신 것으로 보입니다. 역시 어머니를 배려한 구조라는 것을 실감케 합니다. 또한 방마다 벽장이 있어 방 안은 군더더기 하나 없이 매끈합니다. 하기야 요즘처럼 살림이 많지 않았고, 벽장이나 다락도 효율적으로 수납을 하기에 적당했을 것입니다.

좀 더 안으로 들어가면 부엌이 있습니다. 옛날 살림집에서는 보기 드문 이층 구조입니다. 얼마나 큰살림이었는지 많은 사람들이 바쁘게 돌아갔을 그때가 눈에 선합니다. 지금 사시는 후손의 말로는 끼니때마다 적어도 100명분은 차려내야 했다고 합니다.

또 하나 압권은 사랑마루 뒤편 문을 열면 안채에서도 성주봉의 모습이 한눈에 들어오는 풍광입니다. 바깥에서 보아도 일품이지만 안채에서 보는 바깥 풍경은 상상을 초월할 정도로 아름답습니다. 자연을 액자에 담아 건 듯 바람소리, 비소리, 새소리와 달빛까지 보이는 듯합니다.

이제 마을의 가장 중요한 집들은 다 돌아보았습니다. 물론 이 집들 사이사이에 심수정, 강학당, 창은정사, 내곡정 등에 앉아보면 눈을 시원하게 하는 곳도 많고 들어갈 수 없는 집들도 많습니다. 그러나 여행이란 모든 것을 보고 느끼는 것과 더불어 상상 또한 중요합니다. 그래서 마지막으로 권하는 곳은 수졸당 뒷동산입니다. 소나무가 운치 있게 우거져 있고

안채에서 바라본 뒤편 풍경

수졸당 뒷동산에서 바라본 마을 전경

벤치가 군데군데 자리하고 있어 쉬어가기에는 그저 그만입니다. 또한 성
주봉과 마을 입구가 한눈에 들어와서 개인적으로 아주 좋아하는 곳이기
도 합니다. 듬직한 나무에라도 기대어 있으면 대갓댁 어린 아가씨들이 재
잘거리는 소리가 들리는 것 같습니다. 소꿉놀이하며 그네 타고 숨바꼭질
하며 뛰놀던 곳입니다. 발갛게 상기된 볼에 웃음소리 끊이지 않았던 곳이
었겠지요. 그 시절로 돌아가 추억에 잠길 수 있는 곳입니다. 멀리서 돌아
오시는 아버지 모습에 서둘러 집으로 향하는 발걸음소리까지 들립니다.

　양동마을이 가장 아름다울 때는 3월경입니다. 온 마을에 가득한 매화
향기에 취하여 마음까지 혼미해집니다. 옷깃을 여미면서도 봄의 손길이
느껴져 미소를 머금습니다. 또 10월 말부터 11월 중순까지는 단풍이 곱
게 물들어 마음을 설레게 합니다. 특히 안골로 들어가는 길과 서백당 대
문에서 내려다보는 마을은 너무 아름답습니다.

옥산서원

우리나라에는 절과 고택 다음으로 많은 유적지가 서원입니다. 2014년 조사로 전국에 930개 서원이 있는 것으로 밝혀졌습니다. 그중에서 옥산서원(玉山書院)은 소수서원, 도산서원, 병산서원과 함께 4대 서원의 하나입니다. 그중에서도 옥산서원이 최고로 꼽히는 이유는 자연 경관이 수려하기 때문입니다. 자계천을 따라 들어오는 진입로와 서원 앞 세심대(洗心臺)와 용추 등 선경이 따로 없습니다. 또한 서책과 유물이 가장 많아 유물관을 따로 지어 보관할 정도입니다. 그리고 역락문(亦樂門), 무변루(無邊樓), 구인당(求仁堂)과 체인묘(體仁廟)가 일직선으로 배치되어 정연한 구조를 보여

옥산서원 입구 (사적 제154호)

줍니다. 관청의 구조와 흡사한 것으로 보아 옥산서원은 관에서 주도한 것으로 보고 있습니다. 게다가 향사가 가장 예스럽게 행해지는 곳으로도 이름이 높습니다. 옥산서원은 1573년에 경주부윤 이재민, 회재 후손들의 노력과 사림(士林)의 후원으로 세워졌습니다. 이듬해 임금께서 아계가 쓴 '옥산서원' 현판을 내리면서 사액서원이 되었습니다.

그런데 서원은 무엇이기에 이리도 많이 남아 있을까요? 조선시대에 초등학교는 서당, 중등학교를 지방에서는 향교, 한양에서는 학당이라 했습니다. 그 다음으로 대학은 성균관으로 한양에 있는 유일한 국립대학이었습니다. 그럼 지방 사람들은 어디서 고등교육을 받았을까요? 바로 지방사

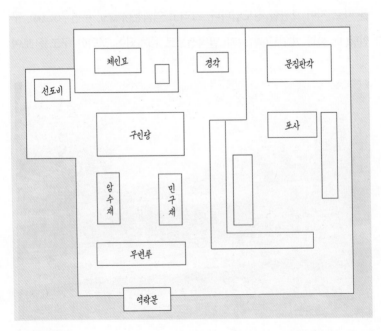

옥산서원 배치도

구인당

립대학인 서원을 세웠던 것입니다. 이뿐 아니라 서원에는 사당도 있습니다. 문묘나 향교와는 달리 서원에서는 우리나라 학자들을 주로 모십니다. 옥산서원에서는 문원공(文元公) 회재 이언적(李彦迪, 1491~1553) 선생을 체인묘에 모시고 있습니다.

옥산서원은 조선시대 명문 사학 중 하나였습니다. 입학하려면 생원시에 합격하거나 추천을 받아야만 가능했습니다. 모여서 함께 공부하며 과거급제를 꿈꾸던 선비들은 10대 후반부터 20대까지 홍안의 젊은이입니다. 한 스승 밑에서 함께 공부하고 토론하며 밥 먹고 잠자면서 학창시절을 보냈습니다. 근엄한 선비들도 한때는 서원의 계곡에 발 담그고 청춘과 인생을 논했지요. 그러면서 서로를 이해하고 우정을 쌓고 '평생의 지기'를 만났을 것입니다. 즉, 옥산서원은 큰 스승인 회재 선생을 모시고 후학들이 공부하며 인성을 연마하던 곳입니다. 유교에서는 선비들의 본분을 수기치인(修己治人)이라 하는데, 사회에 나가기 전에 자기 자신을 수련하고 단련하던 현장입니다.

이제 정문인 역락문으로 들어가겠습니다. 공자의 말씀을 엮은 《논어論語》는 20편으로 구성되어 있는데, 첫 편인 〈학이學而〉 편을 보겠습니다.

> 학재기(學在己)
> 지부지 재인(知不知 在人)
> 학이시습지 불역열호(學而時習之 不亦悦乎)
> 유붕자원방래 불역낙호(有朋自遠方來 不亦樂乎)
> 인부지이불온 불역군자호(人不知而不溫 不亦君子乎)
>
> 공부하는 것은 자신이 하기 나름이고,
> 나를 알아주고 몰라주는 것은 사람들의 몫이다.
> 공부하고 익히는 기쁨은 말로는 다 할 수 없고
> 멀리서 찾아오는 친구가 있어 얼마나 좋은지
> 사람들이 나를 알아주지 않아도 화내지 않으면 군자다.

한 마디로 학자와 선비의 길을 구체적으로 말해주는 내용입니다. 그중에서 넷째 구절을 볼까요. '멀리서 찾아오는 친구는 맨발로 뛰어나가 맞을 만큼 반갑다'는 말입니다. 오는 사람이나 맞이하는 친구나 얼마나 보고팠는지 그 마음이 고스란히 느껴집니다. 이처럼 남자들은 우정, 친구 관계를 중시했습니다. 옥산서원 정문이 그래서 '역락문'입니다.

정문을 들어와 강의실인 구인당에 앉아 보실까요. 가운데 앉으면 무변루 지붕 너머로 듬직한 자옥산 능선이 눈에 들어옵니다. 마음이 안정되면

무변루

서 차분하게 수업을 받을 자세가 될 정도로 흐트러진 곳이 없습니다. 실제로 공부할 때 잡생각이 많으면 집중할 수가 없습니다. 그래서 옥산서원은 설계하여 지은 최초의 서원이 아닐까 싶습니다.

마당 좌우에 있는 건물은 기숙사로 동재와 서재인 ✤'암수재(闇修齋)'와 ✤'민구재(敏求齋)'입니다. 구인당 건너편에 있는 '무변루'는 '끝없다'라는 뜻으로, 공부도 인격도 나이 들면서 깊어간다는 뜻입니다. 누각이면서 문

✤ **암수재** : 《중용》에 나오는 말로, '드러나지 않는 가운데 나날이 새롭게 펼쳐져 나간다'는 뜻으로 학습의 자세와 이치를 말한다.

✤ **민구재** : 《논어》의 〈술이〉 편에 나온다. "子曰 我非生而知之者 好古敏以求之者也." 즉, 공자가 말씀하시길 "나도 처음부터 알지는 못했다. 단지 부지런히 배우고 익혔을 뿐이다"라며 공부하는 자세를 말한다.

과 방이 있는 곳입니다. 수업이 끝나고 함께한 시간, 차 한 잔을 앞에 두고 모여 앉아 토론하며 서로를 알아가면서 성장하는 곳입니다. 또한 서원을 방문하신 고명한 선비들의 식견과 한양 소식도 접하는 곳입니다.

특히 무변루 방 옆에 있는 베란다 같은 작은 누에서 보는 세심대는 일품입니다. 그래서 전국의 건축과와 조경학과에서 답사가 끊이지 않습니다. 개인적으로는 자연과 어우러진 집들과 풍광을 잘 이해하여 우리나라만의 특징이 살아 있는 건축물들을 많이 지었으면 좋겠습니다.

구인당은 강의실입니다. 유교의 핵심인 '인(仁)'을 찾는 곳입니다. 한자를 풀어보면 사람(人)이 둘(二) 있으면 관계가 생깁니다. 혼자서는 절대로 생길 수 없는 것이 인입니다. 성인군자도 혼자 있을 때는 흐트러지기 쉽습니다. 그런데 친구든 부부든 누군가가 있다면 둘의 관계를 잘 풀어가야

세심대

옥산서원 현판

할 것입니다. 즉, 유교의 핵심은 '관계론'입니다. 학문적으로는 천지인(天地人), 즉 하늘의 이치를 사람들이 공부하고 실천하며 현실세계에 펼치는 것입니다. 결국은 실천이 중요합니다. 그래서 생활에서 만나는 '仁'은 너와 나의 관계를 잘 풀어나가는 것입니다.

이제 현판 이야기로 마무리하겠습니다. 서원 마당을 들어오며 보는 '옥산서원'은 추사 김정희(秋史 金正喜, 1786~1856) 선생의 글씨로는 보기 드문 해서체(楷書體: 흘리거나 날리지 않고 쓰는 정자체)입니다. 19세기에 화재로 인해 구인당이 소실되면서 다시 지었는데, 그 소식을 들은 조정에서 다시 내려 보낸 현판입니다. 구인당과 무변루는 석봉 한호(錫俸, 韓濩, 1543~1605) 선생의 글씨입니다. 서원이 사액될 때 조정에서 내려 보낸 단정하게 쓴 글씨가 일품입니다. 구인당 마루에 앉아야만 보이는 '옥산서원'은 당시 명필로 이름 높았던 아계 ✤이산해(鵝溪 李山海, 1539~1609) 선생의 글씨입니다. 그리고 계곡에서 볼 수 있는 용추와 세심대는 퇴계 이황 선생의 글씨로 마음이 정갈한 사람만 볼 수 있습니다.

구인당을 왼쪽으로 돌아보면 회재의 신도비(神道碑)가 있습니다. 본디 계곡 근처에 있던 것을 옮겼는데, 여기엔 회재의 일생과 학문이 고스란히 담겨져 있습니다. 전라도의 큰 선비 고봉 ✤기대승(高峯 奇大升, 1527~1572) 선생이 비문을 짓고 아계 이산해 선생이 글씨를 썼습니다. 성리학의 대가 퇴계와 율곡 선생도 회재의 학문을 토대로 성리학을 완성시켰습니다. 당시 퇴계는 한 번도 보지 못한 회재를 스승으로 여겼을 정도입니다. 그때부터 회재는 성리학의 방향을 제시한 큰 스승으로 평가받고 있습니다.

✤ 이산해 : 토정 이지함 선생의 조카로 선조와 광해군 때 영의정을 지냈다. '옥산서원'과 '독락당' 현판, 그리고 체인묘 옆에 있는 회재 신도비의 글씨를 썼다.
✤ 기대승 : 전라도에 유학의 씨앗을 뿌린 큰 스승이다. 특히 30년 연상의 퇴계와 나눈 학문적 논쟁인 '사단칠정론'으로 유명하다.

독락당

옥산서원의 외나무다리를 건너 북쪽으로 독락당 팻말을 따라 가면 10분 남짓 거리에 독락당(獨樂堂)이 있습니다. 회재 이언적 선생이 향리에 돌아와 1530년대 후반에 지은 살림집입니다. 당호는 홀로 독(獨), 즐길 낙(樂), 독락당입니다. 혼자서 가는 외롭고 힘든 일, 바로 '학문의 길'을 의미합니다.

독락당은 임진왜란(1592) 이전 주택으로, 많은 건축학자들은 자연친화적인 조선시대 최고의 집으로 꼽습니다. 자계천가에 집 짓고 학문을 하던 곳. 선비라면 누구나 바라는 바이겠지요. 이를 현실로 옮길 수 있었던 회

독락당 (보물 제413호)

자계 16영

재는 행운아입니다. 비록 귀양지인 평안도 강계에서 생을 마쳤지만 하나뿐인 아들(잠계 이전인)이 봉양하고 임종까지 지켰습니다. 귀양생활이 힘도 들었지만 평생의 학문을 정리한 책도 썼습니다.

회재를 이야기할 때 '무잠계면 무회재(無潛溪 無晦齋)'란 말이 있습니다. 잠계는 회재의 유일한 친아들 이전인(李全仁, 1516~1568)의 호입니다. 아들 잠계는 아버지가 평안도 강계로 유배 가실 때 동행해서 임종하시자 아버지를 모셨습니다. 그리고 아버지가 임종하시자 아버지의 얼이 담긴 글과 손때 묻은 책들, 그리고 유품까지 챙겨 멀고 먼 고향으로 내려왔습니다. 1553년 음력 11월, 유배 가신 지 6년 만에 돌아가시자 한겨울 추위를 헤치고 임종한 아버지를 모시고 고향까지 내려온 것입니다.

그 후 퇴계에게 부친의 학문을 알려 퇴계로부터 '나의 스승'이란 한 마디 말로 조선시대 큰 스승으로 자리매김하였습니다. 그뿐 아니라 당시 경상도 관찰사였던 관원 박계현의 역할도 컸습니다. 잠계는 아버지의 유서와 자신이 직접 쓴 서찰을 관원에게 보냈고, 이에 박계현은 조정에 장계를 올렸는데, 많은 관료들이 회재의 무고함을 증언하면서 신원(伸寃)되었습니다.

그 후 박계현이 독락당을 찾아 선생의 발자취를 더듬고 자계천의 아름다움을 시로 남긴 것이 바로 '자계 16영'입니다. 잠계는 이 시를 현판에 새겨 사랑방 문 위에 걸어두고 고마움을 잊지 않았습니다. 이처럼 회재는 아들 잠계가 없었다면 이름 없이 묻혔을지도 모릅니다. 잠계는 이제 그 무거운 짐을 다 내려놓고 마을 안에 있는 '장산서원'에 모셔져 있습니다.

조선시대의 집은 안채와 사랑채로 구분됩니다. 독락당은 엄밀하게 말하면 사랑채인 독락당만 보물이지만 지금은 집 전체를 의미합니다. 사랑 마루에는 독락당과 옥산정사(玉山精舍 : 정사는 학문을 연마한다는 의미) 현판과,

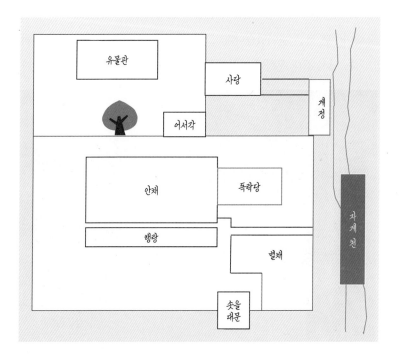

선비들이 다녀가며 남긴 시와 문장이 빽빽하게 걸려 있습니다. 주인과 손님들이 같이 학문을 논하던 정사입니다. 그중에서도 독락당이 자연친화적인 면모를 보여주는 곳은 자계천을 볼 수 있는 사랑채입니다. 영쌍창을 열면 살창담 사이로 물이 흐르는 계곡이 보입니다. 더불어 숲과 나무 사이로 흐르는 바람과 물소리에 심신이 상쾌해지고 맑아지면서 머릿속이 정리되는 순간입니다.

반가의 하루는 남정네들의 잦은 출입으로 이어지면서 여인네들은 넓은 집을 오가며 시중 드느라 하루해가 짧았을 것입니다. 곳곳에 그림처럼 다소곳이 자리한 작은 문으로 온종일 종종대던 바쁜 걸음들이 그려집니다. 이 작은 문으로 인해 집안일들이 한결 수월했겠지요. 요즘말로 가사 동선을 줄여주던 작은 문이었습니다. 그런 의미에서 독락당은 현대적인 주택입니다. 당시 접대 문화에 고달팠을 여인들까지 배려한 선생의 따뜻한 마

독락당에서 계정으로 나가는 길

자계천에서 바라본 독락당

음이 느껴집니다.

　그 작은 문을 지나 안으로 들어가면 계정으로 연결됩니다. 계정은 자계천 맑은 물과 너른 관어대(觀魚臺) 위에 지은 정자로, 우리나라 수많은 정자 중에서 가장 아름다운 곳으로 꼽히고 있습니다. 계곡이든 계정 마루든 어디라도 그림 같은 곳, 내가 자연과 하나가 되는 곳입니다. 2013년 독일에서 열린 '세계건축박람회'에 소개되어 이를 본 수많은 외국인들이 감탄했다는 현장이 바로 여기입니다.

　이제 계정 마루에 앉아 바람소리와 물소리를 들어보실까요. 삶의 무게를 다 날려버릴 것만 같습니다. '관어(觀魚)'는 무한한 자유의 경지, 즉 안분지족(安分知足 : 자기 분수에 만족한다는 뜻)을 뜻합니다. 정자에서 계곡을 내려다보면 물고기들이 헤엄치며 자신의 존재를 확인하는데, 손발 묶여 아무것도 할 수 없는 답답한 마음. 물고기를 보며 헛헛한 웃음을 지었을 회재 선생이 떠오릅니다. 선생의 시조 중 '청산곡青山曲' 한 수를 읊어볼까요.

> 자옥산 깊은 곳에 초가 한 칸 지어두고
> 반 칸은 청풍(淸風) 주고 반 칸은 명월(明月) 주니
> 청산은 들일 데 없어 둘러두고 보리라.

어서각에는 12대 인종의 어찰과 회재가 지방시에 합격한 명단인 《정덕계유사마방목》, ✤《구인록》, 《회재수필고본서책》과 《해동명적》, 《잠계공유고》 등이 소장되어 있습니다.

계정에서 바라본 독락당 건너편 독야청청 향나무

독락당은 경관이 수려하여 올 때마다 감탄을 하는 곳입니다. 겨울에 계정에서 보는 독야청청 향나무 한 그루는 가슴을 저미게 합니다. 봄가을이면 사진 찍는 사람들과 그림 그리는 사람들로 붐빕니다. 어느 늦가을 저녁 어스름, 가야금을 뜯는 젊은 국악인의 모습도 오랫동안 기억에 남습니다.

✤《구인록》: 회재가 강계 적소에서 저술한 책. 공자 사상의 핵심인 인(仁)에 대한 모든 설을 모으고 자신의 견해를 붙여 편집한 책으로 성리학 연구에서 아주 중요하다.

정혜사지 13층 석탑

정혜사지(淨惠寺址) 13층 석탑(국보 제40호)은 통일신라시대에 건축되었습니다. 우리나라 어디에서도 보기 힘든 특이한 탑으로 작고 아담합니다. 1층 면석에 문의 흔적이 남아 있습니다. 또 1층 옥개석은 크지만 2층 탑신과 옥개석은 급격하게 작아지고 간격이 좁아져 그 유례를 찾을 수 없습니다. 다만 망덕사에 13층 목탑이 있었다는 기록과 ✤《동경통지》에 신라 37대 선덕왕 시절에 당나라에서 망명한 ✤'백우경'이 옥산에 자리잡았다는 기록이 있습니다. 그래서 탑이 중국적인 게 아닐까 추측할 뿐입니다.

정혜사는 옥산서원과 관계가 깊습니다. 조선시대 헌종 4년(1839)에 옥산서원에 불이 났습니다. 구인당이 소실된 후에 정혜사도 폐사되었습니다. 그 이유를 찾아보니 조선은 '숭유억불(崇儒抑佛)'을 국가정책으로 삼은 유교국가입니다. 옥산서원이 사액서원이 되면서 서원에 소속되어 각종 수탈에서 보호를 받았습니다. 동시에 승려들은 회재의 문집과 조정에서 내려온 서책 등 서원 소장품들을 관리하고 지켜야 했습니다. 임진왜란이 끝나면서 온 나라는 잿더미가 되고 서책도 소실되었습니다. 천만다행으로 옥산서원에 보관되었던 책들은 피해가 없었습니다.

✤ 《동경통지》 : 1933년 경주 최 부잣집의 마지막 부자인 '최준'이 《동경잡기》를 수정 보완한 책이다.
✤ 백우경 : 수원 백씨의 시조로 '송계공'이란 시호를 받았다. 안강에 정착하여 정혜사를 지었다.

임진왜란 이후부터 옥산서원에서는 각종 책들을 출판하여 전국의 서원과 관아에 보급할 수 있었습니다. 책을 만들려면 종이가 있어야 합니다. 그래서 정혜사와 도덕사의 스님들이 동원되어 종이와 책을 만들었는데, 고된 노동으로 일에 지친 스님들이 자구책으로 서원에 불을 질렀다고 전해지기도 합니다. 다행히 건물들은 전소되지는 않고 '구인당'만 소실되었습니다. 화재 원인을 찾던 유생들은 스님들의 소행이라 여기고 정혜사를 철저히 파괴했다고 하는데, 폐허가 된 정혜사에는 돌로 된 유물들만 덩그러니 남아 있었습니다. 이 유물들을 서원이나 민가에서 가져가 보수한 것을 지금도 심심찮게 볼 수 있습니다. 자세히 보면 구인당의 초석이나 장대석으로 쓰인 부재가 다 사찰에 쓰이던 것들입니다. 옥산서원 마당에 있는 ❀정요대(庭燎臺)도 석등의 부재입니다.

정혜사터에는 지금은 탑만 한 기 외롭게 남아 있지만, 본래는 쌍탑이 있었다고 합니다. 1960년대에 들어서 마을에 경운기가 보급되자 탑이 농사에 방해된다고 부수어 계곡에 버렸다는 이야기도 들은 적이 있습니다. 어쨌거나 이곳 정혜사는 목탑처럼 만든 석탑을 가진 아름다운 사찰이었을 것으로 추정하고 있습니다. 달이 환하다면 선경이 따로 없겠지요.

❀ **정요대** : 전기가 없었던 시절에 불을 밝히던 시설이다. 특히 서원의 향사나 큰 행사가 있을 때 사용했다.

정혜사지 13층 석탑은 우리나라에서 보기 드문 탑의 양식을 가지고 있습니다.

부록_신라시대 연표

왕명과 주요 사건* (성, 재위 연수, 재위 기간)	고구려, 백제, 중국, 세계사
1대 박혁거세 거서간** (박씨, 61년 재위, BC 57~AD 4년)	
재위 19년 : 변한 항복 재위 21년 : 서라벌에 '금성'을 쌓음 재위 26년 : 금성에 궁궐을 세움 재위 39년 : '탈해'가 동해로 옴	BC 44년 : 카이사르 사망 BC 37년 : 주몽 집단이 고구려 건국 BC 27년 : 로마, 제정 시작 BC 18년 : 온조 집단이 백제 건국 AD 3년 : 고구려, 국내성 천도 AD 4년 : 로마, 아우구스투스가 '티베리우스'를 후계자로 지명
2대 남해차차웅* (박씨, 21년 재위, 4~24년, 혁거세왕의 장자)	
재위 3년 : 시조묘를 세움 재위 5년 : 탈해를 맏사위로 삼음 재위 11년 : 왜가 동해변을 약탈함에 6부의 정병이 막음	4년 : 예수 탄생 6년 : '예루살렘'의 유대중부를 로마의 속주로 함 8년 : 전한이 멸망, 왕망이 신(新) 건국 14년 : 로마, '티베리우스' 2대 황제
3대 유리이사금** (박씨, 34년 재위, 24~57년, 남해왕의 태자)	
재위 5년 : 백성의 생활이 평안해져 '도솔가'를 지음. 우리나라 노래의 시작으로 봄 재위 9년 : 6부의 명칭을 고치고 성을 하사함. '석빙고'를 짓고 쟁기와 보습, 수레를 보급함.	25년 : 중국, 후한 건국 　　　　 인도, 대승불교 성립 37년 : 고구려, 낙랑 정복 　　　　 로마, '카리굴라' 3대 황제 41년 : 로마, '클라우디우스' 4대 황제 44년 : 헤롯이 죽고 유대인은 로마의 직할 통치를 받음 51년 : 간다라 미술 발생

* 왕명은 조금씩 바뀌고 23대 법흥왕부터 왕으로 썼다. 이는 국가 체제의 변화와 더불어 국가의 팽창과도 연관이 있다.
** 거서간(居西干)에서 '간'은 칸이다. 칸은 킹(king)으로 징기스칸이다.
*** 차차웅(次次雄)은 무당이란 뜻이다. 제정일치 사회의 왕이다.
**** 이사금(尼師今)은 '나이든 사람은 이빨이 많고 지혜롭다'는 뜻이다.

4대 탈해이사금	
(석씨, 24년 재위, 56~80년, 유리왕의 맏사위)	
재위 9년 : 계림에서 '알지'를 거둠 재위 11년 : 국내를 주(州)와 군(郡)으로 나누어 다스림	67년 : 중국 후한, 불교가 전래됨. 로마문명이 발달 69년 : 중국 후한, '황하' 치수 실시 74년 : 중국 후한, '반초'가 서역 정복

5대 파사이사금	
(박씨, 33년 재위, 80~112년, 유리왕의 둘째아들)	
재위 22년 : 궁궐인 '월성'을 쌓고 옮김 재위 23년 : 실직국(삼척), 압독국(경산)이 항복	96~180년 : 로마, 5현제 시대 81년 : 로마, 도미티아누스 황제 취임, 공공시설과 인프라 정비 97년 : 중국 후한, 로마제국에 사신 파견 103년 : 중국 후한, 채륜이 '종이' 발명

6대 지마이사금	
(박씨, 23년 재위, 112~134년, 파사왕의 적자)	
재위 4년 : 가야가 남쪽 변경을 노략질하 여 공격했으나 실패함	115년 : 로마, 타키투스 '연대기' 집필 117년 : 로마, '하드리아누스' 황제 즉위. '로마법대전' 완성 130년 : 중국 후한, 천구와 지진계 제작

7대 일성이사금	
(박씨, 21년 재위, 134~154, 유리왕의 맏아들)	
재위 5년 : 북방을 순행하여 태백산에서 하늘에 제사를 지냄	138년 : 로마, 하드리아누스 황제 사망 139년 : 브리타니아 원주민 반란

8대 아달라이사금	
(박씨, 31년 재위, 154~184년, 일성왕의 맏아들)	
재위 3년 : 계립령(문경~충청도) 개통 재위 5년 : 죽령 개통	161년 : 로마, 마르쿠스와 루키우스 공동 황제 즉위 184년 : 중국 후한, 황건적의 난

9대 벌휴이사금	
(석씨, 13년 재위, 184~196년, 탈해왕의 손자)	
재위 2년 : 소문국(의성) 합병	194년 : 고구려, 진대법 실시

10대 나해이사금	
(석씨, 35년 재위, 196~230년, 벌휴왕의 손자)	
재위 6년 : 가야, 화친을 청해옴 재위 8년 : 말갈족 국경 침범	197년 : 로마, 세베루스 단독 황제 209년 : 로마, 영국 북부 원정 212년 : 로마, 카라칼라 황제가 속주민에 게 '로마시민권' 부여 215년 : 로마, 새 은화 발행

11대 조분이사금	
(석씨, 18년 재위, 230~247년, 벌휴왕의 손자)	
2년 : 감문국(김천) 합병 7년 :골벌국(영천) 합병	220년 : 후한 멸망. 삼국(위촉오) 시대 234년 : 로마, 도나우 방위선 확립 235년 : 로마, 막시미우스 즉위. 군인 황제 시대(235~284년)
12대 첨해이사금	
(석씨, 16년 재위, 247~262년, 조분왕의 동생)	
재위 5년 : 남당(南堂)에서 정사 재위 15년 : 달벌성(대구) 쌓음	248년 : 고트족 로마제국 침략 250년 : 반달족 로마제국 침략. 로마, 기독교 대박해
13대 미추이사금	
(김씨, 23년 재위, 262~284년, 조분왕의 사위)	
김씨로는 최초의 왕 김씨 왕의 가계가 기록됨	256년 : 중국 진(晉)나라 중국 통일 270년 : 로마, 장병들이 기병대 사령관 아우렐리아누스를 황제로 추대. 반달족이 로마 중부를 격퇴함 273년 : 갈리아 제국 평정
14대 유례이사금	
(석씨, 15년 재위, 284~298년, 조분왕의 맏아들)	
재위 7년 : 홍수로 월성이 무너짐	284년 : 로마, '양두정치' 시작. '디아클 레티아누스' 황제 취임 288년 : 로마, 동방방위선 강화 293년 : 로마, '1차 사두정치' 시작. '콘 스탄티스'가 동방에서 '디아클레티아누스' 황제 휘하에서 군무 종사 시작
15대 기림이사금	
(석씨, 13년 재위, 298~310년, 조분왕의 손자)	
재위 3년 : '낙랑', '대방' 귀순	301년 : 로마, 디아클레티아누스 황제 가 격 통제 칙령 303년 : 기독교 탄압 칙령
16대 흘해이사금	
(석씨 , 47년 재위, 310~356년, 나해왕의 손자)	
재위 21년 : 벽골지(김제) 개착	312년 : '콘스탄티누스' 서방 황제가 됨 313년 : '밀라노칙령'으로 기독교 공인 316년 : 5호 16국 시대 돌입 325년 : 니케아공회의 330년 : 비잔티움으로 천도

17대 내물마립간* (김씨, 47년 재위, 356~402년, 흘해왕의 사위)	
재위 26년 : 사신을 전진에 보내 예방 재위 35년 : 왜의 방문 요청에 '보해' 왕 자를 보냄 재위 37년 : 고구려에 '실성' 보냄 재위 46년 : 실성이 돌아옴	361년 : 콘스탄티누스 1세 황제 사망 372년 : 고구려에 불교 전래 375년 : 게르만족의 대이동 384년 : 고구려, 불교 수용 395년 : 로마제국의 동서 분열
18대 실성마립간 (김씨, 16년 재위, 402~417년, 내물왕의 사위)	
즉위년 : 미해 왕자, 왜에 볼모로 감 재위 4년 : 왜가 명활성을 공격 재위 11년 : 내물왕의 아들 '복호'가 고구 려에 볼모로 감 12년 : 낭산을 신유림으로 명명	405년 : 백제, 일본에 '한학' 전래 410년 : 서고트족이 '로마' 유린
19대 눌지마립간 (김씨, 42년 재위, 417~458, 내물왕의 아들)	
재위 2년 : 아우 복호와 미해가 귀국 재위 22년 : 우차(牛車) 사용법을 민간에 알림	427년 : 고구려 장수왕, 평양 천도 439년 : 중국, 남북조시대 시작. 북위가 북중국 통일 서고트족이 북아프리카 지배
20대 자비마립간 (김씨, 22년 재위, 458~479년, 눌지왕의 맏아들)	
재위 13년 : '보은'에 삼년산성 축조	449년 : 앵글로색슨 왕국 시작 475년 : 백제, 공주로 천도 476년 : 서로마제국 멸망
21대 소지마립간 (김씨, 22년 재위, 579~500년, 자비왕의 장자)	
재위 9년 : 사방에 우역(郵驛) 설치 재위 12년 : 사방에 시장 개설	486년 : 프랑크 왕국 건국
22대 지증왕** (김씨, 15년 재위, 500~514년, 소지왕의 6촌 아우)	
재위 3년 : 순장 금지, 우경(牛耕) 실시 재위 4년 : '신라 국왕'이라 칭함 재위 6년 : 얼음 저장. 선박이용제도 정함 재위 10년 : 상복(喪服)법 제정 재위 13년 : 우산국 정벌 재위 15년 : 소경(小京) 설치, 시호 사용	500년 : 인도, '힌두교' 성립

* 마립간(麻立干)은 '말뚝'을 의미하며 '정해진 자리'라는 뜻이다.
** 지증왕 때에 와서야 그동안 방언으로 쓰던 왕의 명칭을 왕으로 바꿨다.

23대 법흥왕	
(김씨, 27년 재위, 514~540년, 지증왕의 장자)	
재위 7년 : 율령 반포 재위 15년 : 불교 공인 재위 16년 : 살생 금지령 재위 18년 : 상대등(재상) 시작 재위 19년 : 금관가야 귀순 재위 23년 : 연호 사용 시작	529년 : 로마, '유스티니아누스' 황제 즉위. 로마법 편찬 537년 : 이스탄불에 '성소피아' 성당 건립

24대 진흥왕	
(김씨, 37년 재위, 540~576년, 법흥왕의 조카)	
재위 5년 : 흥륜사 준공 재위 6년 : '역사' 편찬 재위 10년 : 중국 양나라에서 부처 사리를 보냄 재위 12년 : '우륵' 등장 재위 14년 : 황룡사 건축 시작 재위 16년 : 북한산 순행. 국경 확장 재위 27년 : 황룡사 낙성 재위 35년 : 황룡사에 '장육존상' 안치 재위 37년 : 원화(화랑) 창설	552년 : 백제, 일본에 불교 전래 557년 : 중국 양나라 멸망. 진나라 건국 565년 : '유스티니아누스' 황제 사망 570년 : '무하마드' 메카에서 탄생

25대 진지왕	
(김씨, 4년 재위, 576~579년, 진흥왕의 둘째아들, 폐위)	

26대 진평왕	
(김씨, 54년 재위, 579~632년, 진흥왕의 손자)	
재위 3년 : 위화부(인사 담당) 설치 재위 11년 : 원광법사 진나라 유학감 재위 13년 : 남산성(石城) 건축 재위 22년 : 원광법사 귀국 재위 47년 : 당나라에 조공	589~618년 : 중국 수나라 통일과 멸망 612년 : 고구려 을지문덕의 '살수대첩'으 로 수나라 패퇴 618년 : 당나라 건국 622년 : 이슬람 원년 623년 : '도교' 전래 630년 : 일본, 당나라에 견당사(遣唐使) 파견 시작

27대 선덕여왕	
(김씨, 16년 재위, 632~647년, 진평왕의 2녀)	
재위 3년 : 분황사 낙성 재위 12년 : 자장스님 귀국. 불사리와 가 사를 가지고 옴. 재위 14년 : 황룡사탑, 첨성대 건축	637년 : 중국 당나라 율령 반포, 645년 : 고구려, '안시성 전투'에서 당나 라를 물리침. 당나라에 기독교 전래*(네스 토리우스파)

* 중국 서안의 '비림'에 가면 당나라에 기독교가 전래했음을 실증해주는 '대진경교유행중국비(大秦景教流行中國碑)'가 남아 있다.

28대 진덕여왕	
(김씨, 8년 재위, 647~654년, 선덕여왕의 사촌 동생. 성골로는 마지막 왕)	
재위 3년 : 중국의 복식과 의관 착용 재위 5년 : '신년하례' 시작	651년 : 사산조 페르시아 멸망 652년 : 해적이 시라쿠사 습격

29대 무열왕	
(김씨, 8년 재위, 654~661년, 선덕여왕의 조카. '진골'로는 최초의 왕)	
즉위년 : 율령과 관료체계 정비. 처음으로 시호 '무열' 사용 재위 7년 : 백제 평정	

30대 문무왕	
(김씨, 21년 재위, 661~681년, 무열왕의 장남)	
재위 3년 : 백제 부흥운동. 남산신성 내에 '장창고'를 짓고 건천 방면에 부산성 지음 재위 8년 : 고구려 평정 재위 13년 : 김유신 사망 재위 14년 : '월지' 조성 재위 16년 : 당나라를 축출하고 삼국통일 완성. '부석사'와 '양궁' 건축. 재위 19년 : '탐라'에 사신 파견. '동궁' 지음. '사천왕사' 낙성. '남산성' 증축. 가 야에 '금관소경' 설치	670년 : 북아프리카에 아랍인 도시 '카리 루안' 건설. 왜나라, 국호를 '일본'으로 바꿈

31대 신문왕	
(김씨, 12년 재위, 681~692년, 문무왕의 장남)	
재위 2년 : '국학' 건립. 재위 5년 : '망덕사' 낙성	690년 : 중국, '측천무후' 즉위

32대 효소왕	
(김씨, 11년 재위, 692~702년, 신문왕의 장남)	
재위 4년 : 子월을 '정월'로 삼음. 시장을 서쪽과 남쪽에 설치	698년 : '발해' 건국. 이슬람 세력이 북아프리카 전역을 지배

33대 성덕왕	
(김씨, 36년 재위, 702~737년, 효소왕의 둘째아들)	
재위 10년 : 신하들에게 백관잠(百官箴)을 내림 재위 17년 : 물시계를 만듦. 재위 21년 : 백성에게 토지를 줌	710년 : 당나라, 절도사 설치 744년 : 위구르 건국 726년 : 기독교 분열 시작 730년 : 교황이 동로마 황제를 파문

34대 효성왕	
(김씨, 6년 재위, 737~742년, 성덕왕의 둘째아들)	
재위 2년 : '도덕경'을 바침	

35대 경덕왕	
(김씨, 24년 재위, 742~765년, 효성왕의 동생)	
즉위년 : 석굴암 건축, 불국사 중창, 성덕대왕신종 주조 시작 재위 4~9년 : 시중으로 '김대성'이 임명 재위 7년 : 정찰(貞察: 백관 규찰) 재위 11년 : 동궁에 아관(衙官) 설치 재위 19년 : 월정교, 일정교 건립	750년 : '아바스' 왕조 성립 751년 : 당나라, '고선지' 장군이 탈라스 전투'에서 패배 755년 : 당나라, '안녹산의 난' 762년 : 이슬람, '바그다드'로 천도

36대 혜공왕	
(김씨, 16년 재위, 765~780년, 경덕왕의 아들, '김지정의 난'으로 피살)	
재위 13년 : '성덕대왕 신종' 완성 재위 15년 : 큰 지진으로 민가가 파손되고 사망자가 100명이 넘음	

37대 선덕왕
(김씨, 6년 재위, 780~785년, '김지정의 난'을 평정하여 왕위에 오름)

38대 원성왕	
(김씨, 14년 재위, 785~798년, 선덕왕 사후 김주원과 왕위 다툼으로 등극)	
즉위년 : 시조대왕(미추왕), 태종무열왕, 문무왕, 흥평대왕(조부), 명덕대왕(부친)으로 5묘를 설치 재위 4년 : 독서삼품과(과거) 실시	

39대 소성왕
(김씨, 3년 재위, 798~800년, 원성왕의 손자)

40대 애장왕	
(김씨, 10년 재위, 800~809년, 소성왕의 태자)	
재위 2년 : 2묘와 5묘를 설치 재위 3년 : 가야산 '해인사'창건 재위 10년 : 숙부 '언승'의 반란으로 피살	805년 : 일본, '천태종' 개창

41대 헌덕왕	
(김씨, 18년 재위, 809~826년, '언승')	
재위 14년 : 아우 '수종'을 세자로 책봉. '헌창'(웅진주 도독)이 아버지인 '주원'이 왕이 되지 못한 이유로 반란	814년 : 샤를마뉴 사망 816년 : 교황 레오3세 사망

42대 흥덕왕	
(김씨, 11년 재위, 826~836년, 헌덕왕의 아우)	
재위 3년 : 장보고(궁복)를 청해진(완도) 대사로 임명하여 바다 장악	827년 : 이슬람, 시칠리아정복 828년 : '보니파초' 백작이 '카이루안'으로 진격해 기독교도를 해방 829년 : 잉글랜드 왕국 건국

43대 희강왕 (김씨, 3년 재위, 836~838년)	
44대 민애왕 (김씨, 2년 재위, 838~839년) '김명' 반란으로 왕위에 오름. 피살	
	814년 : 샤를마뉴 사망 816년 : 교황 레오 3세 사망
45대 신무왕 (김씨, 1년 재위, 839년, 병으로 사망)	
46대 문성왕 (김씨, 19년 재위, 839~857년, 신무왕의 아들)	
재위 8년 : 장보고의 반란 재위 13년 : 청해진을 없애고 주민을 벽골군으로 이주시킴	840년 : 베네치아 해군, 이슬람에 대패 843년 : 이슬람, 시칠리아 북부 지배 843년 : 프랑크 왕국 분열. 849년 : 오스티아 해전 승리
47대 헌안왕 (김씨, 12년 재위, 850~861년, 신무왕의 이복동생)	
	860년 : 신성로마제국 황제 루도비코 2세가 이탈리아에서 이슬람에 참패
48대 경문왕 (김씨, 15년 재위, 861~875년, 헌안왕의 사위)	
재위 8년 : 황룡사탑에 벼락, 화재 재위 13년 : 황룡사탑 중수 재위 14년 : '최치원'이 당나라에서 과거 급제	875년 : 당나라, 황소의 난
49대 헌강왕 (김씨, 12년 재위, 875~886년, 경문왕의 장자)	
재위 3년 : '왕건' 출생. 재위 5년 : 서역인이 등장 재위 11년 : '최치원' 귀국	878년 : 이슬람이 '시칠리아' 지배
50대 정강왕 (김씨, 2년 재위, 886~887년, 헌강왕의 동생)	
	882년 : 요하네스 8세 사망
51대 진성여왕 (김씨, 11년 재위, 887~897년, 헌강왕의 누이)	
즉위년 : 견훤과 궁예의 침략으로 혼란 재위 2년 : 향가집 '삼대목' 편찬 재위 8년 : 최치원이 시무책(時務策)을 올림	

52대 효공왕	
(김씨, 16년 재위, 897~912년, 헌강왕의 서자)	
재위 4년 : 견훤, 후백제 건국 재위 5년 : 궁예, 후고구려 건국	907년 : 당나라 멸망. 중국은 군웅할 거시대인 '5대10국시대*'를 맞이함 911년 : 노르망디 공국 성립
53대 신덕왕	
(박씨, 6년 재위, 912~917년, 추대)	
	916년 : 거란 건국
54대 경명왕	
(박씨, 6년 재위, 917~924년, 신덕왕의 장자)	
즉위년 : 왕건에 의지해 후백제 견제 재위 2년 : 왕건, 고려 건국	
55대 경애왕	
(박씨, 4년 재위, 924~927년, 경명왕의 동생)	
재위 2년 : 왕건이 서라벌 방문	925년 : 사라센 해적이 오리아 습격 926년 : 발해 멸망
56대 경순왕	
(김씨, 9년 재위, 927~935년, 마지막 왕. 경애왕과 이종사촌)	
재위 2년 : 왕건, '임해전'에서 연회 재위 9년 : 고려 태조에 귀순. 이후 신라는 '경주'로 개칭되고, 경순왕의 식읍이 됨	934년 : 사라센 해적이 제노바 습격

* 당나라가 멸망한 후, 송나라가 건국해서 중국 대륙을 통일하는 907~979년까지를 말한다.

참고문헌

《경주박물관대학 답사자료집》, 경주박물관회, 2005

《관무량수경》, 불교시대사, 1991

《국립경주박물관 도록》, 국립경주박물관, 2015

《남산 칠불암 사방불 단층석탑과 통일신라 3층 석탑의 출현》, 문화재해설교재, 2005

《두산백과》

《법화경》, 불사리탑, 2014

《불국사 고금창기》, 문화공보부, 1998

《왕경: 문헌으로 보는 신라의 왕경과 월성》, 국립문화재연구소

《한국민족문화대백과》

김대문, 《화랑세기: 신라인의 신라이야기》, 이종욱 역주해(원문교감), 소나무, 1999

김부식, 《신편 삼국사기》, 고전연구실 옮김, 신서원, 2000

《이야기 중국사》, 김희영 편저, 청아출판사, 2006

문명대, 《토함산 석굴》, 한언, 2000

성낙주, 《석굴암 그 이념과 미학》, 개마고원, 1999

시오노 나나미, 《로마인 이야기》, 김석희 옮김, 한길사, 1995

신영훈, 《천상이 천하에 내려깃든 석굴암》, 조선일보사, 2003

심경호, 《김시습 평전》, 돌베개, 2003

이근직, 《신라 왕릉 연구》, 학연문화사, 2012

이범교, 《삼국유사의 종합적 해석》, 민족사, 2005

이상해, 《전통역사마을 양동》, 문화재청

이상훈, 《신라는 어떻게 살아남았는가》, 푸른역사, 2015

이우태 외, 《고교역사과 부도》, 천재교육, 2011

이종욱, 《화랑세기로 본 신라인 이야기》, 김영사, 2000

이채, 김건준, 《동경잡기 민주면》, 조철제 옮김, 계림문화재연구원, 2014

이철헌, 《대승불교의 가르침》, 문중

이한상, 《황금의 나라 신라》, 김영사, 2004

정시한, 《산중일기》, 신대현 번역과 주석, 혜안, 2005

최완기 외, 《고등학교 역사부도》, 교학사

최용주, 《역사의 땅 경주》, 학연문화사, 2005

황수영, 김길웅, 《경주 남산 탑곡의 사방불암》, 안장헌 사진, 통도사성보박물관, 1990